遠野物語と21世紀

東北日本の古層へ

石井正己
遠野物語研究所　編

三弥井書店

はじめに――再び、広場としての『遠野物語』

一

今年（二〇一〇）六月一四日をもって、『遠野物語』発刊一〇〇年を迎えることになる。生誕一〇〇年、没後五〇年のような時間と違って、少なくとも同時期を生きた人々はすべて鬼籍に入ったにちがいない。それは、もう「古典」と呼んでいい作品になったということを意味する。しかし、うかうかすれば、物語の世界は闇の中に消えてしまいそうに遠ざかりつつあることも確かである。もし数々の話に見られる事実関係を調べようとするなら、ほとんど最後の時期に来ている。発刊一〇〇年の時期に行うべきことは、はっきりしているだろう。

本書は、昨年（二〇〇九）六月に発刊した『近代日本への挑戦』（三弥井書店）に続くものである。「遠野物語と21世紀」としては二冊目になる。『近代日本への挑戦』は『遠野物語』が生まれた「明治時代」を中心にまとめたが、今度は、北海道までを含めた「東北日本」に視点を置いてみた。『遠野物語』を生んだ遠野は孤立しているわけではなく、やはり東北日本の空間的な束縛を強く受けているからである。

前年の明治四二年（一九〇九）に発刊された『後狩詞《のちのかりことばの》記《き》』は、宮崎県椎葉に伝わる猪狩りの習俗をまとめていた。柳田には山に埋もれた時間への関心があったであろうし、南と北の比較という問題意識もあったにちがいない。どちらかと言えば、西南日本と東北日本の違いよりも、そのつながりを探ろうとしていたと思われる。そうした関心は、地名の研究によく表れている。こうして日本列島を俯瞰する視点は、やがて大正一四年（一九二五）の『海南小記』と昭和三年（一九二八）の『雪国の春』につながってゆく。

しかし、最晩年の昭和三六年（一九六一）に著された『海上の道』などから、柳田は北を捨てて南に向かったと言われる。それは、山を捨てて平地に向かったとか、農政学を捨てて民俗学に向かったというような議論と響き合うところがある。確かに、「よくわかる柳田国男」ならば、大衆受けはいいだろう。しかし、ほんとうに「転向」の問題として語ることができるのだろうか。そうした議論の焼き直しは、もううんざりするほどに見てきたように思う。しかし、旧態依然とした観点から、「新しい柳田国男」が発見される可能性は、もはやほとんどないだろう。

もう少し複眼的な視野から、柳田国男や『遠野物語』を読み直せないものか。今回の「東北日本の古層へ」というテーマは、そうした願いを込めて立てている。そして、本書からは「近代日本の抱え込んだ東北」の問題が浮かびあがってきたように思われる。しかも、それは一〇〇年の過去ではすまされないこととしてである。私たちは、今もなお一〇〇年の呪縛から自由になれていない。こうした問題が深められれば、『遠野物語』にとどまらず、日本の未来を考えることにもなるのではないかという思いを深くする。

二

本書の構成を述べれば、巻頭エッセイには、立松和平、西舘好子、新野直吉の三氏がご寄稿くださった。「現代」「死者」「東北」というキーワードから、それぞれの『遠野物語』に対する向き合い方を述べてくださった。改めて、この作品がさまざまな感化を与えてきたことを実感する。しかし、ご存じのとおり、『遠野物語』の本質に鋭く言及してくださった立松氏は、本書の刊行を見ないままに急逝された。巻末に「立松和平さんと『遠野物語』」を載せ、ささやかな追悼の気持ちを残したいと思った次第である。これまでのお力添えに感謝し、深くご冥福をお祈りしたい。

対談は、山折哲雄先生にお会いして、東北日本の古層につながる『遠野物語』の世界を明らかにしたいと考えた。先生の経歴に始まり、宮沢賢治、二宮尊徳（金次郎）とさまざまに話題が広がった。「ヒドリ」をめぐる論争にしても、先生の歯に衣着せぬお言葉は実に明快で、心地良かった。思えば、先生のように、大所高所に立ってご発言くださる学者がほとんどいなくなってしまった。『遠野物語』の可能性を未来に開いてゆくためにも、この対談は大きな一歩になったように感じられる。

そして、特集の「東北日本と『遠野物語』」には、菊池勇夫、川島秀一、大野眞男、松本博明の四氏がご寄稿くださった。どなたも宮城県と岩手県を拠点に活動されている研究者だが、分野は歴史学、民俗学、国語学、折口学と異なる。この特集もできるだけ違う分野が出会う場にしたいと考えたが、その成果がよいかたちで残せたように思う。とかくステレオタイプの議論になりやすい東北論から、『遠野物語』を基点にしながら一歩踏み出せたのではないかと思われる。

特別寄稿には、写真家・民俗学者として東北を見つめてきた内藤正敏、地元遠野の飢饉や昔話を研究してきた大橋進の両氏がご寄稿くださった。内藤氏は早くから佐々木喜善を評価されてきたが、見世物をめぐる記述には彼の本性がよく表れていることを明らかにする。大橋氏は遠野物語研究所の仲間で、特別寄稿としてはやや例外的だが、『遠野物語』の記述が佐々木喜善の初期短編小説と深く関わることを実証した好論である。奇しくもおふたりの論考に共通するのは、話し手である佐々木喜善の視点から『遠野物語』を読み直そうとするところにある。

特集「遠野を訪れた人たち」は遠野物語研究所の方々の執筆になる。柳田国男自身をはじめ、特別寄稿を書いてくださった内藤正敏氏まで、二〇名を取り上げた。この他にも、遠野には多くの学者、作家、芸術家が訪れていて、中河与一、井上ひさし、松谷みよ子、鶴見和子、吉本隆明など挙げていけばきりがない。なお、途中に挿んだ六編のコラムでは、人物とは違う視点から考察を試みている。

小特集「ガイドブック『遠野物語』」は、佐藤健二、保坂達雄、小泉凡、野村敬子、小田富英、伊藤龍平の諸氏がご執筆くださった。一九八〇年代初めから九〇年代初めにかけての著書を取り上げている。一〇年ほどの間にすぎない成果であることからすれば、この時期から『遠野物語』が活発に論じられるようになったことが明らかになる。

三

私自身について言えば、この作品と一八年近くつきあってきて、たくさんの講演もしてきたし、たくさんの文章も書いてきた。昨年、『近代日本への挑戦』とともに発刊した『『遠野物語』を読み解く』（平凡社新書）では、当時考えていたことを率直に述べておいた。もうあの一冊で終わりになるかと思ったが、本というのは不思議なもので、発行してみると、次に進むべき方向が見えてくる。これまで何度かこの作品を読むための舵を取ってきたと思うが、本書を編集してみて、まだしばらくは船を進めることができそうな感じがしている。

今回も、異分野の方々がお力添えくださった。やはり、混迷の時代にあるからこそ、『遠野物語』はさらに大切な広場になるということを改めて述べておきたい。どこからでも広場に入ってきて、新たな対話が始まれば、これ以上の幸せはない。地元にあって活動する遠野物語研究所は、そうした広場を恥ずかしくない環境に整える義務を担っているはずである。この作品をめぐる状況は平成二四年（二〇一二）から大きく変わり、さらに多くの人々が関心を寄せる場所になるだろう。にがにがしい苦労は多いけれども、まだ歩みを止めるわけにはいかない。

そして、すでに発刊した『近代日本への挑戦』と本書の流れからすれば、「遠野物語と21世紀」のシリーズを本書で終えられないことは、もう明白のことであろう。この次に「国際化社会」というテーマを取り上げなければ、『遠野物語』と現代の課題に迫ることはできない。「遠野を訪れた人たち」があれば、「遠野の研究者たち」の特集も必要になる。「ガイドブック『遠野物語』」はまだ途中で、二一世紀にかけて発刊された著書を解説しなければならない。この三冊が揃って初めて、「遠野物語と21世紀」のシリーズは全体像を表すことになる。

三弥井書店の吉田栄治社長と編集の吉田智恵さんには、『遠野物語』という小さな作品を取り上げることで、大きなご負担をお掛けすることになる。しかし、私たちの願いが実現できれば、このシリーズは、『遠野物語』発刊一〇〇年が後世に残す最大の遺産になるものと確信している。

二〇一〇年二月

石井正己

目次

〔付記〕一、現代では差別的な表現を含む場合があるが、歴史的意味を重視してそのままにした。
一、写真は遠野物語研究所の提供である。なお、「特集　遠野を訪れた人たち」の顔写真出典は一五二頁に示した。

巻頭エッセイ

遠野は私たちの普遍的な故郷だ

立松和平

柳田国男に遠野郷の民間伝承を伝えた佐々木喜善の生まれ故郷、岩手県上閉伊郡土淵《つちぶち》村を私は訪ねた。もちろん『遠野物語』は精神世界のことであり、実際にその村にいっても、とりたてて形あるものがないのはわかり切っているが、本当にその通りであった。形あるものがないといったが、まったくないわけではなく、物語に登場する地名や事物が実際に存在していることが楽しかった。

オクナイサマは土淵村大字柏崎の長者阿部家に祭られている。今も子孫たちが大切に守っているために、私はそれを見る機会を得た。

『遠野物語』にはこのように書かれている。

一五　この家にて或る年田植の人手足らず、明日は空も怪しきに、わずかばかりの田を植え残すことかなどつぶやきてありしに、ふと何方《いずち》よりともなく丈《たけ》低き小僧一人来たりて、おのれも手伝い申さんというに任《まか》せて働かせて置きしに、午飯時《ひるめしどき》に飯を食わせんとて尋ねたれど見えず。やがて再び帰りきて終日、代《しろ》を掻きよく働きてくれしかば、その日に植えはてたり。どこの人かは知らぬが、晩にはきて物を食いたまえと誘いしが、日暮れてまたその影見えず。家に帰りて見れば、縁側に小さき泥の足跡あまたありて、だんだんに座敷に入り、オクナイサマの神棚のところに止《とどま》りてありしかば、さてはと思いてその扉を開き見れば、神像の腰より下は田の泥にまみれていませし由《よし》。

人手が足りず、田植えが間に合わない。田植えができなければ、当然稲の収穫はできない。それは家や村の存亡に関ることである。どんなことがあっても、田植えはやり抜かねばならないのである。

その時、どこからともなく背丈の低い小僧がやってきて、手伝ってくれた。小僧は働きもので、手際よく作業をこなし、おかげで田植えは無事にすんだ。お礼に食事でもと誘うのだが、いつの間にか姿を隠した。

中世の『地蔵霊験記』などによく出てくる話である。村の路傍の石の地蔵の裾が泥で汚れていたという話になる。この地蔵は来訪神《まれびと》である。他界からやってきて、労働という富を人にもたらしたのだ。

『遠野物語』では、阿部家のオクナイサマが泥田にはいって人を助けたという物語になっている。阿部家を訪ねると、人のよさそうな表情のおばあさんがいて、これがそのオクナイサマだよといって見せてくれる。丈が五十センチあるかないかの素朴な木彫である。このオクナイサマは泥だらけになりながら田んぼにはいって田植えを手伝ったのだといわれれば、ああそうなのかと思うのだが、そんな馬鹿なとあからさまに否定することはできない。また否定するつもりもない。

物語の世界が、奇妙に現実の世界にはみ出し、現実にそこに存在していることとの奇妙の念に打たれる。

つまり、民間伝承を収録した『遠野物語』は、単なるフィクションだというのではなく、現実世界にはみ出している。生活人の息吹きがある。そこが不思議なところだ。

五十センチばかりのオクナイサマが、泥田を稲の苗を担いで動きまわるのはどう見ても困難である。リアリズムに乗っかって後でオクナイサマをつくってしまうとしたら、田植えの労働に耐えられそうなもっと大きな像を刻むであろう。嘘がばれないよう、少しでも策を労すはずだ。それが稚拙なつくりともいうべきオクナイサマの像をもって、この像が実際に田植えを手伝ってくれたのだといってしまう。

もちろん『遠野物語』の世界にとって、近代意識による実証などどうでもよいことである。いつか田植えが間に合わなさそうな時があり、その危機をどうにか乗り越えることができた。それはまさに人間の能力を越えた何かの働きが加わったと、誰かが考えたということであろう。

『遠野物語』で柳田国男は日本人の魂の古層を発見したのだが、それはつまりオクナイサマのような形象が精神世界に裏付けられた物語と調和して存在していたということであろう。もう少し時代がたっていれば、オクナイサマも消えてしまったということだ。柳田国男の『遠野物語』が生まれず世間の注目が集まらなかったとしたら、土淵村阿部家のオクナイサマはいつの間にか片付けられてしまったかもしれない。実際、他の地方ではオクナイサマは蔵の奥に埋もれ、人の精神の記憶からも消えようとしているのだ。

土淵村にはカッパ淵やダンノハナや蓮台野《れんだいの》という、『遠野物語』ではお馴染みの地名がそのまま残っている。それを尋ねて観光客がやってくる。私もその一人として土淵村にやってきたのだ。遠野市では『遠野物語』による町起こしをやっていて、人が集まるのがよいことだとしたら、田植えをして困った村人を助けたオクナイサマは、佐々木喜善という実りをもたらし、柳田国男という収穫者を呼び、その二人に影響を受けた無量の人々を続々と送り込んでくる。この来訪神《まれびと》の働きは限りがないということになる。

一一　山口、飯豊、附馬牛の字荒川東禅寺および火渡《ひわたり》、青笹の字中沢ならびに土淵村の字土淵に、ともにダンノハナという地名あり。その近傍にこれと相対して必ず蓮台野《れんだいの》という地あり。昔は六十を超えたる老人はすべてこの蓮台野へ追い遣るの習《ならい》ありき。老人はいたずらに死んで了《しま》うこともならぬ故に、日中は里へ下り農作して口を糊《ぬら》したり。そのために今も山口土淵辺にては朝《あした》に野らに出づるをハカダチといい、夕方野らより帰ることをハカアガリというといえり。

土淵村にも姥捨《うばす》てがあったという伝承である。ダンノハナは丘の上に境の神を祭るためにつくった塚で、村境にあり、かつては囚人を斬った場所であるという。ダンノハナと近傍の姥捨て蓮台野とは、まさに他界への入口だ。『遠野物語』を読んできた人なら、これがどんな場所なのか当然興味を持つはずである。私も恐ろしいもの見たさの気分とともにそこにいった。

蓮台野に捨てられた老人たちは、日中は里に下って農作業を手伝い、夕方になると蓮台野に戻ってきたという。この他界と現世とは、自由に往来ができるほどに近距離になければならない。

実際にいってみると、蓮台野は田畑のある集落からは車で数分の高台にある。歩いたところで時間はしれている。障害と呼べるような越すのに困難な境界があるわけでもなく、なんということもない萱場《かやば》といったところだ。今はなんの建物もないのだが、人がいたとすれば小屋ぐらいはなくてはならない。

だが目に見える境界などよりも、人の精神の中でできた見えない境界のほうが存在は大きいのである。人生の中で六十歳という年齢の境界線が、絶対的なものとして人の精神の中に引かれていたに違いないのだ。姥捨ての風習は今はなくなったが、老人になったという境界線は当然のことながら今も確実にある。その精神の境界について『遠野物語』は語っているのであり、現実の蓮台野のことではない。もっぱら精神世界のことでありながら、現実世界の中に姥捨ての蓮台野が実際に存在しているというのが『遠野物語』の不思議なところだ。見えるものと見えないもの、物質世界と精神世界とが混在している。私たちが身を置く現実の世界も、すべてがきれいに整合されているというのではなく、実は多様な世界が入り組み混在しているのである。

ダンノハナは、傾斜地を段々に刻んだところにつくられた墓地である。ほかにもこのようなところはたくさんある。つまり、平凡なるがゆえに普遍的であるということができる。『遠野物語』の地を巡ることは、私たちのそれぞれの故郷を歩くことといっしょだ。かくして遠野はすべての人の故郷となったのだ。他の地方が遠野と違うのは、佐々木喜善も柳田国男もいず、人々が代々伝えてきた記憶が闇の底に沈んでしまったという点である。

巻頭エッセイ

生と死の転化

西舘好子

おととしの九月、私は初めて遠野を訪ねた。

その一週間前、長女の配偶者が急逝し、残された孫を思うと後ろ髪を引かれる思いで一杯の旅立ちだった。

その日死はあまり突発的であり、朝のさりげない会話は、物言わぬ死で一日を終えるという無情なものだった。ことに七歳の子にとっては。

極度の疲労から、新宿のサウナで寝込んでしまった父親の体にどんな異変が起きたのかは知る由もない。灼熱地獄でぐらりと倒れた彼に周囲が気づいたときは二時間は経っていたのでは、という推測がなされるほど内臓は熱していた。

一人息子を溺愛していた父親、一週間後には小学校入学一年生として始めて、運動会で父親と玉投げをするのを楽しみにしていた息子、二人の思いは交差したままそこで終わった。

朝起きたら　お母さんが泣いていた

なぜだろうと思った

お母さんにきいた
お父さんが死んでいた

孫はその日の記憶をそう留めている。

通夜、葬儀の間、私は孫だけを見つめて過ごした。幼い心は一番大事な人の死をどう受け止めていくのだろう、今日という日が昨日と同じようにあると無意識に感じていることが実はとんでもない事なのだ、六十年以上生きている私も日頃忘れていた。

滞りなく儀式が終わり、部屋に残された母子はぬくもりの残る遺骨を変わり番こに抱いていた。窓の外は相変わらずの都会の喧騒と雑踏、伝わる人のにおいも音も昨日と何一つ変わってはいない。

「ばばね、明日から仕事で旅なの」

私はそれだけ言うと小さな家庭を後にした。

かつて私の夫であった人は釜石に長く住んでいた。再婚の相手も岩手の人で、この人は県北の山の方の出だ。私は生まれも育ちも東京浅草、先祖も神田にいたからいわば江戸っ子の部類ということになる。正直、岩手は遠い国という感じでよくわからない。実際父などは岩手と聞いただけで大枚はたいて毛皮のコートを買ってくれた上、大泣きしたものだ。人里はなれた僻地といった感覚が明治生まれの父の脳裏から離れなかったのだ。笑い話だが、そこに嫁にいく娘とは永の別れのような思いだったのだろう。

その父も今は亡く、私は何十年ぶりかで「釜石線」に乗った。

若き日の思い出と孫の顔が空や田園の青々とした田畑をキャンパスにして浮かび上がってくる。思いは風にのって私の人生のさまざまな局面をそれらに映し出すようだった。

この旅は「遠野の子守唄」を作ってほしいという依頼があっての現地視察のためだった。先祖を失ったとされる河童が、ひょんなことで現代に生き返り、自分の先祖、その流れを探しにいくという映画の中で歌われる子守唄だ。それは悠久に続く子守唄という命の唄、その土地に根ざす人々の伝え継ぎたい魂の伝承の言霊の制作だった。

しかし、実に不思議なことにこの難関は出来の良し悪しは別にして、遠野についた瞬間に出来上がってしまったのだ。実は私は詩作などしたことがない。唄を作らせる地霊がいたとしか思えない。

透き通った風といった宮沢賢治の詩のままの風に吹かれ、小さな駅舎に降り立った瞬間、ふと口について出てきた言葉だった。

花っこが咲いて
風っこが吹いて
雪っこが舞って
なにもかんにも　消えていった

あっぱもととも
おんづもおばなも
あんにゃもあねさも
みんなみんなどこさかいった
〔僕の先祖に〕だれかにあった?

何百年もあってねぇ、
何十年もみたことねぇ
昨日もおとついも知んねえなぁ
明日もあさっても来ねえだろぅ

だどもここさ俺がいて
おめぇも　なぜか　ここにいる
おめぇが呼べば　俺はではる
俺はおめぇをまずよばねぇ

眠るこった眠るこった
昔も今も　この先も
明日はだれにもちゃんとくる
なじょにまあ、義理がてぃ神っこよ

ねんねんよ　ねんねんよ　ねんねんおころりよ

こんな子守唄だ。これは遠野に現れるという座敷わらしが現実を直視しろと河童に教えるという意味で作った。誰がいなくなっても人は誰かがそばにいると、孫に伝えたかったのだ。

このとき、私には誰が消えようが、繋がれていくものを人は置いていくのだという確信を持ったような気がしてならなかった。その確信は、愛によってつながれていく想いの深さによるのかも知れない。魂というのがあるなら、誰かに訴えていくに値する思いの裏づけにより発生するものだ、とも思った。死者を乗り越えてもなお、生きていくことの大切さを、たとえそれが理不尽であろうとも伝え続ける役目が祖母である自分にも課せられたと悟った。少なくともそう思った、まるで悟りを得たように私にはそのとき生きているすべてのものが輝いてみえた、と今でも思っている。

「遠野」の町を私は昔の自分と孫と死んでいった孫の父親を背中にしょって歩いた気がしてならない。あえて言えばそれが遠野でなくてもよかったのかもしれないものだが。

しかし、それが遠野であったことに言い知れない縁を感じた。

私たちがもはや忘れようとしている人の気配、命の大元、帰郷した土に抱かれる安らかさをという、感性を忘れている。この地で取り戻せたのかもしれない。都会人として初めてこの地を訪ねた柳田國男はこの地の何に魅かれたのだろう。人工的な享楽や人息の中にいて、田舎の自然がいいと感じても脅威ではない。しかし、土そのものと無言の人の声、我慢や忍従の中にじっと育ち得た文化は、絶対というほど都会人にはない部分だ。

たかが百年二百年の間の伝承や風習を人づてに、と思うが閉鎖された中に静かに根付いた文化は蔦のように地にはかなわないものだから、一切の装飾をカットして編まれた人知の及ばない不思議な話『遠野物語』に意義があるのだろう。柳田國男はこの地にある地霊と遭遇したはずだ。

庶民が伝えてきたものはそれなりの現実の切実な裏打ちがある。

「おしらさま」「河童伝説」「座敷わらし」は遠野三大話とされている。本当はもっとすごい慣習伝習があるだろうが、この三つは実に分かりやすい。創意と想像力のある人の好奇心をあおるし、ぞくぞくするほどのスリルも味わえる。観光の中で物語性というのにこれほどうってつけの話はないかも知れない。

考えてみればこれらのすべては、私たちが今に抱えている命の尊厳と風土とむら組織を、鮮明に浮かび上がらせている。

おしらさまでは村の規律を守るための掟をバックにしているし、河童では間引きや金銀銅山の風土のありようが生み出した悲劇性を、座敷わらしでは身障者や血の濃さから生まれたいたいけな童子への慈愛を背景にしている。

それらの人の暮らしの言い伝えを「人知の及ぼない摩訶不思議な現象」として柳田國男が位置づけたことはすごいことだとしみじみ思う。

私の子供のころに下町に「迷い道」というのがあった。普段行き来している道がなぜか分からなくなるという現象だ。お稲荷さんのいたずらだ、いや、住んでいた人の霊帰りだ、とさまざまに言われていたが実際にはよく分からない。しかし、私も夏の夕方、その道で下駄のからころ鳴る音を聞いた。そんな時、「ここは遠野じゃないよ」と古老からよくいわれたものだ。

東京では不思議な現象はあくまでも、人の恨みや怨念や憎悪が作り出すもので、自然現象に物語りを作るのは人の教えや知恵のなせるものだから怖がることはないといわれる。

人が生き続けることは多くの死者の上に成り立っている。

その人たちは何かを常に思い残してあの世に旅たっていく。本当に生きるということは死を学び取っていく人に与えられるお免状かも知れない。

「遠野」という壮大な日本の歴史の集約された土地から生まれた物語を、今、遠野の女性たちは「語り部」として多くの人に話し始めている。かって戦国時代にあった「お伽の衆」によって伝承された流れに沿ったものが再現されたような気がしてならない。遠野の女性たちの血の中に眠っていたものが、時を経て打ち出されたようだ。遠野の現代女性たちによって生まれ変わるのかもしれない。摩訶不思議な伝承を、しかも、柳田國男、佐々木喜善という男によって編まれた風土の歴史を、二十一世紀の今「民話の語り部」として転化させた女性たちの力を、私はなんとたくましく強いのだろうかと感じ入っている。ちなみに子守唄に取り組んだ私も今こそ女性の命に対しての感性を発揮し、使うべき時代に来たという思いに駆られて仕事をしている。あやふやな時代の中にあって、命の賛歌を話や唄が謳歌すべき時期が来たのではないだろうか。

巻頭エッセイ

敬仰柳田國男

―菅江真澄資料センターの隣から―

新野直吉

日本民俗学樹立者と謳《うた》われる柳田國男著の『菅江眞澄』（昭和十七年）を読んだのは、中学を卒《お》えたばかりの翌十八年のことだった。そして「真澄は国学者か？」と問われ「違う」と答えたのは、赴任した直後同二十八年秋田大学で内田ハチ教官に対してであった。それから幾十星霜今は、その「菅江真澄資料センター」のある秋田県立博物館に机を置くことになって一〇年余になったところである。

秋田には多い真澄研究者に加えて貰える程の知識も持てないが、月に数回は該センターに掲げられる柳田翁の写真に接する。資料室には勿論『遠野物語』も架蔵されている。

実は自分の研究上で著述から学恩を得ることの多かったのは井上通泰であって、『上代歴史地理新号』から数多示唆教示を受けた。昭和十八年六月三省堂刊の「東山道」の巻は、昭和三十二年の頃『多賀城と秋田城』なる小著を書く当番になって以後繁く手にした。だが当初創元選書『菅江眞澄』の著者柳田翁と井上医博が兄弟だとは、全く知らなかった。

そもそも民俗学を中学生の頃は知らなかった。また柳田國男に関心を持ったのも寮生活で先輩に『妹の力』の話を聞かされたことが動機で、やがて著述『菅江眞澄』を手にする。山形県人の数え年十九歳の身は、その人が庄内を通った丈だとこの本で知り、特に『遊覧記』原文を読んでみたいとまでは思わなかった。

だが、神宮皇學館大学という〝皇学〟を名に掲げる大学の学生（正確には身分上未だ生徒）の立場なので、「日本の国学は言はば彼が奥羽を漂泊して居る期間に、追々に成熟したのであります」（「秋田県と菅江眞澄」の章の「花の出羽路」の項）という言葉は深く心に刻まれた。

もう一つ「真澄翁の歌には殆と一首として名歌がありません。単に凡庸だといふのみで無く、……真率味がありませぬ。当地にも大分短冊など珍重して居られる人が多いやうですが、手跡までは彼是申さぬとして、其歌が些しでも感服しないのであります。この程度の歌よみならば、あの頃江戸にも京にも実はあり過ぎる程ありました」（同じく「半生の秘密」の項）というくだりも、どういう訳か印象深いものがあり、後年測らずも『遊覧記』を抄読する立場になって、直ぐ記憶が蘇った。

国史（現にいう日本史）専攻の学生時代も、「菅江真澄遊覧記の如く、善く山水風俗等を描写せしものもあつた」（黒板勝美『国史の研究』総説巻）と、近世の歴史地理の文献に位置づけられているのを認識していたし、私の学ぶ研究室には、民俗学なる領域を取り入れるという学風も当時特にはなかった。

もう年齢的に、柳田翁が二十世紀初めに東京帝大を卒え官僚となり、大正中期には貴族院の書記官長まで進んだことや、名のある大学の大先生であることは承知する段階に達していたが、未だ『遠野物語』は読んでおらなかった。仮に読んで、東北人が多く岩手県人も少なくはなかった研究室所属の学生達の話題にしたとしても、そう受け容れ易いものとはならなかったであろうと考えられる。

先輩の、考古学者伊東信雄第二高等学校教授は、東北中部以北には無かったかの如くされていた弥生文化の存在解明や、縄文晩期における亀ヶ岡式文化の日本文化に対する先導性の解明に業績を挙げていたし、古代史研究の気鋭高橋富雄同講師も、古代「蝦夷」の異民族説の批判を展開し、平泉藤原氏の開明性の鼓吹に論及しているような流れの中で、研究室内討論でとりあげたとしても『遠野物語』がどう映る存在となるかは、凡そ推察し得る気がする。

そもそも筆者が東北帝国大学法文学部に入学したのは昭和二十二年四月であった。いわゆる戦後の体制変化の中で「帝国」の称は年度内に外されたが、旧帝大で法文学部は戦中までの京城・台北を含めて、東北と九州の四大学に存在した。北海道・名古屋・大阪の三帝大は理系の大学で文系学部はなかった。

その法文学部の学生である筆者は、昭和二十三年に「宏《こう》富《ふ》寮《りよう》」という工学部教授の所有宰領する寮に入ることになった。熊本人である国史学科の先輩の卒業したあとを享けたのである。本来航空力学の学生達の為に教授が設置した寮だった由であるが、戦後広く各学部の学生にも門戸を開き、工学部生が交流合同生活ができるようにした寮だった。

そこに、後年柳田國男関係の人と出会う状況を導く素因があった。経済科の東京出身籾山幹郎君と同室になり気が合ったのである。仙台の古本屋では手に入らぬ物を、休暇帰京の際に依頼して入手したりした。同君は英会話に堪能で、その筋の全国的学生組織では幹部だった。卒業してＮＨＫに入り、外信部で海外勤務でも活躍したという。昭和から平成に移る頃かと思うが、寮生を共にした人々の中から水戸高校出身者などを中心に、寮同窓会が開かれることになった。同君は水戸高校卒ではなかったが、府立十中出身だったと記憶する。その中学の上級生で水戸高から東北の法科に進み、宏富寮生となり卒業後運輸省の官僚になった先輩がいた。万事積極的な人柄であった。その関係などもあって同君が骨を折ったのか、親睦懐旧の会場は渋谷のＮＨＫ関係の宿泊施設であった。

回を重ねる毎に遠くからの上京参加者は其処に宿泊することが多くなり、筆者もその恩恵に浴した。或る年朝食を摂ろうとしていたら同君が迎えに来て住いが近いからと招待してくれた。軒の朝顔が印象的に美しかった。そのことを口にすると、蒔き残した種の袋を来年の為にと贈ってくれた。庭木の藪立ちも気にしない無精者が、今もその子孫の蔓に毎夏花を咲かせている。何かの話から会話中に「柳田國男」の名が出た。そして夫人が「私は姪です」と自己紹介された、今老脳で即断はできないが、松岡静雄令嬢だったと思う。古代史をやっていてこの言語学者の神話に関する論を読んだことはあったので、海軍の上級士官でもあった人のことは知っていたから、柳田（実は松岡）一族の優秀さを友人夫妻と一緒に讃仰した訳である。籾山父君も蝙蝠《こうもり》研究などで知られた生物学者だった筈なので、学者の子息と息女という縁だったのかもしれないが、その点までは訊《たず》ねなかったと思う。

平成九年秋田県立博物館で真澄の『遊覧記』を抜き読みする身になり、間もなく横田正吾氏の内田業績批判も承ることになったが、翌々年六月には「柳田国男の菅江真澄研究」の、同十七年には「真澄と柳田国男」の講演を拝聴真正面から石井正己教授説を学習し、柳田翁の『遊覧記』研究史上の大きな力を改めて認識、『遊覧記』に注がれた視線の基底に在ったのは『遠野物語』であることも理解した。昨十九年博物館行事「館話」で深沢多市を扱い、彼の『菅江真澄集』刊行の出発点に昭和二年六月大曲の翁の講演があったことも確認した。

十八年十二月刊の白井永二著『菅江真澄の新研究』（おうふう）でも筆者は大きな学習をした。序説に「柳田翁の採らなかった妄説が拡がっている現状に鑑み、柳田翁に従いながら……一石を投ずる」と言挙げし、「内田の真澄研究」に問題のあることを指摘しており、先の横田論の謎も解けた念いがした。弱冠にして翁の著述で「真澄は国学者でない」ことを知り、今も考え論じて来た自説が、この書の「第十章　秀雄と曹洞禅」で裏づけられる歓びに似たものも感じ、創元選書で既に「喝食文藝」の指摘があったことも想起できた。

さて本稿眼目の『遠野物語』であるが、翁は『増補版』（昭和十年）の天註の如く、「羽後苅和野の町にて云々」「常陸國志に例あり」「類型全國に充満せり」「外にも例多し遠江國小笠郡大池村……駿河湾安倍郡豊田村……信濃筑摩郡射手」「諸國に行はる陰陽道に出で」「韓國にても」「奥羽一圓に」「東國の風なり」などの如く、一見奇妙な遠野の話も普遍共通性を持つことを指摘される。

従前古代東北は遅進別類の地の如く扱われたのに対抗反発するが如く、安倍勢力は「俘囚国家」で平泉藤原氏は「北の王者」だと主張したり、平泉は鎌倉に先行する武家政権だと論じたりする説さえ行われた。北辺ではあるが日本である地の平泉も、独自王国の軍都ではなく「仏都」だと論じて来た筆者には、諸天註は柳田日本民俗学真髄の学理の表出であると受け止められるのである。

対談

宮沢賢治・二宮尊徳と『遠野物語』

石井正己

山折哲雄

一　花巻・遠野・東北大学の歩み

石井　明治四三年（一九一〇）に『遠野物語』が発刊されて、まもなく百年になりますので、遠野物語研究所では「遠野物語と21世紀」という企画を立てて、順に三冊を刊行しようと考えております。一冊目は明治の時代と『遠野物語』、二冊目は東北日本と『遠野物語』、三冊目は国際化時代と『遠野物語』という構想です。先生は仙台から佐倉へ、さらに京都へと移動されて、広く日本を見てこられました。その視線から、改めて東北という問題を中心に、二一世紀における『遠野物語』の可能性についてお話を賜れればと思いまして、のこのこ京都まで出てまいりました。

先生は花巻のご出身ですが、遠野とのご縁はどのあたりからですか。

山折　私の実家は花巻の浄土真宗の末寺なんですが、母親は家付き娘で、親父が養子になったんです。小学校五年までは東京生活でしたが、敗戦の直前、小学校六年から疎開をして花巻の生活に入るわけです。母親はその寺の次女でしてね、長女が遠野の曹洞宗の大慈寺というお寺に嫁に行っているんです。今の大矢慈光さんは従兄弟になるんです。よくそこに遊びに行ったもんです。

するとその伯母から、まずオシラサマの話をまっ先に聞かされたことは覚えていますね。そのお寺にも大きなオシラサマが何体かお祀りしてありました。そのオシラサマの来歴を語るなかで、ザシキワラシの話とか、河童の話とか、伯母から聞いた記憶がありますね。それが私の遠野体験です。

やがて私は、花巻の旧制中学に入りました。今、花巻北高になっていますが、その花巻中学校時代に弁論部に入りまして、県大会が釜石と盛岡で行われたと記憶しております。あの時は、釜石線は仙人峠を通っていなかったんですね。あそこで峠ごえをして歩かなければならなかった。そういうことで遠野周辺は、足で多少歩いたという体験があります。

やがて大学に入って、柳田の民俗学を勉強しはじめて、『遠野物語』を読んだのは大学に入ってからだと思いますね。

石井　そもそも先生が宗教学に行かれた動機というのは、どんなところにあったのですか。

山折　大学では印度の哲学をやったんですね。しかし卒業しても就職のあてがなかったから、大学院にでも入ろうかということになった。入ってやっているうちに、「印度哲学なんかで食えないよ」というわけで、それで関心がだんだん現代の印度に移っていって、ガンジーなんかやっていたんです。それでも印度とか仏教とかガンジーとかって考える場合に、日本の仏教ということを考えなければいけないと、だんだんそう思うようになってきた。そのころマックス・ウエーバーに興味をもちはじめるようになった。ウエーバーの宗教社会学を通して印度を理解したり、その理論を下敷きにして日本の宗教を読んでいったりしました。社会学にふれる過程で、民俗学にも近寄っていった。

石井　大学院のころですか。

山折　もう大学院のころですね。そのころは、石田英一郎のものとか、柳田国男の作品とか、折口信夫のものを手当たり次第読んでいたという時期でしたね。ですから、私の民俗学への関心というのは、印度学から社会学へ、それから民俗学へという工合に、螺旋状を描いて近づいていったということですね。

石井　東北大学ですと、堀一郎先生がいらっしゃいますね。

山折　私は印哲でしたが、隣の研究室が宗教学で、印哲と宗教学というのは、兄弟的な学問なんだけれども、やっぱり学問上の区切りみたいなことを、みんなそれとなく意識していたと思いますね。しかし、堀さんの講義にはよく出ていた。あるときその堀さんに頼まれて、法学部の世良晃志郎先生のウエーバーの翻訳のお手伝いをしたことがあります。世良さんは当時、M・ウエーバーの『宗教社会学』や『支配の社会学』（いずれも創文社）の翻訳をされていました。私は印哲の助手をやっていたのですが、ウエーバーの「日本―宗教論」の部分をみてくれないか、と堀さんにいわれて、その仕事を、ちょっと根をつめてやったことがあります。

同時に堀さんの仕事もよく読んでましたよ。堀さんはあの頃、『民間信仰』（岩波書店、一九五一年）という本を書いておられたけれど、同時にエリアーデに惚れ込んで、その翻訳もやっていた。これからの民俗学と宗教学、いろんな領域に目くばりして、手広くやらなければいけないということを教えられた先生の一人でもあります。堀さんは堀さんで、柳田民俗学についての研究会などをやっておられた。そのコアのメンバーは友人であったり、ちょっと先輩だったりするんですけれども、その研究会にはあまり出なかった。大学院の時代には自分勝手に自由に先生の作品を読ませていただいていた。

二　東京教育大学での出会いと歴博

山折　東京に出ていって、まあ、いろいろ遍歴をくりして春秋社という出版社に勤めることになりました。その春秋社で『現代宗教』という雑誌を出すことになるんですが、佐々木宏幹さん宮田登さんと語らって、同人雑誌的な編集をすることになります。その過程で、だんだん民俗学の世界への関心が強くなった。そんなこともあって、やがて桜井徳太郎さんとも知り合うようになった。

そのころ、私は『人間蓮如』（春秋社、一九七〇年）という書物を書いていたんです。そしたら、当時、東京教育大学の最後の時期の教授の職にあった、家永三郎先生が評価してくださって、春秋社の社員ではあったけれども、「週に一遍教育大学に来て、日本史のゼミで講義をしてくれないか」と言われ、これはもっけの幸いということで、通うようになったんです。まあ、歴史学と仏教学と民俗学の中間領域みたいなテーマをみつけだしてしゃべっていたと思います。その時、宮田さんは民俗学教室の助手だったかな。そういう学問上の機縁が重なって、だんだん民俗学に関心を持つようになったということですね。

やがていろいろいきさつがあって、「東北大学の助教授で来いよ」ということで、印哲ではなくて、宗教学に戻ったのです。もうすでに堀さんはお亡くなりになっておられて、行ったとたんに、ここはあまり長くいるところじゃないなと思ったのです。そういう私の気配を読むことに、宮田登というのは独得の勘をもっている男でね、一年ぐらい経ったときに電話がかかってきて、「もうそろそろ東京へ来ないか」という（笑い）。悪魔の誘いで（笑い）。

石井　そうだったのですか。

山折　ちょうど筑波大学で人類学科を立ち上げようとしていたのかな。「ポストが一つ空きそうなので、そこに来ないか」と言うのですよ。それも即決だった、「ああ、行くよ」と言ったの。ところがどういうわけか、ついに死ぬまでぼくには明かさなかったけれども、筑波大学の方で事情がうまくいかなくなったんだね。別の人脈で採ろうとしたんでしょうね。こっちはもう出るつもりでいたわけですが、結局、向こうが駄目ということになったのです。

すると宮田さんは、「歴博を作る計画が、今、和歌森太郎さんと井上光貞さんの間で進んでいるので、民俗関係のリリーフ投手として、そっちはどうか」と言うんですね。そうなったら、「もう仕方がない。それでいいや」と言ったのです。それで歴博の民俗研究所に行ったんです。即断即決なんですが、ほとんど偶然が重なったような事態の進展でしたね。それでいよいよあそこの民俗研究部という世界で、ちょっとは本腰を入れて研究をはじめなければならなくなった。だけど、やるようになったって、それまでの素地が印哲だったり、仏教学だったり、宗教社会学だったりしましたから、そういう目線でしか民俗学というものを考えることができなかった。

石井　宮田さんの悪魔のささやきで、どんどん進んだわけですね。

山折　そういうことです（笑い）。

石井　国の共同機関ですと、逆に開かれた研究ができるということは。

山折　井上さんも和歌森さんも、そういうことを言っておられたわけですよ。「考古学と歴史学と民俗学の三者共同で、もっと自由な研究をやっていこう」ということを言っていたんですが、しかしいざ発足してみると、そのとたんに垣根が作られていくんですね。かえって対立するような感じになってきました。それに井上さんの本音が、どうもそういうところにはなかった。「考古学というのは古代史の補助学だ。民俗学は近世史の補助学だ」と、こういう考え方を私にはいっていましたからね。要するに、考古学と民俗学を両翼にしたがえて、歴史学の王道を作っていこうという（笑い）。

石井　阿弥陀仏ですね。

山折　そう阿弥陀三尊仏でね、ご自分は阿弥陀仏になろうとしていたわけ。ぼくに言うわけだ、そういうことを。ああ、やっぱりそうですかということになった。ただ、井上さんはウエーバーに非常に強い関心をもっていましたね。あの人はマルクス主義も体験しているでしょうけれど、本心はやっぱりウエーバーですね。井上光貞の歴史学の基本にあるのはそうではないかと、ぼくは思っているんですがね。

歴博の民俗学は坪井洋文と宮田登が軌道を敷いたわけでしょう。坪井さんというのは地道にフィールドワークをして、『イモと日本人』（未来社、一九七九年）という作品を書いて、なかなかおもしろい議論をする人でした。酒も飲む。ぼくは非常に気が合ったんですけれど、癌で先に逝ってしまいました。その後は、宮田登さんに、「お前さん、来ないと駄目だよ」と言ったんですけれど、どうしても歴博に来ないんだよね。なぜ来ないのかというと、結局彼は、筑波大学民俗学派のエースだった。それでうんといわない。ほんとうは網野善彦さんだって来るはずだった。それを井上光貞さんも望んでいたのだけれど、それがうまくいかない。それでどうも歴博に根本的な問題があるんじゃないかと思うようになった。そして、それがだんだん明らかになっていく。やっぱり、旧来のセクト主義みたいなものが最初から根付いていたんだね。

ちょうどそのころですよ、京都に日文研ができるというので、梅原猛さんに誘われたんです。そのときも一つ返事で、「行きますよ」と言った（笑い）。もう歴博も落日を迎えつつあるかなと思ったもんだからね、そういうことです。

三　「落日の中の民俗学」を書いた意図

石井　京都の雰囲気が先生の性分に合ったのですね。

山折　合ったのですね。第一期は、ほんとうにわがままな自由人ばっかりだったですからね。ぼくのことを当時、梅原さんが民俗学者と思ったか知りませんが、まあ、学者と思ったか、仏教学者と思ったか知りませんが、まあ、そんなことにはこだわらないところがあったのですね。いろんな領域を横断的に研究していって、従来の人文学や社会科学の閉塞性を打破しようではないかと、みんな思っていましたから。その雰囲気が非常によかったのです。

石井　それが、さらに先生のお仕事を広げてゆく土壌になったわけですね。

山折　まずまず、ですね。やりたいことをやらしてくれたので、そういう気持ちになりますよね。東北大学とか歴博にいたのじゃ、これはできなかった。衝突したり批判されたり、追い出されたりということでね。こちらが浮気なだけ、どこに行っても、そういういろんな圧力を感じましたけどね。

石井　先生は東北から関東、そして京都と動かれ、古い歴史の中心地へ南進してこられたことになりますが、それによって日本列島を大きく見る視点が鍛えられましたか。

山折　そういう放浪の中で、だんだん花巻が見えてきたり、東北が見えてきたり、それから、学生時代に読んだ柳田さんの『遠野物語』という世界が、いろんな可能性に満ちている世界だな、ということが見えてきたりしました。柳田国男は東京時代を中心に読んできたのですが、それと重なって、だんだん折口信夫の世界というのはすごいなと思うようになってきました。これを話し出すと、またきりがなくなりますから、それぐらいにしておきますけれども。

それから東京の民俗学がけっこう元気があって、和歌森太郎さんを中心に活気を呈していましたね。それは、先生の学問にも関わっていたと思うのですが、しかし、ぼくには先生のいう「歴史民俗学」というのは非常に不満だったんです。せっかく柳田国男が歴史から自由になって、その歴史の中核部分をむしろ批判する形で、民俗学の力を検証しようとしてきたところがあったからね。それを「歴史民俗学」という形で、歴史学の方に取り込もうとしているというような感じがしたのね。歴史学的な文献学をベースにしながら、民俗学というものを実証科学として確立していこうという、そういう意図が感じられて、何となくうさん臭いと思っていました。

ところが、宮田登さんはそれがよくわかっていて、そういう行き方をいつも相対化しよう相対化しようとしていた。そういう点でぼくと気分が通じたということがあるのですけれども、全体の流れとしてはだんだんそんな方向に行きつつありましたね。とにかく社会科学的な理論構成をしっかりしようとか、歴史学的な文献主義を楯にしようとかね。結局、そのことで歴史学の補助学になったり、社会学の補助学になり下ったりしてしまう。それから当時、石田英一郎さんに代表されるような文化人類学がはなやかに登場してくるわけです。そういうものの理論を借りて民俗学を再解釈しよう、なんて若手の研究がだんだん増えてくるようになり、結局、取り込まれていく。民俗学が本来もっていたエネルギーとか、柳田、折口が持っていた志のようなものが、だんだん見失われていく、これはやっぱり見ていてたまらなかったんですね。しかし、そんなことを言っても誰も耳を貸さない。歴博だって耳をかす人はほとんどいなかった。

石井　先生に言わせれば、あつい愛情や思いが、あの「落日の中の日本民俗学」（『フォークロア』第七号、一九九五年。後に『物語の始原へ』に収録）になるのですか。

山折　ついにあそこまで行っちゃうのですね。民俗学とは何かというと、まずは目で見えるもの、耳で聞くもの、形あるものを中心に資料を集めて、それをもとに仮説をたてていく。それはそれで重要な方法だと思いますけれど、しかしもう一つ重要なのは心意現象ということですね。人間とは何を感じ、何を考えて生きていくかという、民俗社会におけるメンタリティーの問題というか、心意現象というものを、柳田にしたって折口にしたって、最終的に一番重要視していたのではないか、というのがぼくの判断ですよ。それがだんだん軽視されるようになっていった。それが軽視されていく基礎にあるのが、マルクス主義的な世界観にもとづく民俗学。だから、そんなものは「タダモノ民俗学」だと、ぼくは言っていたんです。唯物論にもなっていない、唯物史観にもなっていない。それは戦後歴史学の影響が非常に強かったということがありましてね、なんだかんだで、だんだん魅力がなくなってきて、それで腹が立ってきて、「落日の中の日本民俗学」なんて書いてしまったわけです。あれは反響を呼んだようなところもありますけれど、あれを受け入れる人はほとんどいなかったんじゃないですか。

石井　むしろ、民俗学を貶めるというよりは、もっと温かい目で民俗学の再生を込められていたと思いますね。

山折　最後の夕日のイメージに込めた思いはね、そうだったんですよ。

四　宮沢賢治から読む『遠野物語』

石井　そうしたときに、私などは柳田の『遠野物語』が持つ意義はとても大きいと思うのです。先生にも二〇〇〇年のゼミナールで、「『遠野物語』と二十一世紀」というお話をいただいて、農耕民的なものの見方ではなく、狩猟民的なものの見方で『遠野物語』を読んでいく視点をお示しいただきました。

そこには、先ほども話に出たように、折口が狩猟民的な目で見ていたということがあって、とても大きな衝撃になったのです。先生の中で、『遠野物語』の見直しというのは、どのように進んできたのですか。

山折　そこなんですね。発想の原点は、実は宮沢賢治だったんですよ。結論を先に言ってしまいますと、これからの柳田国男の民俗学を含めて、『遠野物語』的世界というものをどう再評価し、その可能性をどう引き出していくかというときに、特に二人のキイパーソンが窓口になるのではないかと思っていたのです。その一人が宮沢賢治、もう一人が二宮尊徳なんです。柳田学というものを継承するうえで、これからますます重要になってくるだろうというひらめきのようなものが今あるんです。その線上で、ちょっと話をさせていただきます。

石井　お願いします。

山折　宮沢賢治というのは、先ほども言いましたが、花巻の出身だということもあるし、子供のころからずっと賢治のものを読んで、一族の方々と個人的な交流もあったんです。それから花巻小学校は一年行っただけですが、賢治が出た小学校なんです。そういうこともあるんですけれども、賢治の世界をつきつめていくと、賢治という人間は思いつめたような気持ちで農耕民の世界へ入ろうとした人だったんですね。農民と共に生き、ほんとうの農民になろうとした。そして農業改革、農村改革をすすめるために、そして農村青年たちにたいしていろいろ教育的情熱を注いだ人間なんだけれども、しかし結局、彼はその農耕民的な世界に逆に反対するようなものの考え方を持つようになっていく。それは賢治の詩的な世界とか童話の世界というものをみればわかるのであって、彼の感性というのは本質的には、狩猟民的なものに向けられていたのではないかという結論に達したのです。
　それを象徴する物語としてよく言うのは、一つは「夜鷹の星」、もう一つが「なめとこ山の熊」です。結局、人間にしても動物にしても鳥の世界にしても、殺し合いながら相互殺戮をくり返しながら生きていくほかはない、という認識に到達するわけです。その段階で、人間と熊との間で本質的な差はない。人間は熊を捕って生きるし、場合によっては熊というのは人間を襲って食べる。その食う食われる関係を受け入れていく世界、それをどうするかというところまで行ったと思うんです。そういう食うか食われるかの関係というものは、本質的に狩猟民的社会が持っている特質ですね。
　ところが農耕民社会というのは、人間は動物を捕って、殺して食べてもいいけれど、動物は人間を襲って殺してはいけない、という人間中心的な倫理を確立するわけです。けれどもそういう農耕社会のあり方というものを根本的に疑い、その過程で、いわゆる今日言うところのさまざまな生物圏、生命圏との共存の関係を考えはじめたのが賢治ではないかと考えるようになった。
　そう考えると、宮沢賢治の本質というものは、花巻の閉鎖的な農村社会というものを、根本のところで批判していたことになる。また、花巻のあの閉鎖された農村商業社会というものは、逆にそのような賢治のあり方をほとんど理解することができなかったわけです。彼は、まったく孤独の中で最期を迎えるということになる。彼を理解できたのは、ただ一人、妹トシ子ぐらいではないでしょうか。そのトシ子と賢治との関係というのは、農耕民的な感覚で結ばれていたとは、ちょっと思えないのです。「千の風になって」ではないけれども、トシ子の死後、彼は旅をして自然の中に風が吹くと、その風の中にトシ子を感じる感覚を詩にしていますね。これはまず宇宙的な感覚と言ってもいいし、狩猟民的な感覚と言ってもいい。私は万葉、古代人の感覚と通じていると言ってもいいと思っています。

石井　沖縄なんかですと、トシ子はオナリ神ですね。

山折　そういうことですね。だから、トシ子が死んだ翌年（大正一二年、一九二三）、北海道と樺太の旅をして、そこで作った詩が「オホーツク挽歌」、死者を悼む詩としての挽歌。その挽歌の世界というのは古代人が死者の魂を追慕する、あの感覚を喚起するのですが、それとよく似ている。これは沖縄の問題とも共通しているわけで、原日本列島人の最もベースにある信仰ではないかと思い当たってね。それはもう農耕民なんてものではなくて、むしろ狩猟民的な感覚に近いんですね。

石井　賢治のそういう心のあり方を思

い起こさせる土壌というのは、やっぱり『遠野物語』にもあって、岩手なんかではそういう狩猟民的な精神風土を心の底に引きずっていて、それを童話というよりは、むしろ神話的なところにまで掘り下げて、賢治が書いているように思うのです。

山折　まさにそうですね。童話的な世界を突き抜けて神話的な世界を浮かび上がらせるような、そういう世界に生きていたし、そういう作品を書いたんですね。ですから、彼は動き回るときには、奥羽山脈の方に出ていったり、北上山地に歩み寄って行ったり、それで岩手山に登るのがすきであったり、その点で『遠野物語』的な世界の中で彼は動いていたことになる。イーハトーブの中核になるような世界は『遠野物語』的な世界だ、と言ってもいい。だけど、はっきりそうだと言った人は、必ずしもいないんだよね。

石井　花巻と遠野がすぐ隣同士にあることを賢治は意識していますが、佐々木喜善と交流が始まるのは大正の終わりになってからザシキワラシの関係ですし、亡くなる前には二人直接顔を合わせてずいぶん話をしていて、病床にありながら喜善と会うことを楽しみにしていたようです。

山折　それはあまり詳しくはないのですけれど、自然にそうなっていったのでしょうね。『遠野物語』の山岳民の問題から柳田は卒業して、農耕民の社会の研究に入っていったというふうに言われるんだけれども、はたしてそうか。最後の最後まで、そういう山人的な世界、狩猟民的な世界に柳田国男は関心を持ち続けていたのではないのかという気もするわけですね。

石井　私もそう思いますね。戦後になっても、『山の人生』を出したり、『遠野物語』を出していったのは、営業の問題だけではなく（笑い）、両方を人生の中でまるごと抱え込んできた部分があって、単なる転向の問題ではないように思います。

五　「ヒドリ」は「日取り労働」の意味

山折　そういうことをずっと考えていって、ふと思いつくことがあります。賢治の「雨ニモマケズ」という有名な詩についてですが、その「ヒデリノトキハナミダヲナガシ／サムサノナツハオロオロアルキ」とある、あの「ヒデリ」の問題をめぐって、賢治学会では侃々諤々の議論があるんですね。これは大変なんです。あれは「日取り」のことだ、という照井謹二郎さんの解釈が一つ、それと高村光太郎が直したように「日照り」の単純な誤記だと見るのがもう一つ、そして、「一人の時は涙を流し」と、これはぼくの好きな解釈でね。花巻方言では「一人」のことを「ひどり」と訛ることがありますから、そういうことも可能ではないのかと言ったんだけれども、どうですかね。

やっぱりあれは日銭かせぎの「日取り」説が一番正しいのではないかと思うようになっているんです。「日取り」というのは、昭和初年代の昭和恐慌によって打撃を受けた農村で、寒さの夏に貧しい農民たちが土方作業に出ていって、日銭かせぎをする。「日取り」というのは方言だけれども、南部藩では半ば公用語だったんですね。そういうことを詳細に議論した新しい本が出たんです。和田文雄さんという方の『宮沢賢治のヒドリ』（コールサック社、二〇〇八年）という本で、これでもうだいたい決定したなと、ぼくは思うんだけれども。

実はその前に「ヒドリ」は「ヒデリ」だと、最初に訂正をしたのは高村光太郎ですよね。現在、賢治学会の常識で言いますと、入沢康夫さんをはじめ、「ヒデリ」で決定したと言っていいだろうといっているんです。先年斎藤宗次郎の『二荊自叙伝』が岩波書店から出版されたときに、東京のマリオンでシンポジウムをやったんです。その時に、入沢さんからお手紙と「ヒドリ」についてのご論文を送っていただいたんですが、そこでも学会としては「ヒデリ」の誤りであるということに決まっている主旨の指摘がありました。

石井　手帳そのものはどうですか。

山折　それは明らかに「ド」なんですよ。それをなぜ「ヒデリ」に直すかといったら、それは「ヒデリノトキハナミダヲナガシ」と「サムサノナツハオロオロアルキ」となって、対句的表現になるから、というのがその理由ですね。これはもしかすると、高村光太郎のような都会的な人間の感覚ではないでしょうか。

石井　私は『柳田国男全集』の校訂などをしていますけれど、やっぱり校訂の権力が働いてしまう部分があって、それを誤りだと認定するかどうかということは、とても難しい。柳田の編集をやっていても、そんなことを強く感じるのです。

山折　そうでしょうね。照井謹二郎さんが「日取り」論を発表するのは一九八九年なのです。これについてすぐ『詩学』に安西均氏が反論を書き、そのあとずっとこの線できているわけです。ところが、賢治学会の主流は「日照り」ということになっているのだけれど、じつはそうじゃないよ、という主張をしているのが最近出版されたさきほどの和田文雄さんの本なんです。その根拠がすごいんです。これは短期的な、臨時的な労働形態のことをいう。主に土木作業で、農繁期にそれが集中しているので、冷夏のときにはだいたいみんな「日取り」に出て生活を補ったと言っているのです。それは南部藩の公用語として「日用取」と書く。それを方言で「ひどり」と、漢字の読めない人たちは呼ぶ。「手間取」「日手間取」という字もあるのですね。実際にそういうことは漢字で使われていたようです。その当時、花巻地方の人々は「ひどり、ひどり」と言っていて、誰でも耳にしていた言葉だったというのです。しかも、この「ひどり」労働をやっている貧しい人々が、南部藩から他の藩に出稼ぎに出ると、戸籍を取り上げられて、やがて非人扱いになる、無宿者扱いになるという。これは花巻地方だけではなしに、東北地方全般にそういう問題があった。もう一つは名子制度というのがあるでしょう。それともこれは関わっているということが、詳細に例証をあげて議論されているのです。

それから、ぼくは農業のことはよく知らないのですけれど、田圃には乾いた乾田と湿った湿田とがある。乾田の場合には水を入れなければいけない、湿田の時には排水をしなければいけない。これが灌漑排水の事業で、それを「乾排」と言っていたといいます。乾排の仕事をするのが日取り労働者だったというわけです。やっぱり、「日照りに不作なし」と、これは普通に言われていることですね。日照りを嘆く農民なんていない。むしろ寒さの夏こそ日取り労働をしなければならなかった。こういう事情を知らないから、勝手に直したんだと、ものすごく説得力のある話なんです。

昭和四年（一九二九）に世界恐慌があって、冷害が東北を襲ったときの陸稲と水稲の収穫高の記録がのこっているのですね。陸稲はたしかに被害を受けているけれども、水稲は被害がそれほどではないと言っているのです。干害の場合でも、日照りの場合でも。ですから、そんな材料も示しながら、これはどうしても「日取り」でなければならないということになる。もしそうだとすれば、これなんかも民俗学がやるべき仕事の一つではないかと思えてくるわけです。

石井　公用語でも、民俗語彙の問題ですね。

山折　民俗語彙の問題でもあるしね。しかも、それは経済の問題とも、時代の大きな変化の問題とも関わる。そうなると、やはり宮沢賢治の窓を通すといろんな可能性がみえてくるんじゃないでしょうかね、『遠野物語』の世界もね。

六　方言の力を復活させる必要性

石井　宮沢賢治には、共通語と岩手の言葉とエスペラント語など、さまざまな言葉の重層性があって、先生がおっしゃる「ヒドリ」も賢治の意識的な使用でしょう。『遠野物語』もそうですけれども、地元の方々と外の人の間では、読み方に必ずしも摩擦が起きないわけではない。そういう視点から、賢治も議論されるし、『遠野物語』も議論される必要があります。

『遠野物語』の中にも、例えば「ガガはとても生かしては置かれぬ」（一一話）の「ガガ」は、「母」の意味ですが、一般には「妻、中老の下働女」（『増補改訂版遠野ことば』）の意味で、なかなか「母」の意味の用例が見つかりません。他にもそういう問題がまだまだ埋もれていると思うのです。

山折　まだまだあるでしょうね。私なんか遠野でも話したんですけれども、『遠野物語』に出てくる話で、農山間部で生活している人々の、動物たちに対する感覚というのは非常に大事だと思うのです。言葉の問題は、さらに感性のレベルで読み直していかなければならないし、方言的なレベルで読み直していかなければならない。ややもすれば、研究者というのは標準語のレベルで理解してしまう。それが今言っている「ヒドリ」の問題にも関わっているわけですね。

それからもう一つ、言葉の問題と言われますと、今、宮沢賢治の問題で言いますと、賢治の絶唱と言われているのに、トシ子の死を詠んだ「永訣の朝」がありますね。あれは標準語と方言と対話の形式でいくわけですね。ほとんどの解釈、朗読の仕方というのは標準語中心で、最愛の妹を奪われた喪失感のど真ん中にいる賢治の気持ちに即した形であの詩を読んでいる。それはそれで間違ってはいないのでしょうけれども、それ以上に重要なのは、トシ子の方言ですね。死んでいくあのトシ子の言葉が非常に重要な役割を果たしている。

石井　「あめゆじゅとてちて……」。

山折　「あめゆじゅとてちてけんじゃ」で始まる。その言葉が、嘆き悲しんで絶望の底に沈んでいる賢治の心を締め付けていくというか、自縄自縛の状態へと追い込んでいっているとても強い言葉だと思いますよ。そう読めば賢治の悲しみの深さもわかるし、それからトシ子という人間の奥行きみたいなものも見えてくる。それは東北方言というものを媒体にして、初めて立体的に現れてくる世界ですよ。ああいうものを標準語中心に読んできたというのは、明治以降の国語政策の結果だろうと思います。一般的に『遠野物語』の読み方も、そういうものと連関しているんじゃないですか。

石井　『遠野物語』もそうで、佐々木喜善の話を聞きながら柳田はほとんど標準語に変えていくんです。そういう意味では、明治時代の国語政策から自由ではありません。けれども、会話文にはところどころ、「トツチヤお前も来たか」（九七話）のように方言が残っています。一番大切な言葉というのは、決して標準語に置きかえられない。喜善もそう語ったでしょうし、柳田もそれをちゃんと残している。「お父さん、あなたも来たのですか」としてしまったら、親子の生死を越えた出会いは迫真力が出てこない、ということをよく知っていたと思うんです。

山折　そうでしょうね。中野重治が言ってるんだけれども、東北にやって来たとき、岩手方言の「めんこい」という言葉に注目するんです。さすがに詩人の直感は鋭いなと思うんだけれども。これはすばらしい言葉で、いろんな風に多義的に用いられている。「嫁コがめんこい」、それから「女郎がめんこい」、「めんこい子馬」もそうです。そういういろんな意味を持っている「めんこい」という言葉が岩手方言にある、ということを言っていましたけれど、詩人だからそういう感覚がはたらくんですね。しかし、民俗学の世界にそういう知的な問題にかんする遺産がどの程度継承されているかどうかという問題があるわけですね。

石井　柳田は文語詩を作った島崎藤村と並ぶ詩人でしたが、元は短歌から入って文語詩へ移っていって、そういう意味でも古典の言葉から文語に慣れ親しんでいた。その一方で方言の持っている力について、当時の国語政策とも絡みながら、やっぱり批判的に考えていたところがあるわけですね。

山折　それはあるでしょうね。彼の言葉の分析、民俗的語彙の分析はいろんな方言を集めてきてやっていますからね。それは当然そうなんですね。

石井　ただ一方では、『遠野物語』もそうですし、喜善の昔話集もそうですが、全部方言にしてしまうと、地元の人でもなかなか読めない。やっぱり一般的に普及させるためには、標準語化していくことの意味はあるわけですね。

山折　もちろんそうですね。だから、こういう問題については両方必要なんで、複眼的思考と言うべきかな。

七　遠野で朗読された『遠野物語』

石井　標準語と方言の厳しい出会いの中から、やはり『遠野物語』も生まれているし、宮沢賢治の詩も生まれているということですね。

山折　そのことは漠然と東京時代から考えていたんだけれども、非常に強く意識したのは、京都に来てからですね。京都に来たのは、ぼくにとって非常に大きな意味があったと思うんです。それは『源氏物語』にかかわる問題でした。今、「源氏物語千年紀」でいろんなイベントが行われてますね。ところがあらためて考えてみると、『源氏物語』の代表的翻訳はみな標準語なんですよ。谷崎源氏から、与謝野源氏、それから瀬戸内寂聴源氏まで全部標準語なんです。ところが、これは京都という都で書かれたので、京言葉で翻訳するのがほんとじゃないかと思っていた。そして、それをちゃんとやった人がいたんです。長いあいだ京都府立大学教授として源氏を教えておられた中井和子さんなんです。その中井先生に会って、対談もしたことがあるんですけれど、十何年もかけて全訳されいるんです。しかも、その翻訳を、ちゃんと京言葉を語れる人に朗読してもらっている。それを聞くと、文法上のむずかしいことがぜんぜん気にならない。そのままあの王朝の世界がすうっと鮮明なイメージとして頭に入ってくるんですよ。だから、源氏の世界を知るためには、やはり京言葉が必要だと思いました。その時ふっと、紫式部と宮沢賢治という対比でそのことを考えたわけです。

石井　紫式部はやや古めかしい標準的な文語で書いていますが、先生が言われるように京言葉に直すことによって、『源氏物語』の眠っている部分が生々しく蘇ってくるのではないでしょうか。

山折　眠っている部分ももちろんそうですが、例えば嫉妬とか妬みといった生々しい心情までが蘇ってきますね。それから、王朝時代の美的な世界というのが強烈な香りをともなって匂ってくるんだな。これは不思議ですね。標準語はそういうものを反って消しますね。それで言うと、やはり『遠野物語』の世界も、格調のある文語体に切り替えたときに、あの遠野ワールドに固有の匂いは消されているという気がするな。もちろん、あの文語体にしたからこそ名作にはなったんだけどもね。

石井　柳田は喜善の言葉は訛りが強くて聞きにくかったと言っていますけれど、その痕跡をほとんど消していますね。先生のおっしゃるように、『遠野物語』を地元のものとして読み直すならば、もう一度地元の言葉に返していくことが必要でしょう。語り部のお婆さんたちは『遠野物語』を昔話にしていますけれど、それはある意味で『遠野物語』を地元の言葉に返していく試みでもあるのかなと感じました。

山折　そうですね。そうするともう一つ新しい世界が浮かび上がってきますよね。私は、先ほど「永訣の朝」の朗読を聞いていると、やはり標準語中心になっているなということを言ったんですが、しかしその中で比較的いいのは長岡輝子さんの朗読なんです。長岡輝子さんも標準語中心で読んではおられるんだけど、彼女が語る標準語は訛っているんです。「きょうのうちに、とおくへいってしまうわたくしのいもうとよ」と、イントネーションが違っている。それが長岡輝子のおもしろいところですよね。だから反って二重の効果が出てくるわけです。そういうことが研究のレベルでもうすこし意識されてもいいんじゃないかと思いますね。

石井　そうですね、音声で理解していくというのは必要ですね。おもしろいのは、『遠野物語』は三五〇部しか作らなかったので、遠野では昭和八年

（一九三三）に謄写版を作っています。その時に遠野物語朗読会を組織しているのです。その序文には、『遠野物語』は「名著」であると言っています。遠野町では朗読会を作って、みんなで声に出して読んだようですね。

山折　それは宮沢賢治が亡くなった年ですね。

石井　そうです。序文は二月になっていますから、賢治が亡くなる前、喜善も生きているうちです。地元の人が黙読するんじゃなくて、音声化してみることで『遠野物語』を感じ取っていたというのは驚きでした。

山折　もしかすると、『遠野物語』の文章の中にも、「ヒドリ」を「ヒデリ」と直しちゃったようなところが、少しはあるんじゃないですか、そういうのを探っていけば。

石井　音韻のレベルと音声のレベルでいくと、音声を音韻化して意味をとってしまうということがあるはずです。柳田は漢字表記を当てて、目で読むテキストにしていった。地名や人名もきちんと漢字が当たっていて、「キセイ院」（九七話）のような表記はわずかです。

山折　それはフィールドワーク一般に言えることでしょうね。

石井　私など最初の八年間は、柳田の原稿をただただ追ってきました。今ある草稿は聞き書きそのものではありませんが、原稿の痕跡からどういうふうに書かれたのかが、たぶんわかるんじゃないかと考えたのです。

山折　それは非常に尊い大事な仕事だと、もちろん思います。が、同時にやはり『遠野物語』というのは本質的に文学作品だという思いもぬけきれない。民俗学の重要な金字塔の一つと見るのももちろんいいんだけれども、金字塔であり得たのは文学的にすぐれた作品だったからだという評価も捨てがたい。感覚的にぼくはそっちの方に傾くんだよね。それでは柳田国男の文章というのは全体がそうなっているかというと、必ずしもそうじゃないと思う。まわりくどい難解な文章をいくらも書いていますからね。だから、名文家だとは必ずしも思わないんだけどね。これは不思議だね。どうですか。

石井　そうですね。聞き書きの際のメモはほとんど残っていないんですけれども、草稿を見ても、文章に大きなぶれはないですね。おそらく聞き書きの段階で、すでに文語に置きかえていたと思うのです。

山折　『遠野物語』の場合はもちろんそうですけれども、柳田国男には非常に難解な文章がいくらでもあるじゃないですか。

石井　『遠野物語』がすっきりしているのは、たぶん聞き書きという問題があると思います。

山折　それもあるかな。

石井　この後に出た『時代ト農政』は

ほとんど講演をもとにしていますね。

山折　あれはわかりやすいですよ。

石井　『石神問答』は書簡体です。同じ年に三冊出していますが、書簡体と文語体と口語体と書き分けていて、柳田にとってはどういう文体で書くかの実験なのです。わかりやすさに、聞き書きや講演が関わっているとしたら、折口信夫の口述筆記とともに、大きな問題になりますね。柳田は後で『北小浦民俗誌』など書きますが、本格的な聞き書きというのは、生涯これだけしか残っていません。

八　二宮金次郎と桃太郎伝承の関係

山折　先ほど言いました二宮尊徳ですが、これは柳田の仕事として大きいと思いますよ。石井さん、国際二宮尊徳思想学会という学会があるのをご存じかな。

石井　寡聞にして、存じ上げません。

山折　あるんですよ。四年ぐらい前、しかもそれを発議したのは北京大学の歴史学の教授たちですよ。それはなぜかというと、後からわかったのですけど、中国は今、農村、農民、農業の改善改良をめざす「三農運動」ということを展開していて、格差問題を含めた農村改革が大変なことになっている。つまり、鄧小平以来の経済政策のひずみがきて、それをなんとかしなければというところから、どうも日本の二宮尊徳という人物が見出され評価されはじめたような感じがあるんです。第一回の国際会議が北京大学で、二回目は東京でやって、第三回を大連の民族学院大学という所でやって、ぼくはそこに呼ばれて講演したんです。二宮尊徳という人物が現代の中国の農村、農業改革を推進するリーダーの一つのモデルとして取りあげられはじめるというのはおもしろいなと思ったのです。

石井　外から発見されるというのはおもしろいですね。

山折　たいへん興味があります。そうして今の食の問題でしょう。農業の見直しということが改めて叫ばれはじめている。ここも重要なんですよね。

それからもう一つは、ここ二、三〇年の間だろうと思いますけれど、今、地方を旅していますと、小中学校の校門の所に二宮金次郎の銅像が立つようになっていますよ。

石井　復活したのですね。

山折　東京駅の八重洲口のブックセンターの前に金次郎の大きな銅像があります。あれはもう一〇年ぐらいになっているのじゃないかな（笑い）。

石井　二宮尊徳のどのあたりに深い関心があるのですか。

山折　二つありましてね。一つは「金次郎」の方なんですよ。明治時代の唱歌集を見ていてわかったんですが、明治三〇年代と四〇年代に、「二宮尊徳」

（『幼年唱歌（四の下）』、一九〇二年）という歌と、「二宮金次郎」（『文部省唱歌』、一九一一年）という二つの童謡がある。

石井　唱歌ですか。

山折　学校唱歌です。岩波書店から出ている『日本唱歌集』（岩波書店、一九五八年）に出ています。それから、同じ三〇年代から四〇年代にかけて、片仮名の「モモタロウ」（『幼年唱歌（初の上）』、一九〇〇年）と、漢字の「桃太郎」（『文部省唱歌』、一九一一年）が両方入っているんです。それを読み比べて、えっと思ったことがあるんです。それは両方とも、犬、猿、雉を連れて鬼ヶ島征伐に行って、宝を持って帰ったと、鬼退治の話になっている。両方ともそうです。

ところが、それに対して「二宮金次郎」の方は、柴刈り縄ない草鞋づくり、そして寸暇を惜しまず仕事に励み、手習読書をしている金次郎少年。手本になるのは二宮金次郎と歌っています。あれは子供のときに歌った覚えがあるんです。

たしか、「桃太郎」の唱歌というのは鬼ヶ島征伐で、日本軍国主義を生み出すきっかけになった話ということで、戦後になるとさんざん叩かれるのですね。

石井　日露戦争後の『文部省唱歌』は「桃太郎さん桃太郎さん、お腰につけた黍団子」から始まって、桃太郎の誕生を語らずに、戦に行くところから語り始めるのです。

山折　「山に柴刈り」は出て来ないんですね、二つともね。

石井　後半部分の鬼退治に主題があって、日清戦争や日露戦争の雰囲気とセットですね。

山折　そうなんだ。あれは明治三三年（一九〇〇）ですよ、桃太郎の歌が取りあげられるのは。

石井　少しずつ変わっていくわけですね。

山折　そうでしょうね。ところが、「金次郎」の方には、両方ともに、ちゃんと「柴を刈った」金次郎が冒頭に出てくるわけです。そのときにふっと浮かんだのが、柳田国男の『桃太郎の誕生』という仕事で、あれは昭和八年。

石井　講演は昭和五年（一九三〇）です。

山折　あれは山に柴刈りに行った爺さんが、その柴の一部を、山で出会った沼の中に投げ込む。すると、沼の水底から美しい女性が腕に醜い子供を抱いて浮かび上がってきて、「大事に育てなさい」とそれを渡す。爺さんが言われたとおり育てると、福が舞い込み、豊かになったという話ですよね。これが桃太郎伝承の原型だと柳田国男が言っている。キーワードになっているのは「柴」なんだけども、その背後にある信仰というのは母子神信仰だと言い出すわけでしょう。それは柳田国男の

『桃太郎の誕生』で展開される物語解釈のポイントなんだけども。
　もう一つ大事なのは、柴を沼に投じたからそういう子供を授かったということになるわけですから、その柴が明治の桃太郎の唱歌の中でも、何か重要な意味があるのじゃないかということをふと思った。それで、私の妄想がそこから始まって、金次郎は桃太郎の弟だ、という説にふくらんできました。つまり「柴」を媒介にした桃太郎・金次郎の兄弟というイメージです。柴を担う少年が金次郎、柴を沼に投げ入れたことで授かる少年が桃太郎─。いずれにしろ「柴」が重要なキーワードになって子育ての物語ができ上がっているわけです。
　その子育て、子宝思想というのは、じつは山上憶良の時代からずーっとあるわけです。そういうものが柳田の説に底流しているし、金次郎の昔話中にも流れている。大事なのは、この社会において子供をどう育てていくかということです。『桃太郎の誕生』という、あの論文の中でおもしろいのは、その授かった子供が醜いということですね。けれども柳田さんは、その意味を追求していない。ここには非常に深い意味があるように私は思うようになったのね。

石井　神話ならば、磐長姫みたいなものにつながる。

山折　ああいったことにもつながるかな。私の読みはね、社会の一番の弱者というか、身体障害をふくめての弱者というところにいく。外見上、そういう不幸な姿をしていても、大事に育てるとすばらしい子供に育つんだよということ。

石井　福子ですね。障害のある子供を「福子」と呼ぶんです。

山折　それが福子ということになるのね。そこにつながるわけですね。いずれにしましても、あの明治の同じ時代に、桃太郎の物語と金次郎の物語を結ぶ鍵になるのが「柴刈り」という問題だったのではないかということです。その線で考えていきますと、柳田国男の子供研究というのがさらに広がっていくんじゃないかと思いますね。

九　二宮尊徳から考える『遠野物語』

山折　それが一つです。二宮尊徳という存在を、柳田の民俗学研究と結びつけていく上での一つの可能性です。今日われわれの社会は、子殺し・親殺しもふくめて子供の問題が大きな社会的な話題になっているけれど、民俗学にはこのような子供研究の積み重ねがすでにあるわけですから、今こそその問題について発言できるはずです。だけど、それがあまりなされていない。以上いったような考え方が正しいかどうかよくわからないんだけれども、そういう思いを込めて、二宮尊徳というのは再考していく必要があるんじゃないかと思う。

もう一つは、やっぱり『時代ト農政』です。柳田はあそこに、いち早く二宮尊徳を評価した論文を二編のせています。一つは報徳会で講演していて、もう一つは農会かどこかの大会で講演している。

石井　明治三〇年代後半ぐらいから報徳会と深く関わっていますね。

山折　ところがね、その後、報徳会の今日を代表する方々は、柳田さんの二宮尊徳評価というものがどういうわけか評価されていないという。二宮尊徳が戦争中の軍国主義のあおりをくらって否定されていったというのです。もう一つは体制内改革者だというところで減点されたのではないかと言う人が結構多いんですね。はたしてそうか。なぜその問題が深められていかなかったのかと疑ってみると、柳田民俗学の内部に原因があるのかもしれないし、その後の民俗学の方に原因があるのかもしれない。

ただ『時代ト農政』に載せた講演の中で、報徳運動というものを、まず第一に朱子学の義倉と比較しているところがあります。義倉の問題は「大宝律令」に出てくるわけですから、非常に古くから農村救済のための政策として重要視されていた。それが江戸時代になって、朱子学を通してさらに強化されていった。そこに柳田は着目しているのです。

石井　柳田は卒業論文が「三倉沿革」で、義倉にも触れています。

山折　そうか、義倉も論じていたわけですね、それは知らなかった。

石井　彼が農政学者になっていく思想的な基盤の中に飢饉の問題があって、それが報徳会の運動につながっていき、さらに新しい産業組合の位置づけにもなっていくのですが、『遠野物語』は一方ではそんな時代に生まれていますね。

山折　そういう時代ですね。政府でも、内務省とか農商務省とかも、農村救済のためにどんな政策を作るかということで、いろんなことを言いだしているわけです。その施策の中で、やっぱり二宮尊徳から学ばなければならないと、当時の官僚がけっこう言っている。柳田国男の線でそういうことを言っているわけですね。もう一つは、今おっしゃったように、西洋社会で発達した産業組合、信用組合と比較していて、その相違点と類似点をいろいろあげて議論している。そこは今読んでみても新鮮でしたね。

相違点の方で言いますと、柳田さんは二宮尊徳の報徳運動の特色を、道理よりは信仰に近い、学問よりは宗教に近い、と言っているんです。その基本にある考え方は敬神、神を敬う気持ちだというのは、的確な指摘だとは思いますけれど、そこが西洋の産業組合と違うところだと言っています。
私からすると、逆に日本の明治以降の資本主義というのは、西洋流の資本主義を受け入れながら、経済倫理では日本流のものを作り上げていった。渋沢栄一の論語そろばん主義とか、松下幸之助の企業精神にも、基本には神道があったり、二宮尊徳があったりするわけですから。そういう二重構造化した日本の資本主義路線というものは、結局、戦後にいたるまでつづいて、成功の物語をつくりあげているわけです。
そういう問題を問題として最初に提起した人が柳田国男かもしれないということです。このあいだ、報徳会の大会がその本拠地である静岡県の掛川であって、その時に呼ばれて行ったんです。掛川の報徳社の本社の門前に「経済門」と「道徳門」という大きな門柱が立っていますよ。これは報徳思想の根本のところだなと思いました。現代の金融資本主義の崩壊現象を見ておりますと、これは妙にリアリティーがあるんだ。

石井 そのバランスの中にあるのですね。

山折 柳田国男はその辺のことをきちんと見ていたのか、見ていなかったのか。

石井 明治四三年に『遠野物語』と『時代ト農政』が出るのは、道徳と経済というものが柳田の中で並行してあったことをよく示しているんでしょうね。先生からお話を伺って、あの時期の柳田を考えるときに、尊徳の思想を背景を考えてみるといいのですね。

山折 なんとなしに、ぼくらは素人だから勝手なことを言うんだけれど、金融資本主義の崩壊時期を迎えて、次は信用資本主義だという。信用資本主義というのは、産業組合の考え方を延長すればそこに行くんですけれども、西欧の社会においてはそれは功利主義的な資本主義に行きつくのであって、むしろ、日本列島の方から発信する信用資本主義というものを考えなければならない。そのように考えると、尊徳、柳田、松下幸之助というあの線をつなげて考えることが必要になってくる。その原点に、例えば「東北」とか、『遠野物語』の世界をおいてみると、なかなかおもしろい問題がみえてくるんじゃないのかなと思います。それを媒介するのが「飢饉」という課題です。

石井 『遠野物語』を同時代の思想や経済などさまざまなバランスの中で読んでみる必要があると思いますね。民俗学の原典という発想は行き詰まっていて、そういう柳田の持っていたバランス感覚を見直してみると、将来に向けて開かれるでしょうね。

山折 ほんとにそう思いますよ。だから、衰退に向かっている民俗学なんか、どうでもいい。しかし柳田学は、これは大事にしなければいけない（笑い）。

一〇　柳田国男と長谷川伸、モラルとアンモラル

石井　宮田先生にもそういったところがあったと思いますけれど、先生の中では民俗学のもっている知恵を学問の中に留めるのではなく、時代に生かしていくという思いがとても強くおありだと思うのです。

山折　そうですよ。一つは民俗社会のモラルは今どうなっているか。今考えると、これは非常に重要ですよね。それから先ほど言いました子供。子供を民俗学あるいは柳田学はどうとらえてきたか、これについてもものすごい遺産があると思いますね。

石井　先生の『鎮守の森は泣いている』（ＰＨＰ研究所、二〇〇一年）には、日本的共同体のことが出てきて、泥沼のような体質を持っていながら、底には道徳規律の土壌みたいなものがあるとされます。『遠野物語』の世界はまさにそうで、どちらかといえば血なまぐさい話がありながら、その中で人々が生きてきた暮らしの秩序、もちろん動物や神との関わりにしても、そういうものがあります。私は先生のおっしゃる日本的共同体の典型的なモデルとして、『遠野物語』が考えられると思うのですが、いかがですか。

山折　そうですね。ちょっと私ごとになりますけれど、日文研の所長を辞めるときに、最終講演があって、その懇親会のときに、つい言ってしまったのですけれど、「本がずいぶん溜まったけれども、これを全部中国の大学に寄付することにしてしまった」と言ったんです。さっき言った大連のね。日本研究者が増えてきても本が買えない。私のはろくな本はないんだけれど、寄付したらほんとうに喜んでくれました。ただ、二つの全集だけ残したの。一つは『柳田国男全集』、もう一つは『長谷川伸全集』です。「お前にこれから本をやってもどこかへ行っちゃうから」と、皮肉をそれから言われるようになったわけだよ（笑い）。

石井　でも、本は使われて生きるのですから、いいですよ。

山折　ぼくは死ぬまでにどれくらい時間があるかわかりませんけど、これからじっくり考えてみたいのは民俗社会におけるモラルの問題ですね。モラルとアンチモラルの問題といってもいい。そういう点で、長谷川伸の作品というのはよく描いているんですよ。先ほど言った非人、無宿人、やくざの世界と言ってもいいかもしれない。そのモラルというものは、決して武士たちの武士道の精神と矛盾するものじゃない、きっとどこかで一続きになっている。武士道、町人道、百姓道、そして任侠道そういうことを考えてもいい。そこから民俗社会における最も底辺のモラルはなんだろう。義理と人情と言ってもいいかもしれませんしね。戦後、わ

れわれはその義理と人情というものを馬鹿にしてきたんですよ。人文諸科学、ほとんど馬鹿にしてきた。浪花節を馬鹿にするようにね。それが一番強く人間と人間とを結びつけるものだという ことは、最近ようやくみんな感じはじめているでしょう。例えばイラクに自衛隊が行って、その指導者が隊員たちに何を教えるかというと、義理と人情の大切さだというのです。それがないととても統率がとれないというのです。そういうところはよくわかるのですね。その辺の問題は、柳田さんより折口さんの方がやっているわけです。

石井　そうですね。

山折　民俗社会のさまざまな構造的な特色というものを、とにかく柳田さんは浮き彫りにしたんだから、それと長谷川伸が考えていた底辺社会の義理と人情の世界というのを付き合わせたら、どういう世界になるか、それがこれから私のやってみたいことです。

石井　折口の「ごろつき」ですね。

山折　まさに「ごろつき」の世界です。それで柳田と長谷川伸の二つの全集を残したと言ったんですよ。できるかどうかわかりませんけれど、そういう可能性をみてみたいと思いますね。

石井　民俗学でいえば、柳田と折口をどう統合するかということになりますね。

山折　そういうことになるかも知れません。ぼくは折口さんの「ごろつき」を始めとする道徳と反道徳のあわいを縫っていくような、ああいう研究の仕方の背後には、フロイトとデュルケムが存在していると思っているんです。嫉妬とか姦通とか女敵討ちとかですね。色物もそうですけど、ああいう問題になぜ関心を持つかというと、あれは背後にはみなフロイト的な関心があるからだと思う。そういう中でやっぱり民俗社会というものを維持していくためには、一定のモラルが必要になるという視点が当然でてくる。その時にデュルケムの理論が登場してくる。そういう感じがする。ただ折口さんはそんなことは一言もいっていないのですけれどね。

石井　折口の世界には、確かにデュルケムもそうですし、もう一つ大阪下町にある義理・人情であるとか、それは歌舞伎などに典型的に表れますが、それが折口を形成している大事な土壌でしょう。

山折　それがフロイト的感触とつながるんじゃないですか。

石井　そうでしょうね。そういったものは、東北の村社会にまでつながってゆく。

山折　だから、農耕民からすれば狩猟民的な感覚が残酷、残虐に見えることがあり得るわけですよ。ところが農耕民的な認識に凝り固まっていると、それは見えてこない。ただの残虐性としか見えないところがあるのです。ごろつきというのは、単なるアウトローだという見方になってしまうんだけれども、しかし、無宿人や非人の背後に横たわっているのが何かというと、先ほど言った「ヒドリ」問題と照らしあわせることができる。そうすると、そういう最底辺の労働に従事している人間同士の心を結びつけているのは何かということにもなる。やっぱり義理とか人情ということになって、土俗的な世界へと広がっていくんですね。

一一　今こそ民俗学の出番ではないか

石井　先ほどの産業組合の問題ですが、日本では契約社会がヨーロッパから見れば未成熟なところがあると批判されていると思うのですけれど、逆に、そういう契約社会にはない人間関係を作ってきたということが、やはり大事な日本人のメンタリティーになっているのだと思います。東北なんかもやっぱりそうで、その都度契約を書類で交わして判を押しながらやってきたかというと、決してそうではない。村は書類を交わさなくても、きちんと秩序を持ってやってきたわけです。

山折　よく言うんですけれど、西洋的な近代社会の人間観というのは、人間というのは疑うべき存在だ、という仕組みででき上がっている。しかし疑うべき人間ばっかりだと共同体というのは作れないわけで、それで一神教という問題がどうしても必要になる。疑うべき心をコントロールする垂直の関係です。もう一つが契約の精神です。この二つの条件があるから、人間は疑うべき存在だという人間観を持っていても、社会そのもの、共同体というものを形成することができたのです。ところが、日本にはこの西欧社会では当り前な二つの条件がないわけです。そこで、どういうモラルが必要だったかというと、特定の集団、あるいは組織の中で自分の個人的な生活を守るという、そういう集団モラルのようなものをつくらざるをえなかった。

石井　会社人間になるというのも、そういうことですね。

山折　この集団主義には良質のものと悪質のものの両方があるわけで、ここもまた誤解の種になる。

石井　村のモラルもそうですね。

山折　そういう点は、危ういところでモラルとアンチモラルの間をいったり来たりしているのがやくざの世界ですが、しかしそういう中でもいろんな知恵が働いて、バランスをとるような社会になっているわけです。柳田国男や折口信夫は、その点についてははっきりした意見をもっていたと思いますね。だからわれわれの課題としては、今こそ個人主義と集団主義のバランスをうまくとっていく、そのためにどうしたらよいのか、そういう社会にしていくかなければならない。今こそ民俗学の出番なんだと、ぼくは思っているんだけれど、どうですかね。

石井　欧米型の社会の考え方ではない、日本から提起する、もう一つのバランスを打ち出せる政治感覚が重要かもしれません。

山折　ちょっと大袈裟なことを言うと、ぼくは明治維新の段階で、日本の近代化を進めていく上で三つの選択肢があった、ということを言ったことがあるのね。一つはもちろん福沢諭吉路線で、これでできたわけです。まあ、それで成功したということがある。もう一つが内村鑑三の路線で、西洋文明を受け入れるのはいいけれども、西洋文明のキイになっているキリスト教を忘れてはいけないよ、と、そういう文明開化の考え方を批判した路線ですね。この内村の批判は今頃になって、日本人には切実な批判として聞こえるようになっているわけです。文明開化一本槍でここまで来ているということにたいする反省です。三人目が柳田国男の選択肢だったと思いますよ。これは自立した農民を育成するということで、国家の一番の基礎となる単位というものをなんとか作ろうとする。で、この柳田国男路線というのは、一応、昭和二〇年（一九四五）の農地解放で達成することができたのではないかと思うのですが、どうですかね。

石井　逆に、そのつけが今きているのですね。

山折　その農地解放は結局不十分だったというか、気がついてみるとがたがたになってしまった。もう一遍そこにもどって考えなければならないんですね。あいかわらず日本の今日は、明治の初めにおける三つの選択肢を常に顧みるべき情況にあるのではないかというのが私の予測ですよ。

石井『時代ト農政』の中農養成にしても、ある意味では小作からの解放でもあったし、柳田の目から見れば、次の一歩が生みだせないままに農業政策が進んできたという感じですね。今過疎化が進んでいて、「もう後継者がいないから農地を買ってくれ」というので、変な話ですけど、買っていけば中規模農家になっている。機械化の導入の中で、どういう農業経営が農家の自立に適正なのかということがありますが、保護政策はそうした自立を阻害して今日に至っている感じがします。

山折　そうですね。食糧自給率四〇パーセントをどうするかという問題もあるでしょうし、自然農業を志すマイノリティーの農家というのがどんどん増えていますよ。その全体をどう考えていくのかというのが大きな問題で、そういうヒントがあいかわらず柳田国男とか、『遠野物語』の世界にあるのではないかということですか。

石井『遠野物語』にしても、先生がおっしゃるモラルとアンチモラルの問題が清濁抱え込んであるので、次の時代を考えるための一つの鏡にできるのではないかと思うのです。

一二　映画「ブタのいた教室」と『山の人生』

山折　そうすると、結局、その次は動物と人間との関係を根本的に考え直していくということですね。地球環境問題の最終目標もその辺にあるし、食糧の対象としての動物の問題もそういうところから考えなければならなくなる。

石井　最近話題になっている映画に「ブタのいた教室」というのがあって、六年生が食育をするというので、先生が提案して子豚を飼い始めるんですね。実際にあった話を映画にするんですけど。その豚がだんだん大きくなると愛着がおきてきて、六年生が卒業する時にどうするかという時に、三つの選択肢がある。一つは殺して食べる、もう一つは食肉センターに送る、三つめが下級生に世話を任せるというのです。豚から食われる心配がないということは（笑い）、家畜的な発想ですけれども、あの問題は食うか食われるかではなくて、食うということそのものを考えるヒントにはなるはずです。

山折　それは、賢治的には「夜鷹の星」につながる問題ですね。「なめとこ山の熊」は食うか食われるかですが……。

石井　結局、食うという選択ができなくて、食肉センターに送るというのが結論です。

山折　それが圧倒的に多いわけですか。

石井　この映画ではそういう結論です。折口も短歌で詠んでいますけど、かつては農家で鶏を飼っていて、お客さんがあると絞めて食べさせる、それが御馳走だったわけですね。それがかつての日本人の生き方だったのですね。

山折　そうですよ、それは活き作りの場合も同じです。ぴんぴんしているのを食べるわけだからね。その子豚の話をどっかで聞いたことがあるけど、あまりピンとこなかった。

石井　今、マンションだとニワトリも飼えなくなって（笑い）、家畜とペットということでは、ペットになっていますね。食べるなどという発想はなくて、ペットは家族ですから、一緒にお墓に入る。そういう意味では、動物ともっと近づいているのでしょう。先生の言われる人間との距離の問題は、今、ホワイト・ハウスでも、どんな犬を飼うかが話題になっていますけれど、都会ではペットを飼うということで、家庭の中で再構築している（笑い）。そういった意味を考えるうえでも、そういう現象とアザラシが何万頭も溺死しているという地球環境の関係を考える発想が必要ですね。

山折　これは捕鯨問題まで行きますよ。何かものを考える考え方の軸が非常に甘くなっている感じがするんですね。先ほどの子豚・食育の問題なんかもそうです。北原白秋に「金魚」っていう詩があるんですよ。あれはすごい詩でね、「ある日お母さんがいなくなった。それで金魚鉢の中の金魚を一匹絞め殺した。翌日、まだお母さん帰らなかった。二匹目を絞め殺した。三日目になっても帰らなかった、また殺した」、こういう詩ですよね。それを発表したら、やっぱり親たち、世間の識者からものすごい批判を受ける。それに対して白秋は、子供は純心無垢な気持ちで殺しているんだと答えている。なぜかというと、それだけ母親を恋慕しているからだ、という。母恋の気持ちが強い、それほど強いのだというところを強調して詩にしたのだと答えているんです。そこがほんとうのところですよね。それをただ表面的に、道徳的に批判するのが世間というものであって、その事態は今日なお変わっていない。見るべきところを見ていない、というところがあるんですね。

石井 動物虐待だけでは説明できない。

山折 そうなると、単なる人間中心主義とは言えないと思うのね。白秋の認識というのがここまで来るとね、どうでしょうね、山人社会というのは、そういうものと響き合うような世界のような気がしますがね。冒頭に出てくる鉞で子供を殺すのは。

石井 『山の人生』。

山折 ああ、『山の人生』、山の中の生活苦です。

石井 子供にしてみれば人生苦ですね。

山折 そう、人生苦ですよね。

石井 『遠野物語』には河童の子が生まれたので、切り刻んで土中に埋めちゃったという子殺しの話（五五話）もあれば、嫁と姑とにはさまれた息子が母親を鎌で殺してしまう親殺しの話（一一話）もありますね。

山折 デンデラ野の話（一一一話）なんかも、棄老伝説と言うけれど、本質はこの世とあの世を行ったり来たりしながらの話になっている。

石井 デンデラ野に捨てられた後、農耕して暮らしを立てていると、それをハカダチ、ハカアガリだという話がそれについています。

山折 死者が下りてきて。

石井 老人が、です。

山折 老人が生きながら。

石井 このデンデラ野の話なんかでも、実際にあったかどうかということを別にしても、そういう話を伝えてきた精神風土が気になります。六〇歳になったらどう生きるかということに対して、村社会はそういう先祖のお話をすることで、一つの精神的なモラルを持ってきたことは、とても意味がある大事なことではないかと思います。デンデラ野の、集落を挿んで向かい側には、亡くなってゆく共同墓地のダンノハナがあります。生活空間のすぐ隣に老いの空間があって、死の空間がある。『遠野物語』を見ると、人々は生まれ変わりを強く信じています（拾遺二四五話）。お棺に入れるとき、生まれ変わって豊かになるように、お金や穀物をたくさん入れてやります。老人と一緒に生きる、死者と一緒に生きるという生き方は、今考えてみていい精神風土ですね。

山折　ただ検証できない世界のことなんですが、そういう世界では、死者の魂の行方が最大の関心事だったわけですからね。遺体というのは火葬にするか土葬にするか、いろいろに処理されるのでしょうけれども、ほんとうはそういう出来事の深部においては、死んだ人の魂がやがてご先祖になって、里と行ったり来たりする、そういう世界が眼前に彷彿とあらわれている。だから、遺体の処理についても、現代人から見ればおやっと思うような、残酷だと思うようなことが行われる可能性があるかもしれない。あるいは老いから死にいたるプロセスで、そのようなリアルな生活感覚に根ざす出来事に接して、どきっとすることがあるわけです。人生の最終目標は違っているわけですからね、その辺はわれわれ自身が受け継いで、そして後世に伝えていくということがむずかしいところですね。

石井　現代にそれが実際にできるのかという問題ではなくて、人々があるコンセンサスをもっていたモラルを認識して、現代のシステムを再構築するうえで一つのヒントにしていった方がいいという思いなのです。

山折　それはそうですな。ただ、社会を維持するためには道徳と反道徳、両方の軸が必要なんだなというヒントというか教訓は大切にしなければならないわけですね。

一三　開かれなければならない「一国民俗学」

石井　今、遠野の町づくりに『遠野物語』を生かそうというのがあって、町としてはそういう戦略ですけれども、一方では理論的には先生がおっしゃるとおり、道徳と反道徳まで含めた価値まで踏み込んで考えなければ意味がありませんね。これだけ情報化・国際化の社会になると、二一世紀においては、日本の問題だけではなく、先ほどの北京の尊徳ではありませんけど、国際化時代に『遠野物語』はどういうインパクトがあるのかという視点を、もう少し開いていけたらいいなと思います。

山折　そうです。その問題でいえば従来の「一国民俗学」というのは、閉じられた民俗学で、今は農の問題でも、エネルギーの問題でも、モラルの問題でも世界化している。どの国でも直面している問題だから、開いて行かざるを得ない。「閉じられた一国民俗学」から、これからは「開かれた多文化民俗学」といったところに行かなければいけないところですね。そのときに、何が起爆剤になるか、どこに豊かな遺産が眠っているかということを探し始めなければならない。そういうときに、あいかわらず柳田であったり折口であったりする。なかでも柳田の作品としては『遠野物語』を筆頭にあげなければならないかもしれない。ぼくは『海上の道』なんかも、そういう形で見直されていかなければならない、そう思っています。

それから、今、子殺し・親殺しが社会的な大きな問題になっていますが、柳田国男の神隠しの議論というのが、この問題と関係があるのではないかと思っているのです。子殺しの前に子捨てがありますよね。子捨ての問題と神隠しの問題。奪われたと言っているけど、棄ててるかもしれない。究極的に考えると、人間の運命というのはみな捨て子ですよね。親に死なれていくわけですから、捨てられていくわけです。あれも微妙なところでね、どうですか、神隠しに遭うというのは、裏の世界で親が子を殺している。

石井 神隠しに遭う場合、女性のタイプと子供のタイプとがあって、『遠野物語』は女性が山に入るというのがほとんどです。柳田は娘や妻を失うという話を持つことによって、その家の血の貴さを表す意味があったと言っています。

山折 血の貴さね。

石井 他の家とは違う、神と深いつながりがある。

山折 それで神隠しと言ったわけですか。

石井 そういうふうに神隠しを理解していますね。女でも子供でも一人を失うことの代償で、その家の神聖さを言うというのが『山の人生』の中での展開です。

山折 ちょっと苦しそうな説明だという感じはするけれども。先ほどの女が山に入るというのは、結婚した女なら子を捨てて入っていくわけですね。

石井 そうですね、既婚も未婚も関係ないですね。

山折 関係ないですか。そこでも子捨ての問題が絡まっているわけですね。私は以前から柳田国男の子守唄研究に関心があって、いい子守唄にたくさん出会ってきたんですよ。これも時々使うんですけれども、

親のない子は夕日を拝む
親は夕日の真ん中に

というのがあります。親のない子というのは、捨てられた子もあるだろうし、居てもほとんど家に寄りつかない両親もいただろうし、年がら年中働いて一緒に飯も食えないような家もあっただろうし、みんなある意味では親のない、捨てられた子たちなわけです。夕方に

なって子守をやって帰ってきて、ふっと夕日を見ると、夕日の中に親のイメージが現れてくるという唄ですね。昔の人ならば、親の顔に重なって、ご先祖様の顔が浮かんだり、観音さんだったり地蔵さんだったり阿弥陀さんだったりしてくるわけです。そういう長い長い日本人の信仰というものが、この子守唄の中には込められているなと思って、ぼくは柳田が取りあげたこの子守唄を大事にしてきたのです。

てっきり柳田国男の子守唄研究の中で、この子守唄が取りあげられているとばっかり記憶していたのですが、必要に迫られて出典を調べなくてはならなくなって調べたら、出てこないのです。そうしたら、この唄は神隠しの研究の中に出てくるということがわかりました。柳田国男の捨て子の問題は、神隠しに遭った子供のことと関連して議論されているんですね。

それで先ほどの問題とつながっていくんだけども、柳田国男はこの子守唄を特に取りあげているところを見ると、その子守唄がもっている力みたいなもの、信仰の伝承みたいなものが、いっそう私の胸には響くんですよ。あれほど仏教嫌いの柳田にもつよく響いていたんではないかという気がするんです。実は、夕日信仰の背後には浄土信仰があるんですね。それを柳田も感じていたんじゃないかという気がしますね。

石井　確かに、柳田の議論の中には、読み方によっては「一国民俗学」を越えて、人類的の普遍的な問題というのが考えられています。例えば、正月の再生の問題なんかも、キリスト教なんかの問題をちゃんと視野に入れながら書いています。ちらちらと世界史の中で、一国民俗学がどういう意味を持つかということを考えていたはずです。

山折　あの段階では、やっぱり学問としての方法を守りたい、その立場というものを明らかにするために、「一国」と限定したわけですね。今は限定する必要はない時代になっている。柳田国男の本来の立場から言っても、その考えから言っても、どんどん広げていっていいわけです。その背後にはそもそも世界中のいろんな知恵とか知識、情報があったわけですから。

石井　それを開いていかないと、国際化とか情報化の時代には意義がなくなりますね。ただし、『遠野物語』から後の民俗資料の蓄積というものは、閉ざさなかったら生まれなかった面もあるはずです。

山折　それはそうですね。

一四　『遠野物語』と『注文の多い料理店』の近さ

石井　すでに明治の後半ぐらいから、ヨーロッパの学問がどんどん増えたりしていて、比較研究などもあったわけです。しかし、『遠野物語』以来百年間の民俗資料は図書館に死蔵されていて、世の中のために全然生かされていません。
山折　経世済民の原点ですからね。
石井　膨大な量ですね。それを民俗学がどんどん自分の中に閉じこめてしまって、その結果、学問が小さくなっていく。と同時に、アカデミズムの宿命かもしれませんけれども、社会との関係を切ってしまった。それはとってももったいないことで、そういう意味では『遠野物語』はまだ恵まれていて、これから学問にも開き、町づくりにも開き、国際化にも開きということができるはずで、一つの拠点になるのではないかと思っています。
山折　そこまで持ってくるまで、相当のご苦労ご苦心があったのではないですか。ほっておけばすぐ消えてしまいますよ。よくやられたな。
石井　そうですね、持続ですね。
山折　後藤総一郎さんが亡くなって何年になるかな。
石井　もうじき六年ですね。
山折　じゃあ石井さん、これを背負っていかなければ、最後の最後まで。あれで終わりかなと、私は思っていました。前から後藤さんとやられていました？
石井　後藤さんとは、この遠野のゼミナールからご一緒でした。それに『柳田国男全集』の編集がご一緒でしたので、しょっちゅう顔合わせはしていました。ただ、とくに遺言を残されたりということもなく、まあ、長い付き合いでこうなりました。
山折　よかったですよ。
石井　ただ、後藤さんの時代から次の時代へどう開いていくかということが課題です。時代の状況も学問の状況も変わっていますので、かつての手法ではもうたちゆきません。東京にいますと、『遠野物語』を研究すればいいという問題ではすまなくて、現代社会において、この意義をどういうふうに見出していくのか、その問いかけをやらないと、特に一般の人々は『遠野物語』とつながりません。
山折　これは冒険かもしれないけれど、宮沢賢治学会と共催の学会でもやったらどうかね。
石井　それはいいですね。一度賢治学会で講演したことがありますから。水野葉舟という佐々木喜善と柳田国男を結びつけた人は、後に童話作家になって宮沢賢治をよく読んで、『注文の多い料理店』は『遠野物語』や喜善の昔話集とつながると書いています。水野葉舟という人は『遠野物語』と宮沢賢治と両方を見ていた数少ない人ではないかと思います。
山折　ああそうですか、名前は知っていましたけれど、そうですか。『注文の多い料理店』はまさにそうですね。
石井　賢治は、ひょっとしたら、『遠野物語』を上野の図書館あたりで読んでいた可能性さえあるのではないかと思いはじめています。『遠野物語』を意識して童話を作っていたのではないかとも。

山折　『遠野物語』の初版が出たのはいつですか。

石井　明治四三年ですね。まだ賢治は幼くて、一〇代半ばくらいです。

山折　農学校の先生になったあたりには読んでいる可能性があるかもしれないね。

石井　どこかで見ていたかもしれません。佐々木喜善の『奥州のザシキワラシの話』や柳田国男と早川孝太郎の『おとら狐の話』は、ちゃんと読んでいますね。私が『遠野物語』を読んでいたんじゃないかと思うのは、『注文の多い料理店』を見ていくと、山男が餅を食ったという話など、『遠野物語』に出てくる話が結構あるんです。

山折　そういえばそうですね。

石井　最後が「鹿踊りのはじまり」で、鹿踊りの起源は手拭を前に鹿が踊ったことにあるというのですが、『遠野物語』の最後は獅子踊の詞章です（一一九話）。柳田が見た天神の山の獅子踊りも、踏み込んで賢治が童話を作れば、鹿そのものが踊る世界になるんじゃないかと思います。『遠野物語』と『注文の多い料理店』はすぐ隣にあるんじゃないかという印象を持っています。

山折　そうでしょう。

一五　『遠野物語』と『鎮守の森は泣いている』

石井　『鎮守の森は泣いている』から少し経ちますけど、私などは『遠野物語』など鎮守の森の世界ではないかと思うのですが、いかがですか。

山折　鎮守の森の世界ではないですか、やっぱり。

石井　そのものですね。

山折　ただ、これを書いているときは、そういうイメージはなかったね。むしろ、戦後の国家神道と民間神道との違いの問題をはっきりさせなければいけないということで、そっちが主眼でしたね。

石井　でも、このご本を改めて読んでみると、『遠野物語』は鎮守の森の意義を書いてきたのではないかと。

山折　なるほどね、そりゃそうだ。

石井　南方熊楠が神社合祀反対運動に入るのは『遠野物語』の後です。柳田は南方との深い共感からその運動を支えて、明治四四年（一九一一）でしょうか、『南方二書』を印刷して配った。その前提には、やはり『遠野物語』を書いた経験がなければ共感できなかったのではないかと思います。

山折　柳田国男という人物を通して鎮守の森を考えると、農村社会における鎮守の森なんですね。農村社会にはお寺があり、鎮守の森があり、氏神があるという、これがそのまま人間的な世界になっている。ところが南方熊楠の考える鎮守の森の世界というのは、熊野の山中が原点になっているんですね。あれはね、森の中なんです。里の中よりは森の中で神社の合祀に反対するというイメージでとらえる必要があるでしょう。そこは違っていますね。

石井 『遠野物語』では、熊野の森に通じるような、もっと狩猟民的な森の問題を。

山折 かかえていたわけなんだが、ぼくはその時は気がつかなかった。それはやっぱり、常識がつまずきになったということですよ。柳田国男は山人社会から農村社会へと研究対象を移してきたという、この常識がそういう発想を妨げたと思いますね。そうじゃないんだ、鎮守の森は、むしろ山から始まる、森から始まる、そう考えた方がいいかもしれないですね。

石井 沖縄のウタキじゃありませんけども、そういう山と密接につながりながら、そして動物たちともつながりながら森の意味を大事にしてきたし、その森は、ひょっとしたら縄文的なものを持ち伝える装置であるかもしれないし、鎮守の森の、もっとプリミティブなものとして『遠野物語』の世界を読んでいったらどうかと考えます。

山折 そうですね。本来、神社の古い形態というのは、山と森の麓に社殿を造るんですけど、その社殿は本質的に拝殿なんですね。本殿は森そのもの、山そのものだから、本殿を造らないわけですね。三輪山というのは社殿がものすごい豪壮な造りになっているんだけれど、あれは拝殿なんですね。ところが、だんだんある段階から森とか山の前に拝殿、本殿と両方造るようになってね。そうすると、鎮守の森信仰の原型がだんだん薄れていく。だんだん都市化がすすんでいくとか、弥生文化がすすんでいくというプロセスの中で変化していった。そういう変化があるから、考え方までが影響されてしまう。だから縄文時代というのは、山と森が自分たちの生活空間と考えているのであって、それを取り巻いている野原というのは、むしろ異空間で、得体の知れない原野だったんですね。これが、弥生時代になると、逆に山が異界になっていくわけですよ。さらに都市化がすすむと、都市の中に山のミニチュアを造るようになって、これがミコシやダシをつくるお祭りの起源になる。漠然とそう考えているんです。みんな山、山と言っているわけですからね。そうすると、鎮守の森のイメージというものも、そこで変化してくるということがある。やがて国家によって祀られる神がつくられ、それと対抗する形で民間信仰の世界が意識されるようになる。

石井 国家神道と民間神道という枠組みは、もう一つ基底にこの『遠野物語』の具体的な世界を置いてみると、先生のお書きになっているものの次へ思考が深められるじゃないかと思いますが。

山折　その通りです。それは石井さん、やってください（笑い）。

一六 「京都で読む『遠野物語』」に向けて

石井　この本で、レヴィ＝ストロースが日本に来た時のエピソードを引かれ、神話的なものが現代の中に生きているという指摘をして、聖地の問題に触れられていますね。飛躍もあるかも知れませんが、『遠野物語』というのは、神話的なものが現代の中に生きているという感じがしますし、こういうテキストがあることで、ある場所に意味をいつも感じながら空洞化せずに生きられるのではないか。それはトポスと言ってもいいのですが、そこは昔、ある出来事があった現場だったと考えることで、記憶しなければならない場所になってゆくのではないかと思うのですが、先生はいかがですか。

山折　その問題で言うとね、アーノルド＝トインビーが日本に最初にやって来たのは昭和一八年（一九四三）かそこらだったと思いますけれど、まっ先に行った先が高野山だったんです。大乗仏教の本拠地としての聖地を求めて行ったと思うんです。その彼の理論的な背景というのが、もう西洋文明は限界にきているということで、それで大乗仏教文明の可能性を考えはじめていたのではないか、じっさいそのことを彼はいっていますね。日本にやって来たら、まず大乗仏教の本拠地は高野山だから、そこを訪れるように、誰からか教えられたのだと思う。それが、当たっているのか外れているのか、妙な感覚なんですが、それにしてもさすがに高野山に行っている。

それと戦後になって、日文研ができあがるときに、レヴィ＝ストロースを講演に呼んだんです。その時に彼はまっ先に高千穂の日向に行っている。だから、ぼくから見ると、レヴィ＝ストロースはトインビーと同じような体験をそこでしたのではないかと思っているんだ。それを日本でやったのが、柳田国男で、彼が遠野に行って体験したことが、レヴィ＝ストロースやトインビーが体験したような体験だったんだと、こう解釈するとね、三題噺が成立するんですよ（笑い）。

石井　そうですね。

山折　何も外国人にばかりにお出でいただかなくてもいいわけですよ。

石井　柳田にとって、遠野に行くというのはそういう意味があったのですね。

山折　そうなのではないでしょうか。彼もまた西洋文明の知のエッセンスを身につけて乗り込んだわけですから。だから、これからはオバマ大統領にも遠野に来てもらうとか、そういう物語があってもいいですね。
石井　そうですね、いいですね。どうせなら大胆に開くほうがいい。
山折　あるいはオバマさんと故郷を同じくする同じケニアのマータイさんでもいいよ。
石井　アジア的な視点はもちろんですが、これからアフリカ的な視点で『遠野物語』はどう見えるのかということが知りたいですね。
山折　牧場的な世界の人間が、高温多湿のモーンスーン地帯の霊場に来て、何を感じるか。独得の聖地性を感じるのではないか。そういう風土の違いというのもあると思いますね。エルサレムの聖地性と全く違うということを、レヴィ＝ストロースはまっ先に言っているんですよね。その背後は、やっぱり高温多湿の世界と乾燥した砂漠地帯の聖地との違いがあるんじゃないですかね。
石井　和辻哲郎の風土論は、もうちょっと精神的な面で読み替える必要がありますね。
山折　そういうことですね。
石井　縄文的なものはアフリカの狩猟民的なものとがつながるのか、つながらないのか、そのあたりが知りたいのです。『遠野物語』ならば、むしろ、縄文的なものはシベリアの狩猟民的なものと密接に関わるはずです。そういった人類史的な視点の中で、『遠野物語』を読めないかと考えています。
山折　おそらく共通の土俵で読み解くことができる面があると思いますよ。ただ、もう一つ、そこで民俗学と人類学との提携、協力関係が必要になってくるのではないでしょうか。マタギの文化は、アフリカの狩猟文化とどう関わるのかとか。
石井　ただし、こういうように縄文的なものという発想を持ち出すと、「岩手の後進性」というのが頭を持ちあげて、遠野の中には『遠野物語』というのは貧しさの象徴だとおっしゃる方がいます。
山折　まだいますか。
石井　例えば、東京でのゼミナール開催に当たっても、貧しい遠野をなぜ東京に持っていくのかという反発があったように感じます。『遠野物語』の持っている価値観を転換するには、力が必要ですね。
山折　昔は、岩手は「日本のチベット」、あるいは「白河以北は一山三文」、そういう時代がありましたし。
石井　新しい時代を切り開いていくのには、東京に来てメッセージを発信することの方がずっと意味があると考えているわけです。
山折　そのうち関西でやりますか（笑い）。
石井　ぜひ古くからの都でも。
山折　いいですよ、それを一つの目標にしましょう。賢治はようやく受け入れはじめていますね。折口なら文句ないところです。ぼくは京都造形芸術大にいるとき、折口さんのご遺族の方から遺品の提供を受けまして、折口展をやったり、シンポジウムをやったことがある。そのとき、岡野弘彦さんや穂積生萩さんにも来ていただいたりしました。

石井　再来年は、「源氏物語千年紀」ではありませんけれど、「遠野物語百年紀」なので、もし京都でできるならば、東男たちが（笑い）馳せ参じます。『遠野物語』を大胆に環境とか、福祉とか、介護とか、いろんな視点で議論してみたい。先のデンデラ野ではありませんけれど、そこを議論の広場にできたらうれしいですね。

山折　ほんとにそうですよ。それをやらないといけませんよね。石井さん、やりましょう。ぼくはよく岩手県にいって話をするときに、「これからの岩手をどうするかというときは、東京を無視してやったらいい」、といったことがあるんです。関西と手を結ぼう（笑い）。みんな手を叩き膝を打ってくれました。

石井　「東京で読む『源氏物語』」はわかりますが、「京都で読む『遠野物語』」は想像もつきません。でも、おもしろいコラボレーションですね。そういう異質な出会いが新しいものを生み出すのではないかと思います。

山折　いいですよ、『源氏物語』と『遠野物語』というのは同じ物語ですものね。京都大会は来年にやって前夜祭にするか、再来年にして百年の年に当てるか。

石井　それは先生のお心のままに。百年の時には、柳田国男の暮らした新宿区が『遠野物語』の書かれた場所なので、新宿区を会場に東京のイベントは組もうかと思っています。京都大会も含めて、今後ともよろしくお願いいたします。今日は京都のすばらしいお座敷で先生のお話をうかがえましたことを、ほんとうに光栄に思います。

（二〇〇八年一一月一一日、京都・粟田山荘にて）

〔付記〕対談の最後に先生からご提案のあった京都大会は、二〇〇九年一一月二三日、京都大学こころの未来研究センターの主催、遠野物語研究所の共催で実現されました。

また、先生が引かれた子守唄は、柳田国男が『ひなの一ふし』（郷土研究社、一九三〇年）の「九三、親に不孝な鳥が住む」の解説に引いていました。これが最も早い例かと思われますが、南部二戸の剣舞に結びつけた着眼にはびっくりしました。

なお、「ブタのいた教室」は、宮沢賢治で言えば、「フランドン農学校の豚」が思い浮かびます。「ブタのいた教室」は「食う」ということを問題にした点で意義がありますが、「フランドン農学校の豚」は「食われる」ということを問題にします。そうして比べてみると、「ブタのいた教室」は、やはり人間中心主義から出ていないことに気がつきます。賢治の出した課題の深さに、改めて驚かずにいられません。

（石井）

特集　東北日本と『遠野物語』

凶作で餓死した人々を供養する五百羅漢（遠野）

特集　東北日本と『遠野物語』

北方交流史と『遠野物語』

菊池勇夫

一　『遠野物語』の頭注

今や古典となった『遠野物語』（初版本・一九一〇年）を北方の人々との交流史の関心のなかに置いてみたとき、現代の私たちがそこから何を読み解き、受け継ぐことが可能なのだろうか。とはいえ、柳田が『遠野物語』にどれほどアイヌや蝦夷に関わる話を取り上げていたのかを思えば、はなはだ心もとない問いといえよう。事実、一一九話に及ぶ本文にアイヌという民族の名はまったく出てこないのである。

幸いなことに、柳田は本文に付けた頭注に、アイヌ語やアイヌ文化に関わる自らの見解を短いながら意識的に記載していてくれた。「遠野物語拾遺」や『山島民譚集』の頭注は読者の検索の便ならしめようとする小見出しのようなものにすぎないが、それとは違って、柳田自身の意見や感想が頭注に率直に表明されているのが『遠野物語』の特徴であった。

『遠野物語』は遠野の人、佐々木鏡石（喜善）が語ってくれた話を、一字一句をも加減せず感ずるままに書いたと、自ら記している。本文の語りの出所、オリジナリティはあくまでも鏡石のものであった。柳田は話上手ではない鏡石の語りを、山神・山人をして平地人を戦慄せしめよとの戦略を持って、簡潔かつ洗練された作品に仕上げた。したがって、本文の表現に柳田の感性や判断が事細かに働いていたことはいうまでもないが、柳田自身の見解を鏡石が語ったかのように記すのは憚られて、頭注の形式によって区別したのであったろう。

柳田がこの頭注に記したアイヌへの関心は、遠野の地名をアイヌ語地名によって解釈してみようというのと、オシラサマにアイヌ文化との共通性を探っていきたいという、二つの事柄であった。以下に述べていくように、そこには当時の柳田の知識・関心が凝縮されていたのである。

二　アイヌ語による地名解釈

まず柳田が示したアイヌ語による地名解釈である。その頭注を具体的にあげると、遠野郷のトー、七内八崎《ななないやさき》のナイ、達曾部のタツソベ、来内のライ・ナイ、大谷地のヤチ、似田貝のニタカヒがアイヌ語であるという。トーはアイヌ語の湖という語より出たもの、ライはアイヌ語で死のこと、ナイは沢のことで、水の静かなるさまをさす名かとする。ヤチはアイヌ語では湿地の義で、内地には多くある地名で、ヤツ・ヤト・ヤともいうと指摘する。また、ニタカヒもアイヌ語のニタト、すなわち湿地の意味で地形によく合っている、西の国々ではニタともヌタともいっているのが皆これに該当し、下閉伊郡小川村の二田貝も同様だと述べている。アイヌ語地名は東北地方に限らず、日本各地に分布しているという理解であったようだ。

柳田の地名考証は『地名の研究』（一九三六年）としてまとめられたが、そこに所収された論考の初出をみると、地名への関心は『遠野物語』とほぼ同時期に始まっている。『歴史地理』連載の「地名雑考」で、「真間」「江角」「湿地を意味するアイヌ語」（いずれも一九一〇年）について論じ、アイヌ語地名に触れている。真間の付く地名は広く分布しているが、自分はママ（土の崩れる崖、高地の側面の意）がアイヌ語の残存だと信じていると述べている。ママの原義が日本語では説明がつかず、『蝦夷語地名解』（再版）が北見宗谷郡のメ、ナイという地名について崩れ川の意味で、崩壊をメ、というと指摘しているのを例証としてあげている。島根半島西部にある一海角の江角《えずみ》は、本当は岬のエドモで、北海道にある絵鞆（エドモ）と同じ意味だと解する。北海道のエドモは『蝦夷語地名解』などによると、正しくはエンルムでエドモに転訛したとのことであるが、柳田はそのどちらが古いかはわからないとし、またアイヌの人たちがエルム（鼠）のことだと答えてくれたのも退け、江角の地名を少なくともアイヌ語のエンルムと同源より出たものとして論じたいと、アイヌ語の岬説に執拗な拘りをみせていた。一歩進め、出雲もまた同じ語であるというのであった。

「湿地を意味するアイヌ語」では、ジョン・バチェラーのアイヌ語彙（辞彙、字引）に拠って、トマン、ニタト、ヤチの三つのアイヌ語をあげている。沼・沼地を意味するトマム、トマンはドウマン・堂満・当麻・当間などの諸国の地名があてはまるとする。日本語では山水が浸み出して、じみじみとしている所をニタと呼ぶが、ニタの地名は分布が広く、九州にもずいぶんたくさんあり、アイヌ語のニト（濡れて腐りたる）、ニタト（沼地に樹の生じたる部分）に起源しているという。奥羽各県には谷地という固有地名、草立ちの湿地をさす普通地名としてのヤチが広く現存し、アイヌ語のヤチ（沼沢）だとの理解を示している。他に諸国に多いマカドもアイヌ語のマカ（開く、開けたる）とト（湖水）という二語から出たものではないかと推測するのであった。

『蝦夷語地名解』は永田方正（一八三八〜一九一一）が著した『北海道蝦夷語地名解』（一八九一年、北海道庁）のことで、ふつう永田地名解と呼ばれ、その後のアイヌ語地名研究にとって原典的扱いがなされてきた名著である。柳田が使った再版は一九〇八年に出ている。再版の巻末にはジョン・バチェラーの「アイヌ地名考」が付されている。柳田はこの地名考もみたに違いないが、バチェラーの語彙などといっているのは『アイヌ・英・和辞典』（一九〇五年、『蝦和英三対辞書』一八八九年の再版）であろうか。したがって、『遠野物語』の頭注も永田およびバチュラーから得たアイヌ語知識がもとになっていたのである。

一九一〇年（明治四三）当時の柳田は日本（内地）の地名にアイヌ語起源を積極的に認めようとの立場をとっていたのは明らかであった。たとえば、トマン以下の三つのアイヌ語が日本各地の地名としてひろくゆきわたっている事実から、ある時代において我々（日本人）の子孫とアイヌの祖とが「雑処」していたことを推論できると述べていたのが注目される。「雑居比隣」が容易だったのは、一方の民族にとって有要であった土地が、他の一方の民族にとっては単純な邪魔者にすぎなかったためであるとし、しかし、その後に平地を占めた民族（日本人）の地位が次第に傾斜地を占めた民族（アイヌ）より優勢になっていく消息や、後者が前者の圧迫を受け「蒙昧なる山人」の状態に退歩していった趨勢も、こうしたわずかな共通の言語から想像することができると、確信的に述べていた。

柳田のアイヌ語による地名解釈は大正期にも受け継がれた。『地名の研究』に収められた「地名の話」(一九一二年)では、日本の地名は日本人が付けたものだが、前住民(アイヌ)の用いたものを耳で聞いて習熟し、踏襲することがあり、それは二個の民族が同じ土地に共棲していたという、非常に重大なる史実を傍証するものだと、右と同様の文脈で論じていた。そして、柳田は永田地名解を熟読したことを率直に明かし、アイヌ語地名の付け方は単純にして要領を得、類似と重複が著しいとその特徴をおさえている。アイヌ語地名のほとんどが自然地形に由来していることからいえば、その指摘は正しい。それに比べ、内地の地名の数ははるかに多く、意味が分かりにくいとし、命名の複雑さを指摘していた。

その後の「八景阪」(一九一三年)、「ダイ」(一九一八年)、「ウダ・ムダ」(同上)の個別地名の考証においても、柳田はアイヌ語起源を述べていた。ハッケまたはハケ地名は東国では一般に岡の端の部分をいうが、アイヌ語にもパッケ・パケという似た語があり、永田地名解から端を意味するパケの地名を引例している。ダイ(台、代)という地名については、とくに岩手・青森・秋田の三県ではふつう岱・垈・平の字をあてタイと清音であるが、アイヌ語の残りのようだと述べ、バチュラア語彙のタイ=森は少し誤りで、タイは狭い傾斜地を意味するという金田一京助の説を紹介する。金田一の『北奥地名考』(一九三二年)は、東北地方にアイヌ語地名が色濃く残存していることを論証してみせたが、そこでは東北方言のタイは平(たいら)の意で、アイヌ語のタイ(森・林)とは開きがあるとするいっぽう、青森・秋田・岩手のタイは老樹が立ち並んで山の名、林の名になっていて、アイヌ語のタイと区別がつきにくいとしている。柳田の紹介とはやや違っているが、金田一はかってそのように柳田に語っていたものであろうか。

もうひとつのウダについては、アイヌ語では主として浜続き、または崎と崎の間のような地形をさすらしいとし、菅江真澄の『真澄遊覧記』から渡島半島にあるウタの地名例を引いている。柳田が真澄を知ったのは明治末年と自ら述べているが、真澄に興味をもって本格的に書き始める以前のことであった。アイヌ語学者金田一の登場や、『真澄遊覧記』の利用の便によって、柳田のアイヌ語地名研究がいっそうの深まりをみせていくかにみえる執筆活動であった。

しかしながら、『地名の研究』は対立的な矛盾をはらんだ出版であった。明治末・大正期の、日本（内地）地名にアイヌ語地名の残存・影響を積極的に認めようとする志向性とは打って変わって、アイヌ語の影響関係を極力排除しようとしたその後の昭和期の論考とともに収められたからである。一九三五年に書かれた自序には、日本の地名をアイヌ語の一側面ばかりから説こうとすれば、脱漏や強弁があることを免れないと記したのを始めとして、アイヌ語地名解の弊害を説いてやまない。「地名と地理」（初出「地名の話」一九三二年、『地名の話その他』にも収録）では、永田やバチェラア（バチェラー）のお蔭で内地の地名までアイヌ化しようと努める人たちが出てきてしまい、あほらしい話だと突き放している。アイヌ人地名のわかりやすい理由は明白で、天然描写法というべき付け方で、子供たちが今でも名を知らぬ土地を表現するのに使うようなものだとも述べて、よそよそしい態度になっている。それだけではない。沼地・湿地を意味するヤチや、ニタ（ヌタ、ノタ、ウダ）を取り上げているが、あれほどアイヌ語起源を述べていた柳田が、それを完全に無視するがごとく一言も触れようとしなかった。日本の地名の分からないものは何でもアイヌ語であるかのように解釈してしまおうとする流行に抗する発言は必要なことではあったが、一国民俗学へと向かう柳田の方向転換が大きな影を落としていた。

三　オシラ様信仰をめぐって

もう一つのオシラ様に関してはどうであったか。『遠野物語』は周知のように、大同の家と呼ばれる部落の旧家にオクナイサマ、またはオシラサマという神が祀られていることを述べ、その頭注に「オシラサマは双神なりアイヌの中にも此神あること蝦夷風俗彙聞に見ゆ」と記していた。「蝦夷風俗彙聞」は肥塚貴正という人が編纂した『蝦夷風俗彙纂』のことで、一八八二年開拓使によって出版された。その前編巻五「奇談」に「オホシラ神の事」のタイトルで収められ、『松前記』という書からの引用であった。そこには、蝦夷にオホシラ神というものがあって、その由来を知る者はいない、尺余の桑の木に彫られた男女二体の神で、信心の者が祈ることがあると乞えば、その木偶神を持ってきて、木綿のきれを願主に出させて神体に包み、左右に持って呪詛する、するとその神が女巫に懸かって（乗り移って）吉凶をいう、中国地方の犬神に等しいものである、と記されていた。高倉新一郎によると、『松前記』は一八〇五年（文化二）、幕府目付遠山金四郎一行に加わって松前に渡り、翌年西海岸を宗谷まで巡検した志鎌万輔が書いたものではないかという（北海道出版企画センター復刻版解説）。

柳田は『遠野物語』の後、「オシラ神」（「巫女考の五」、『郷土研究』第一巻第五号、一九一三年）に、右の『松前志』（正しくは『松前記』）の内容を紹介し、この風俗がアイヌ固有のものか否かは疑わしいとしても、奥羽のオホシラサンと別の物だろうという説は比較研究不足であると述べ、アイヌ文化との関連になお可能性を抱いていたかにみえる。ただ『松前記』の記載は他のアイヌ関連文献に確認されず、蛯子吉蔵『松前方言考』（一八四八年序）の「イタゴ、オシラカミ」の記述と合わせると、松前の和人の習俗とみるべきものであろう。

『遠野物語』の序文に、一九〇九年初めて遠野郷に遊んださい、花巻から遠野への道中、その人煙の稀少なることは北海道石狩の平野よりも甚だしい、との印象を記していた。柳田は一九〇六年に北海道旅行をしているので、その体験に基づいている。このときはさらに樺太を視察しており、帰京後「樺太の漁業」（一九〇六年）などの談話筆記を残しているほか、戦後になって「樺太紀行」（一九五八年）に当時の日記を公表している。北海道・樺太旅行でどれほどアイヌの人々の生活や文化を見聞できたかはともかく、「樺太雑談」（一九〇七年）に北海道アイヌと樺太アイヌとの間には随分違った点が多いと述べて、生活慣習についていくらか比較してみせている。日本人がアイヌを酷遇する傾向があるが、彼等を撫育して利用することは樺太拓殖の一大事業であると語っていた。

『遠野物語』を出した同じ年に、「アイヌの家の形」という小文を『東京人類学会雑誌』に発表している。これも樺太の観察がもとになっての記事だが、前年九月に羽前板谷峠の五色温泉でみた、温泉宿に接して立つ小さな空家の外形がアイヌの家に同じだったので奇異な思いをなしたと書いている。他にも例をあげて、日向の奈須ではアイヌの家と同じような炉辺の座席の規則があり、また主人の坐の背後に武器など大切な品物を飾るのは著しくアイヌに似ているとも指摘していた。当否はおくとして、日本の生活文化のなかにアイヌのそれに類似なものを直感してしまう柳田の眼差しをそこにみることができる。『遠野物語』のオシラサマの頭注も、そのような柳田の関心に沿った古記録からの発見であった。

ところが一九二八年の「オシラ神の話」（『大白神考』所収）になると、柳田はオシラサマとアイヌとの関わりについてその可能性すら語らなくなる。文化伝播説として、オシラ神の首に纏う布、あるいは鈴が、北方大陸の薩満（シヤマン）導師の執り物とよく似ていることを指摘する人がおり、またイタコが身につけている長い数珠、さらにはイタコという名称さえも、北から導かれたものと考えられないことはないと、一応は気にする。ただ、異俗に接触して目新しさに驚いただけでその心まで学びうるものか、混血、人の入り込み、共住が文化を移し得る条件なのか、その点の解明を学者は怠ってきたとし、今日奥羽のオシラ神に仕える者は外形も心意も日本の普通の型によって動いていると、北からの影響に否定的であった。

オシラ様の熱心な研究者として佐々木喜善とロシア人であるニコライ・ネフスキイの二人をあげている。ネフスキイはオシラ様研究に深い関心を示し、柳田ら識者と書翰のやりとりをし（『月と不死』）、柳田の『大白神考』（一九五一年）にもその書翰が収録されている。ネフスキイは柳田宛一九二〇年四月七日付書翰で、樺太アイヌの習慣として子供の御守りとする男女二体の神の首に布片を少しばかり巻くこと、あるいは金田一の手紙を紹介しながら、『松前記』にみえるアイヌのオシラ神が現代アイヌのシラッキカムイと関係あるのではないかと、相当に突っ込んだ見解を述べていた。柳田は北方文化とのつながりをみようとする研究動向をよく知りながら、「オシラ神の話」ではあえてそれに賛成しなかったのである。

一九二八年という年は、柳田の右の論説とほぼ同時期、喜田貞吉が編集責任者となって発刊された『東北文化研究』紙上に、喜田および佐々木喜善のオシラ神に関する論考が相次いで発表された。喜田の「オシラ神に関する二三の臆説」上・下（第一巻第二・三号）は、オシラ神は一種の宅神で、アイヌのチセイコロカムイと同一起源のものではなかろうかとの大胆な「臆説」を述べ、東北地方のオシラ神はその遺風なのだと断定的に主張した。オシラ神を祀る旧家は蝦夷の遺孽《いげつ》（子孫）かということになりかねないが、旧家は地方の草分けとして内地から入り込んだ移住者なのだといって、その問題を回避した。

佐々木の「オシラ神の家に憑きし由来と其の動機」（第一巻第三号）は、オシラ神とアイヌ文化との関わりを証するかに指摘されてきた事例について慎重な姿勢を崩さないが、それでも奥羽のオシラ神の発生事情を説明するさい、先住民族とされるアイヌの神の残存説が便利で都合がよいと述べている。しかし、郷土人の佐々木は先祖代々の遠い昔からこの神があり、だれもアイヌの神の名残であるなどとは信じてこなかったとし、祖先が我々子孫へ言い伝えてくれた話を紹介するのであった。アイヌに対する通俗的な偏見もそこには交っていた。両者の関係性に否定的になった柳田説と歩調があいそうだが、喜田との折り合いも可能な佐々木の位置取りといえようか。

柳田は「人形とオシラ神」（一九二九年）で、オシラ神が蝦夷の家の神の信仰が移ったものという喜田の仮定は、臆測にしてあまりに無謀であるとして敢然と反駁した。二種の民族の接触のみで、一が他を感化しうるとは普通想像しがたく、しかも敗退者である本土アイヌが、その神を故地にとどめて今日の盛況の原因をなしたとみることはできないというのがその理由であった。それに加えて、佐々木も含まれようが、オシラ神を東北固有のものとみる理解にもきびしい批判が向けられた。長い歳月のなかで変化を遂げていくとしても、日本人の慣行が、日本の国内で発生しまた成長したのであって、同じ系統に属する太初以来の行事は各地方に分散して活きて働いている、そのようなものとしてオシラ神もみなければならないというのであった。このオシラ神をめぐる論争を通して、柳田は『遠野物語』がたおやかに持っていた先住民や非常民にリンクしていく複眼的視座から乖離してゆくのである。

四　『遠野物語』にみえる歴史の重層性

『遠野物語』にはこの地が歩んできた歴史の重層性がかいまみえている。大同の家と呼ばれる、オクナイサマ、あるいはオシラサマを祀る旧家があった。大同（八〇六～八一〇）は延暦に続く年号で、大同二年あるいは延暦一七年（七九八）に田村麻呂が建立したという堂社は周知のように東北地方には多い。外部からこの地へ移住して草分けとなった旧家の歴史の始まりを、田村麻呂の蝦夷（エミシ）征伐と重ね合わせて語っていたことになる。オシラ様にアイヌ的要素を見出そうとしたこの時期の柳田も、やがて論駁の相手となった喜田も、大同の家を蝦夷の系譜とはみずに、外からやってきた日本人の末裔と理解していた点では変わりなかった。

遠野の大同の家には、大同元年に甲斐の国から移ってきたからそのようにいうのだとの伝承があった。それについて甲斐は南部家の本国なので、田村麻呂伝説と混じたのではないかと解している。その通りであろう。近世の遠野は八戸南部氏の一円知行地で、一六二七年（寛永四）、藩主南部利直（盛岡南部氏）の命によって八戸根城から移封されてきたのに始まる。『遠野物語』はまた、大同の祖先たちが、始めてこの地方に到着したときは歳の暮れで、門松をまだ片方を立てないうちに元日となったので、これらの家々では門松の片方を地に伏せたまま標縄を引き渡す吉例になった、と記している。これも、盛岡・八戸南部氏の元祖とされる南部光行が源頼朝から糠部を給って甲州から入部してきたさい、たまたま一二月が小の月であったために年越しの準備が間に合わず、一二月を大の月に直して祝ったという、いわゆる南部の私大《わたくしだい》伝説との親近性をうかがわせる慣習である。大同の家の由緒はその古さだけでなく、田村麻呂や南部氏など外来の征服者・支配者の側にあって、その後の地域開発の正統な歴史を語ってきたのであった。

しかし、『遠野物語』が照射しようとしていたのは大同の家の物語だけではなかった。大同以前の歴史の古層にも光が届くものでもあらねばならなかった。遠野の地名に、ナイ・ヤチ・ニタなどアイヌ語地名起源のものを発見して、大同の家に始まる日本人移住者とは異なる先住民族の影を想像していたに違いないのである。山口の蓮台野の南方の沢を星谷といい、そこには四角にへこんだところが多くあって蝦夷屋敷と呼ばれていた。ここからは石器がたくさん出土し、蝦夷銭といって、土でつくった銭の形をした直径二寸ほどの物も多く出ていた。また、ホウリヤウという小字のところからも、模様が巧みな土器や埴輪などが出土しており、両遺跡の出土品が比べられている。蝦夷はアイヌだとは何も語っていないが、蝦夷屋敷なる土地の伝承は明らかにアイヌに連なる先住民族が住んでいたことを意識させないではおかないものであった。

もう一つ大同の家の歴史では括れない、阿倍（安倍）氏に関わる伝承があった。早池峰山の小国を向いた側に阿倍ケ城という岩がある。険しい崖の中程にあって、人がとても行けるところではなく、今でもここには阿倍（安倍）貞任の母が住んでいると言い伝えられ、雨が降りそうなときの夕方などには岩屋の扉を鎖す音が聞え、小国や附馬牛の人々は、阿倍ケ城の錠の音がする、明日は雨であろうなどというのであった。また、同じ早池峰山の附馬牛の登り口にも阿倍屋敷と呼ぶ巌窟があり、小国の登り口にも八幡太郎の家来が討死したのを埋めた塚が三つばかりもあって、早池峰は阿倍貞任にゆかりのある山として、土地の人々に語られていた。

この他にも阿倍貞任に関する伝説は多かった。土淵村と栗橋村との境の山中に広く平らかな原があり、そのあたりに貞任という地名があり、そこの沼は貞任が馬を冷やした所、あるいは貞任が陣屋を構えた址とも言い伝えていた。土淵村には阿倍氏という家があって、貞任の末裔を名乗り、昔栄えた家なのだという。八幡沢の館を陣屋とした八幡太郎と矢戦をしたという貞任の陣屋の館址もあった。前九年合戦（一〇五一～六二）の安倍頼時（頼良）・貞任と源頼義・義家との壮絶な戦いが、土地の伝承として確かに記憶されてきたことを示している。その伝承は征服者としての八幡太郎（義家）に身をすり寄せていくのではなく、奥六郡の地域の盟主であった安倍貞任の勇猛果敢な戦いの側にシンパシーを感じているのが特徴であった。大同の家の伝承とは方向がずいぶんと違っている。

『遠野物語』は里の民である遠野郷の人たちが邂逅した山人、山の神、異人、山男、山女、ヤマハハ（山姥）たちの物語をたくさん拾っている。それらを詳しく述べる必要はないが、明治末期、人々にまだ生き生きと語られる存在であった。早池峰山にまつわる安倍伝承もまたそうした山の物語を構成していた。個々の話は断片的であって、それ自体ではあまり意味をなさないが、それらを重ね合わせていくと、正統な日本の歴史からは忘却され、あるいは脱落させられた、山人・山の神、蝦夷、安倍氏、そして頭注に記されたアイヌがどこかでつながっているかのような、それはあるいは幻影なのかもしれないが、先住民の歴史が浮かび上がってくる仕掛けになっているのである。『遠野物語』とはそのような読み解きを可能にするものであった。

しかしながら、やがて『遠野物語』の志向性とは逆向きに、柳田が地名にしてもオシラサマにしても日本（本土）文化とアイヌ文化との共通性や交流を拒否的にみるようになり、北方文化への意識が薄らいでいってしまう。柳田が昭和初期、一国民俗学という閉じられた体系へ方向転換していったことと密接に関わっているが、その評価にあたっては、赤坂憲雄が明晰に論じたように（『海の精神史』）、昭和（戦前）という時代思潮への柳田の向き合い方を忖度してかからなければならない。

このような柳田の軌跡からいえば、昭和戦前期とは違う状況のもとで、現在の私たちが一国民俗学や一国日本史を乗り越えて、可変的でひろやかな地域世界（たとえばアジア）の視野のなかで民俗や歴史をとらえることに人類史の将来をみようというとき、可能性としての『遠野物語』がふたたび蘇ってくるという関係にあるといえようか。いわば原点回帰としての『遠野物語』である。

特集　東北日本と『遠野物語』

『遠野物語』を海から読む

川島秀一

一　峠と世間話

『遠野物語』の第一話に、遠野は「山奥には珍しき繁華な地なり」と書かれたのは、近代まで続いた交易の地であったからである。「七七十里」という言葉もあって、七つの谷それぞれ十里の奥から人や馬が集まったことを指している。一が付く日と六が付く日の市日には、米千駄・魚千駄・その他千駄の三千駄の荷物が入ってきたという。

　このような商業と交通とが、多様な経験をもった人々を遠野に集め、その多様な経験譚が聞く者の想像力を刺激して、数々の話も生まれた。遠野は僻遠の地だから「話」が残ったのではなく、繁華な地だから「話」が生まれたのだということは、改めて確認しなければならないことである。北上山地の盆地という地形からは、擂鉢状の容器に話が幾つも沈んでいて淀んでいるようなイメージを受けやすいが、その擂鉢は交通の要所として、絶えず人々や物資が動いていたことで話が運ばれ、話が成長してきたと考えてよいだろう。

　たとえば、『遠野物語』一一〜一三話に紹介されている、土淵村山口の新田《にった》乙蔵《おとぞう》は、山口の奥の界《さかい》（境）木《ぎ》峠の上に小屋をかけ、甘酒を三陸沿岸の大槌との往来の人々に売りながら生活をしていたが、駄賃付けの者たちからは、父親のように慕われたという。この乙蔵が「処々の館の主の伝記」、「家々の盛衰」、「昔よりこの郷に行はれし歌の数々」、「深山の伝説またはその奥に住める人々の物語」などをよく知っていたということも、本人の資質もさることながら、交通の要衝の地点に生活していたことにも関わりがある。『遠野物語』四九話には、釜石とのあいだの仙人峠について、次のように記している。

仙人峠は登り十五里降り十五里あり。その中ほどに仙人の像を祀りたる堂あり。この堂の壁には旅人がこの山中にて遭ひたる不思議の出来事を書き識《しる》すこと昔の習ひなり。たとへば、われは越後の者なるが、何月何日の夜、この山路にて若き女の髪の垂れたるに逢へり。こちらを見てにこと笑ひたりといふ類なり。またこの所にて猿に悪戯をせられたりとか、三人の盗賊に逢へりといふやうなる事をも記せり(1)。

「山女」・「猿」・「盗賊」なども含めた、広い意味での山人譚が、このような往来の地で形づくられたのである。

たとえば、仙人峠には、雨の降る日などにサルが群れをなしていることがあったが、村人が二人で組んでモノを運ぶときの「モッコかつぎ」のマネをしたという。モッコかつぎをしても、サルは前と後ろでそれぞれ反対の方向に進んだことが面白かったという。仙人峠でオオカミに出遭ったときは、「オオカミどの、オオカミどの、俺を家まで送ってください」と願い、送ってくれたときは、「ごくろうさん」と言って、ホド焼き餅をオオカミに与えたという。オオカミはそれを食べると姿を隠すが、そのために仙人峠を越えるときはホド焼き餅を持っていったという(2)。

遠野盆地と三陸沿岸を結ぶ峠には、以上に挙げた境木峠と仙人峠のほかに、笛吹峠がある。北から順に挙げると、境木峠（七二九メートル）は権現山（九七〇メートル）と貞任山（八八六メートル）の鞍部に位置して大槌と結ぶ峠、笛吹峠（八六二メートル）は権現山と六角牛山（一二九四メートル）の鞍部に位置して鵜住居と結ぶ峠、仙人峠（八八七メートル）は北上山地の急峻なところを越えて釜石と結ぶ峠である。ただし、これらの峠にも歴史的変遷があったようで、『遠野物語』の五話には、次のように記されている。

五　遠野郷より海岸の田ノ浜、吉里吉里《きりきり》などへ越ゆるには、昔より笛吹峠《ふえふきたうげ》といふ山路あり。山口村より六角牛の方へ入り路のりも近かりしかど、近年この峠を越ゆる者、山中にて必ず山男山女に出逢ふより、誰も皆恐ろしがりてしだいに往来も稀になりしかば、つひに別の路を境木峠《さかひげたうげ》といふ方に開き、和山《わやま》を馬次場《うまつぎば》として今はこちらばかりを越ゆるやうになれり。二里以上の迂路なり。

これによると、田ノ浜（山田町）や吉里吉里（大槌町）へ行くにも、以前は笛吹峠を越えていたようであるが、山男や山女などの異形の者と出会うことが多いために、後には境（界）木峠を用いるようになったようである。しかし、この界木峠でも異様な経験をする者がいたことは、『遠野物語』の九話にある。

九　菊池弥之助といふ老人は若き頃駄賃を業とせり。笛の名人にて夜通しに馬を追ひて行く時などは、よく笛を吹きながら行きたり。ある薄月夜に、あまたの仲間の者と共に浜へ越ゆる境木峠を行くとて、また笛を取り出して吹きすさみつつ、大谷地《おほやち》といふ所の上を過ぎたり。大谷地は深き谷にて白樺の林しげく、その下は葦など生じ湿りたる沢なり。この時谷の底より何者か高き声にて面白いぞーと呼はる者あり。一同ことごとく、色を失ひ逃げ走りたりといへり。

峠は以上のような話の発生地であるとともに、同時に、先に挙げた新田乙蔵の小屋や仙人峠の堂のように、その話を伝える現場でもあり得たわけである。しかし、その峠の向こうの世界である〈浜〉に対しても、遠野盆地の人々が、山男や山女が棲む〈山〉と同様の感覚をもっていたということは、次の『遠野物語』の八四話から知られる。

八四　佐々木氏の祖父は七十ばかりにて三、四年前に亡くなりし人なり。この人の青年の頃といへば、嘉永《かえい》の頃なるべきか。海岸の地には西洋人あまた来住してありき。釜石にも山田にも西洋館あり。船越の半島の突端にも西洋人の住みしことあり。耶蘇《ヤソ》教は密々に行なはれ、遠野郷にてもこれを奉じて磔《はりつけ》になりたる者あり。浜に行きたる人の話に、異人はよく抱き合ひては嘗め合ふ者なりといふことを、今でも話にする老人あり。海岸地方には合の子なかなか多かりしといふことなり。

「嘉永の頃」という年号や、「釜石」・「山田」・「船越の半島」という場所を具体的に述べながらも、ここに感じられるのは「異人」という言葉に象徴される、西洋人やその合いの子などが住む、〈浜〉に対する異郷性である。続けて、次の八五話を読むと、なおいっそう、遠野盆地に住む者が浜に住む者や西洋人をどのように見ていたかが鮮明になる。

八五　土淵村の柏崎にては両親とも正しく日本人にして白子《しらこ》二人ある家あり。髪も肌も眼も西洋の通りなり。今は二十六、七くらゐなるべし。家にて農業を営む。語音も土地の人とは同じからず、声細くして鋭し。

遠野盆地に住む人々にとって、〈山〉が山男や山女が棲む、垂直的な異郷とすれば、その〈山〉を、峠を通して越えた〈浜〉は、西洋人などが住む、水平的な異郷でもあった。浜がそのまま外国につながるような感覚があったものらしい。次の『遠野物語』一〇六話も、そのことが、よく理解される話である。

一〇六　海岸の山田にては蜃気楼年々見ゆ。常に外国の景色なりといふ。見慣れぬ都のさまにして、路上の車馬しげく人の往来眼ざましきばかりなり。年ごとの家の形などいささかも違ふことなしといへり。

しかし、遠野盆地も三陸沿岸も同じ伝承世界を有していたことは、その二つの世界を結んだ、伝承者としての「駄賃付け」などに注意を要するものと思われる。「駄賃付け」は、先の『遠野物語』九話だけでなく、三七話・五一話・五五話などに登場し、「遠野物語拾遺」にも、五五話・一〇七話・一九八話に見える。

本稿では、この伝承者としての駄賃付けに注意をしながら、遠野盆地を太平洋岸とひと続きの盆地と捉え、その遠野と三陸沿岸の伝承世界を丸ごと捉えてみることを、ねらいとして展開してみたい。

二　田ノ浜の河童

「遠野物語拾遺」には、岩手県の山田の町に出てくる「山男」のような者の話が載っている。

一〇七　下閉伊《しもへい》郡の山田町へ、関口という沢から毎市日のように出て来ては、いろいろな物を買って戻る男があった。顔じゅうに髭《ひげ》が濃く、眼色が変わっているので、町の人はあれはただの人間ではあるまいと言って、殺して山田湾内の大島に埋めた。そのゆえであったか、その年からたいへんな不漁が続いたという。これは山田町へ駄賃づけに通うていた、土淵村の虎爺という老人の若かった頃の話である。

後ろに小高い山々を背負っているような三陸沿岸の浜では、その山や沢に対して、遠野地方と同様の感覚を有していたと思われる。この話は、遠野の「虎爺」と呼ばれる駄賃付けからの伝承であるが、同じ話は『聴耳草紙』の中の「四六番　島の坊」として、固有名詞を明らかにしている。「山田町佐々木喜代治氏の談」という注記もある。『聴耳草紙』には後日譚も記されていて、大島に葬った死体を掘り起こして、大杉神社に移したところ、「漁夫の神」となったという(3)。

同じ山田町の田ノ浜なども『遠野物語』に何度か取りあげられている漁村である。『遠野物語』の八四話に「西洋人」が住んでいたと書かれた、船越半島の入口に位置し、船越湾に面した、漁業を主とした集落である。明治二九年（一八九六）と昭和八年（一九三三）の三陸大津波によって、傾斜地に沿って上方へと集落移動が行なわれている。

『遠野物語』九九話の田ノ浜の話も、明治二九年の三陸大津波に関わる話である。

九九　土淵村の助役北川清といふ人の家は字火石《ひいし》にあり。代々の山臥《やまぶし》にて祖父は正福院といひ、学者にて著作多く、村のために尽くしたる人なり。清の弟に福二といふ人は海岸の田の浜へ婿に行きたるが、先年の大《おほ》海嘯《つなみ》に遭ひて妻と子を失ひ、生き残りたる二人の子と共に元の屋敷の地に小屋を掛けて一年ばかりありき。夏の初めの月夜に便所に起き出でしが、遠く離れたる所にありて行く道も浪の打つ渚なり。霧の布きたる夜なりしが、その霧の中より男女二人の者の近よるを見れば、女はまさしく亡くなりしわが妻なり。思はずその跡をつけて、はるばると船越村の方へ行く崎の洞ある所まで追ひ行き、名を呼びたるに、振り返りてにこと笑ひたり。男はと見ればこれも同じ里の者にて海嘯の難に死せし者なり。自分が婿に入りし以前互ひに深く心を通はせたりと聞きし男なり。今はこの人と夫婦になりてありといふに、子供は可愛くはないのかといへば、女は少しく顔の色を変へて泣きたり。死したる人と物言ふとは思はれずして、悲しく情けなくなりたれば足元を見てありし間に、男女は再び足早にそこを退きて小浦へ行く道の山陰を廻り見えずなりたり。追ひかけて見たりしがふと死したる者なりと心付き、夜明まで道中に立ちて考へ、朝になりて帰りたり。その後久しく煩ひたりといへり。

非日常的な津波という災害に関して、このような世間話は今でも田ノ浜で聞くことができる。

たとえば、大津波が襲う数日前のこと、田ノ浜の黒沢家という豪族の子孫の家で、空き部屋からオモチャをいじる音が聞こえた。その部屋は、ふだんから「ザシキワラシの部屋」と呼んで、オモチャなどを入れておいたのだが、夜になるとその音がしたという。大津波の後で人々は、ザシキワラシが災難を教えようとしたのだと語り合った。また、他に津波の前兆として、前日の晩に蓑を着た者が川の中を歩いていたのを目撃したという人の話がある。津波の後で、それは河童が津波からの逃げ道（川）の下調べに歩いたのではないかと、ささやかれた。

田ノ浜には、他にも、海から川伝いに上がってきた河童の話がある。河童が人間に化けて、女のもとに通ったという話である。女は河童の子を宿したが、生まれた子供には歯があった。同様の話は、田ノ浜だけでも数箇所あったという[4]。

同型の河童の話は、『遠野物語』の五五話にも見受けられるが、遠野地方と三陸沿岸地方とが、同様の伝承基盤をもっていたことが理解される。

五五　川には河童《かっぱ》多く住めり。猿が石川ことに多し。松崎村の川端の家にて、二代まで続けて河童の子を孕《はら》みたる者あり。生まれし子は斬り刻みて一升樽に入れ、土中に埋めたり。その形きはめて醜怪なるものなりき。

女の婿の里は新張村の何某とて、これも川端の家なり。その主人人にその始終を語れり。かの家の者一同ある日畠に行きて夕方に帰らんとするに、女川の汀《みぎは》にうづくまりてにこにこと笑ひてあり。次の日は昼の休みにまたこの事あり。かくすること日を重ねたりしに、しだいにその女の所へ村の何某といふ者夜々通ふといふ噂立ちたり。始めには婿が浜の方へ駄賃附に行きたる留守をのみ窺ひたりしが、後には婿と寝たる夜さへ来るやうになれり。河童なるべしといふ評判だんだん高くなりたれば、一族の者集まりてこれを守れども何の甲斐もなく、婿の母も行きて娘の側に寝たりしに、深夜にその娘の笑ふ声を聞きて、さては来てありと知りながら身動きもかなはず、人々いかにともすべきやうなかりき。その産はきはめて難産なりしが、ある者の言ふには、馬槽《うまふね》に水をたたへその中にて産まば安く産まるべしとのことにて、これを試みたればはたしてその通りなりき。その子は手に水掻きあり。この娘の母もまたかつて河童の子を産みしことありといふ。二代や三代の因縁にはあらずと言ふ者もあり。この家も如法の豪家にて何の某といふ士族なり。村会議員をしたることもあり。

河童に妻を寝取られる婿が、駄賃付けでもあり、浜へ行っていたことが記されているが、このような駄賃付けが遠野と浜とのあいだを何度も往復することによって、物資だけでなく、話も伝えあったことと思われる。

三　魚を運んだ人々

ここで、遠野盆地と三陸沿岸を、話を持って往来した者たちのことを整理しておきたい。主に浜から魚を運んだ人々のことであるが、そのような職種の者は「駄賃付け」と呼ばれる人だけではなかった。

たとえば、遠野の中心の町から離れた「在」の者たちは、魚は「トキドキ」とも呼ばれる、毎月の一五日に遠野の町へ行って買ってきたものだという。そのほかには、釜石や大槌から、塩マスやイワシを直接に売りに来る者たちがいて、その者たちのことを「ショイコ（背負い道具）商い」とも呼んだという(5)。

このトキドキは、月の一五日だけでなく、節句などの日も指し、やはり魚はハレの日の献立として欠かせなかった。たとえば、「遠野物語拾遺」の二九三話によると、三月の節句に子どもたちが集まってカマコヤキという調理を行なうが、赤魚や浅蜊などが入用であったという。「赤魚《アカウオ》」とは、単に外観が赤い魚という意味ではなく、ヤナギメバルの地方名のことで、三陸沿岸では、『遠野物語』の成立した時代は大漁が続いた魚である。

土淵町飯豊に来ていた「魚売り」は、主に釜石から来ていたという。魚を入れた炭スゴ（籠）を背負って、「サカナーっ、サカナ買っていかんせ」と声を上げて歩いていた。スルメ・イワシ・タイ・ナメタガレイなどで、特にイワシは脂があって、おいしいものだったという。イワシ四〇匹を一ツラと言い、それを約八～一〇銭くらいで買った。米一斗が四〇銭、アワやヒエが一斗で二〇銭の時代であった。直接に物々交換をする場合は、ヒエゴメやアズキ一斗分に魚が何匹かということで商いをしたが、米とはなかなか交換しなかった家も多かった(6)。

この事例も「ショイコ商い」と思われるが、彼らは大槌や鵜住居、釜石から来ていた。イワシが多かったようで、それを米や銭と交換するが、たとえば米を一斗出せば、イワシの四～五ツラは買えたという。この「ショイコ商い」に対して、「駄賃付け」は直接に農家に魚を売り歩くことはしないで、遠野の魚屋へ卸した。タラ・メヌケ・イワシ・サンマ・イカ・サメなどを三陸の浜々から買い付けてきたという(7)。

「ショイコ商い」は、附馬牛村などのような山の奥まで行ったときは、民家に泊まっていくこともあった(8)。ムシロに包んだ塩マスやカツオの片前（背から半分に切った片方）を売りに来たという(9)。

三陸沿岸から遠野に集まった魚を、さらに江刺などの内陸へ売りに行く駄賃付けもいて、主に小友町の鮎貝の者たちが行なっていた。遠野から魚を運び、江刺からは米を運んだという。彼ら駄賃付けは、郵便物も頼まれて歩いていた(10)。

「駄賃付け」はイサバツケ（五十集付け）とも呼ばれたが、青笹のジダケという家は、彼らを専門に泊めた家だという。今は屋敷跡しか残っていないが、このジダケという家をめぐる「笛吹峠」の地名由来譚を伝えていたのが、遠野市青笹町糠前下沢の菊池サカエ媼（大正三年生まれ）である。笛吹峠の地名由来譚は「遠野物語拾遺」の五話に、常々笛を愛していた継子の少年が四方から火を付けられて焼き殺されたことから生じたと記されている。サカエ媼の場合は、祖母から聞かされたという、別の話を次のように伝えている。

「ムカシ、どっから来たか、若い者があったんだが、その家（ジダケ）に使われていたんだどす。そしたら、駄賃付けどか五十集《いさば》付けどか泊まっているうちに、奥にある峠のことを聞いたんだどす。こう上がって行けばハイサカミチという曲がり道、それを行けばシキリミチというどこさ上がって、そして、シキリミチを通れば、今度はナゲイシというどこさ行って、ナゲイシというどご通れば、今度、峠へ行くと言ったんでがす。その若い者が、その峠を見たくて見たくて行ったんだどす。だども、使われてる人だから、なかなかヒラッと行けなかったんだべ、何とか何とかと思って歩いているうちに、ナゲイシまで行って、それから今度、峠まで行って、笛を吹いで、上さ行って吹き、下さ行って吹いで、そして笛吹いで死んだごどで、笛吹峠という」(11)

サカエ媼の話では、笛吹峠には、オフキダナという所もあって、風の強いときなど、駄賃付けなどがそこへ行って馬を休ませたともいう。サカエ媼が伝えていたナンゾ（謎）の一つに、「底一つで、蓋四つあるものナンゾ」があり、その答えは、炭俵のような「魚スゴ」のことであった。この魚スゴを背負ってきたのが、駄賃付けであった。媼が伝える、笛吹峠の地名由来譚からは、峠の地形に詳しい駄賃付けなどによって生まれた話であったことが、うかがわれる。彼らのような職種の者を専門に泊めた宿（民家）が、それらの話が語られた場所であったことも疑われないだろう。

四　橋野の盲神

以上のように、駄賃付けなどの往来によって、遠野盆地と三陸沿岸とが同様の伝承世界をもち得たことを述べてきたが、現在でも『遠野物語』や「遠野物語拾遺」に扱われている話の世界を、沿岸での民俗調査によって読み解くことのできる事例を挙げておきたい。

「遠野物語拾遺」には山田町の田ノ浜などの沿岸を舞台とした話を載せたものも多いが、遠野から峠を越えた山間地の話も数が多い。

二七　昔、盲の夫婦が丹蔵という小さな子を連れて、栗橋村の早栃《わせどち》まで来た時に、丹蔵は誤って川に落ちて死んだ。そうとは知らずに父母の盲人は、しきりに丹蔵や丹蔵やと呼びまわったが、少しも返事がないので、はじめてわが子の川にはいったことを知り、ああああの宝をなくしては俺たちは生きている甲斐がない。ここで一緒に死ぬべいといって、夫婦も橋から身を投げてしまった。村の人たちはこれを憐れに思って、祠の名を盲神《めくらがみ》といった。今でも目の悪い者には御利益があるといって、祠の辺の沢の水を掬んで、眼を洗う者が少なくない。

この神様を祀った家は、屋号も「盲神」と呼ばれていた旧家であり、現在は早栃を離れ、釜石市の源太沢町にいる藤原家がその家である。藤原家も「遠野物語拾遺」と同様の言い伝えがあり、橋野川にかかっていた橋を渡ろうとして川に落ちた盲目の親子を祀ったものという。祭日は八月中に行なっていたと伝えられている。神祠のそばに水が湧いており、目の悪い人がその水で目を洗うと回復すると言われていたことも、「遠野物語拾遺」の記述と等しい。現

写真1　釜石市早栃の「盲神様」

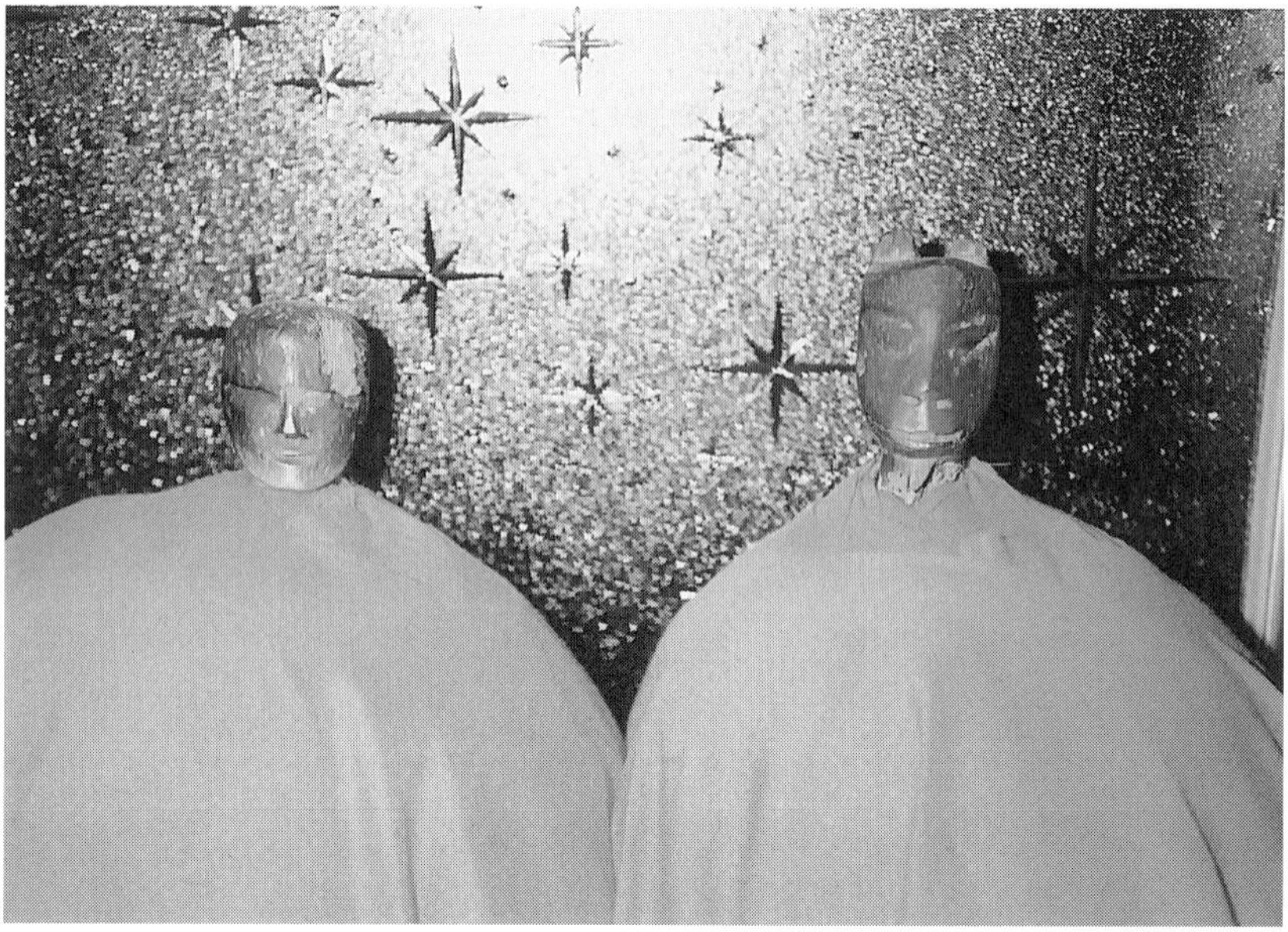

写真２　釜石市源太沢町の藤原家のオシラサマ

在でも早栃にあるお宮の中に「奉祷三倉《みくら》稲荷神社」と記された御札が見られる（写真１）。

藤原家では一対の貫頭型のオシラサマも所蔵していて、馬頭は二九・五センチ、姫頭は二八・五センチの、栗の木の御神体である（写真２）。このオシラサマがあるために四足を食べられないというので、あるとき橋野川に流したことがあった。すると上流へ向かって戻ってきて、「肉を食べてもよいから投げないでくれ」という、オシラサマの託宣があったという。毎年の小正月に、御神体を下ろし、首にキレを通してお祀りをしていて、早栃にいた頃には、シンルイが来て、拝んでいった。家に不幸があるようなときには、事前にオシラサマが前に倒れたものだという(12)。

この事例は、「遠野物語拾遺」の二七話という、ささやかな話に対する実態的な調査を行なった一つであるが、『遠野物語』の世界を遠野に限らず、広域的な民俗調査によって、さらに読み解いていく可能性が、まだまだ残されているように思われる。

注

（1）本論では『遠野物語』と「遠野物語拾遺」からの引用を、角川文庫版『遠野物語』（一九五五年）にしたがった。
（2）一九八九年七月九日、遠野市上郷町川原の石田ミン媼（大正一五年生まれ）より聞書。
（3）佐々木喜善『聴耳草紙』（ちくま文庫・一九九三年）。
（4）一九八七年七月一〇日、山田町船越の五十嵐将平翁（明治三八年生まれ）より聞書。
（5）一九八九年五月六日、遠野市土淵町山口の瀬川マサ媼（大正七年生まれ）より聞書。
（6）一九八九年五月六日、遠野市土淵町飯豊の菊地エミ媼（明治四四年生まれ）より聞書。
（7）一九八九年五月七日、遠野市土淵町飯豊の菊地春治翁（明治四〇年生まれ）より聞書。
（8）一九八九年六月二四日、遠野市附馬牛町大荻の菊池くらご媼（大正五年生まれ）より聞書。
（9）一九八九年六月二五日、遠野市附馬牛町小出の北湯口円次郎翁（明治四〇年生まれ）より聞書。
（10）一九八九年七月八日、遠野市小友町鮎貝の菊池四三翁（明治四三年生まれ）より聞書。
（11）一九八九年六月一七日、遠野市青笹町の菊池サカエ媼（大正三年生まれ）より聞書。
（12）「盲神」については、一九八七年一一月三日に釜石市橋野町早栃の藤原竹松翁（明治四四年生まれ）から、一九八九年八月一三日に釜石市源太沢町の藤原成信翁（大正一一年生まれ）より聞書。

特集　東北日本と『遠野物語』

『遠野物語』と国語の近代化

大野眞男

一　問題の所在

柳田国男と国語の具体的関わりは、昭和期に入って「蝸牛考」等により方言への関心を深め、さらには「言語生活の指導」等で標準語政策に対して批判的な発言を行うようになる時期を待たねばならない。また、『遠野物語』を世に出すに当たって、同時代的に進行していた国語の近代化に関する目配りが意識されていたわけでもないだろう。二題咄のように見えるかもしれないが、後年の柳田の国語問題に関する視座を含めて考えることは、『遠野物語』の周辺にどのような言葉に関する問題が胚胎していたかを洗い出すと同時に、『遠野物語』の歴史的背景を国語の近代史の観点から再照射することにつながるだろう。

ここで具体的に問題としたいことは、『遠野物語』の文体と明治四〇年（一九〇七）前後の国語の状況との乖離であり、それに関連して当時の国語問題に対する柳田の態度である。このことに関する柳田自身による言説が十分にあるわけではないので、結果として残された文章文体を状況証拠に、国語の整備が推進されていく直中での柳田の立ち位置をあぶりだしていく必要がある。

『遠野物語』が近代の名文であることは多くの者が認めるところだが、擬古文である文章文体そのものは近代にあるべきものではなく、献辞に「此書を外国に在る人々に呈す」とあることともよく符合して、むしろ西洋流の近代化を拒絶する意思が強く感じられる。そもそもが日本における国語の近代化は、欧米の国民国家を支える社会制度の日本への移植の一環であり、その実現を図った明治後期はまさに「国語の時代」ということができよう。柳田が知識人として活動を開始したのもまさにこの時期に当たり、柳田の国語観形成史の出発点ともなっている。

二　言文一致と柳田

日本における国語の近代化の歴史を概略振り返っておこう。明治前期の国語改革の動きは実に多様かつ広範であるが、突きつめれば支配的教養層の公的書記様式であった漢字漢文の呪縛からの解放ということが共通の契機となっている。日本語の貧弱さを訴え漢文に代わる公用語を英語に求めた森有礼、音声主義の立場からローマ字国字論を唱えた田中舘愛橘、平仮名専用を主張する「かなのくゎい」の三宅米吉、大槻文彦など、多彩な近代の教養人達が国語の在り方に関わる多様な議論を彩っている。百花斉放の観があるが、明治前期においては具体的に国語の実質は確定を見ることなく、国語にとっては揺籃期、本格的な国語づくりに移行する前の準備期間ということができよう。

国語の近代化の多様な試みは、難解な文章を平易な口語に接近もしくは一致させることにより、国民全体の言語インフラを構築するという目的を共有している。明治中期以降、文学の世界を中心とした言文一致運動と、国語政策としての標準語策定および教育という二つの局面が相互に影響を与え合いつつ展開されていくが、先駆けるのは言文一致の動きであった。山本正秀（一九六五）は明治前期を言文一致の発生期と位置づけ、言文一致が本格的に自覚されるようになる時期を明治中期以降としている。とくに明治二〇年（一八八七）前後を、二葉亭四迷、山田美妙らが言文一致体小説に着手、英人チェンバレンが羅馬字会で言文一致の必要性を説くなど、画期的な時期として注目している。山田美妙『言文一致論概略』（明治二一年（一八八八））は、東京語が言文一致の基礎語として最適であることを、後述する言語学者の上田萬年よりも早い時期に明言している。国の政策とは別次元において、国語の近代化に表現者として果たした作家達の貢献はより高く評価されるべきであろう。

一時期の停滞はあったものの、尾崎紅葉の『多情多恨』（明治二九年（一八九六））での「である」調への転換以降勢いを復活し、さらに写実主義、自然主義文学と固く結びついて明治三〇年代（一八九七〜一九〇六）には確立期を迎えていく。しかし、田山花袋、島崎藤村、国木田独歩ら、青年時代の柳田周辺の作家達が居並ぶ近代文学の華やかなシーンに、柳田自身を見つけることはできない。むしろ、大塚英志（二〇〇七）も指摘するように、花袋の『蒲団』（明治四〇年（一九〇七））を機に西洋流の自然主義文学に対する批判が柳田から表明され、また『遠野物語』（明治四三年（一九一〇））に対する「粗野を気取った贅沢」という花袋による批評の応酬が続き、そこには両者のささくれだった関係を読みとることができる。そのような意味で、献辞の「外国に在る人々」に花袋たちを含めることは深読みの誹りもあるかもしれないが、材料の取り扱い方、即ち文章文体の問題として、敢えて言文一致ではなく古い説話の受け皿を持ち出した態度に柳田の意志を感じとるべきではないだろうか。

岩本由輝（一九八二）も指摘しているが、この時期『文章世界』四-一四（明治四二年（一九〇九））に「言文の距離」（『柳田国男全集』二三巻所収）と題する論考を柳田が寄せていることは注目される。全集編者によれば実際には記者による談話筆記の可能性があるが、内容的には柳田の言文一致に対する見方が如実に述べられている。該当部分を抄出しよう。書簡文体としては候文体が簡潔であり、品格があって、時代遅れでも何でもないと主張した後で、

そこで、順序として言文一致のことを言はねばならぬやうになつて来た。今日では殆《ほとん》ど何でもかでも言文一致でなければならぬかのやうに言はれて居る。然し私はその所謂《いはゆる》言文一致なる文体が、文章上の最後の形式であるか否かを疑はざるを得ない。啻《ただ》に疑ふのみならず、それは真の言文一致でなく、又真の言文一致と言ふことは、今日普通の言葉の儘《まま》では不可能なことだと信じて居る。何故と言ふに、私は時々演説をやるが、その速記を見ていつも失望する。些《ちつ》とも文章になつて居ない。草稿を持つて行つてやつてさへ、矢張り同じやうな結果である。

と基本的な姿勢を表明している。西洋は古代ギリシャから終始一貫して言文一致であるのと違い、日本の場合は言文一致の時代はほとんどなく、口語と文章が異なる伝統を持

ち続けてきたのであり、「この長い歴史を有する文章の大国を、一朝にして言文一致が乗り取らうとして焦つたところで、さう容易《たやす》く行くものでない。」と結論づけている。加えて、もちろん文章は平易感銘でなければならないが、文章の方はもうこれ以上口語に近づくことはできないとし、今後は支離滅裂な口語を文章に近づける方法を採る、つまり口語の整備を図る必要性を提案している。

柳田のいう支離滅裂な口語とは、言文一致の作家達の暗々裏の規範よりも談話レベルが低いものが想定されているらしいところに問題はあるが、そもそも日本語において言と文とは容易には一致すべからざるものとする考え方が『遠野物語』執筆当時の柳田にあったことが理解される。文に特別な価値をおく態度は、彼自身が昔風の桂園派の歌詠みでもあったこととつながることかもしれない。

三　国語と標準語

柳田国男の国語観をとりあげた論考は筆者の知る限り佐野比呂己（二〇〇四）等を見るくらいで、あれほど方言研究への貢献があったにも関わらず国語学の専門的立場からは積極的に関心が持たれておらず、柳田自身にもやや遠慮があるせいか、門外者の発言としてむしろ黙殺されてきたのではないか。むろん『遠野物語』執筆当時に方言と標準語をめぐる国語問題が視野に入っていたわけではないだろうが、昭和期に入るころから柳田の国語への関心は徐々に大きなものとなっていく。ここで、柳田が教養人として歩み始める明治中期ころからの国語政策の流れをおさらいしておこう。

国策として国語問題が登場するのは、洋行帰りで帝国大学博言学科の初代日本人教授に就任した上田萬年が、日清戦争の興奮の中で行った「国家と国語と」（明治二七年（一八九四））と題する講演が初めであったろう。その翌年には論文「標準語に就きて」（明治二八年（一八九五））において、国民の間に共有されるべき話し言葉について「標準語」という名称を与えた上で、

予の茲《ここ》にいふ標準語とは、英語の『スタンダード、ランゲェーヂ』、獨乙語の『ゲマインスプラーヘ』の事にして、もと一国内に話され居る言語中にて、殊に一

地方一部の人々にのみ限り用ゐらるる、所謂方言なる者とは事かはり、全国内到る処、凡ての場所に通じて大抵の人々に理解せらるべき効力を有するものを云ふ。猶一層簡単にいへば、標準語とは一国内に模範として用ゐらるる言語をいふ。

との規定を与え、具体的には東京語をもとにしてさらに彫琢を加えて標準語を策定すべきことを述べている。

この提言の五年後の明治三三年（一九〇〇）には帝国教育会内に言文一致会が設置され、それまでは文学上の運動に限定されがちだった言文一致が、全国民を対象とした教育運動へとステージを移していくこととなる。同会の目的には、「六づかしい文章を言文一致体に書き直すこと」などと並んで「標準語を選むこと」の項が見えている。翌三四年（一九〇一）には、同会から貴衆両院議長宛に「言文一致の実行についての請願」の建議文が『読売新聞』、『教育広報』等に掲載され、速やかに言文一致を実行するため国語調査会を設置することが国に要請されている。これに応えて明治三五年（一九〇二）には国語調査委員会が文部省内に設置され、「文章ハ言文一致体ヲ採用スルコトトシ……」等に加えて「方言ヲ調査シ標準語ヲ選定スルコト」という指針が立てられる。これにより全国の師範学校生等を対象に一斉の方言調査が実施され、その結果は『口語法調査報告書』（明治三八年（一九〇五））としてまとめられる。これを踏まえて、東京語の表現を含めて文法分野で数十項目の標準語が同委員会によって選定されていく。

国家規模の標準語づくりは、「小学校令施行規則」の改正（明治三三年）による国語科の設置を通して学校教育へと反映されていく。同規則第三条には「国語ハ普通ノ言語……ヲ知ラシメ」と記載されているが、「普通」とは「（日本中に）普く通じる」の謂いである。さらに、「第一期尋常小学読本編纂趣意書」（明治三七年（一九〇四））には「文章ハ口語ヲ多クシ、用語ハ主トシテ東京ノ中流社会ニ行ハルルモノヲ採リ、カクテ国語ノ標準ヲ知ラシメ、其統一ヲ図ルト共ニ……」のように、教科書で使用される言葉が実質的に標準語に規定される。さらに、『遠野物語』刊行に前後する時期には第二期尋常小学校読本の編纂が行われ、その「編纂趣意書」（明治四二年）には「口語ハ略《ほぼ》東京語ヲ以テ標準語トセリ」と明言されている。時代はまさに日露戦争のさなか、国語＝標準語という国語観が学校教育を通じて国民全体に広げられていく。おおよそ柳田の帝国大学在学時から農商務省官僚時代に当たる時期であり、このような組織的な標準語教育の体制整備をどのような視線で眺めていたかは、昭和期に入ってからの論考を通して窺い知ることができよう。

四　柳田の国語意識の転換

『遠野物語』当時における柳田の関心は上記の国語の状況と直接結びつくものではなかった。しかし、国際連盟委任統治委員会委員として大正一〇年（一九二一）から三年間にわたる活動を終え、ジュネーブ滞在から帰国するや、国語の在り方、分けても方言について強い関心を示し始め、「蝸牛考」（昭和二年（一九二七）『人類学雑誌』四二‐四～七）等へと結実していく。佐野比呂己（二〇〇七）は、このような国語意識の胚胎のきっかけとして、フランス語か英語が公用語であった国際連盟委員会での柳田自身の苦い言語体験が影響を与えたことを推測している。また、この時期、エスペラントに強い興味を示していることも、言語問題への傾倒を示唆するだろう。「蝸牛考」と同年の「国語の管理者―某高等学校の弁論部において」（『新政』四‐一）には、かつてとはトーンの異なる言文一致についての見解が示されている。

此の際に当たつて言文一致といふ運動の起つたのは、極めて自然の現象であった。其運動が二十何年間の努力を積重ねて、やつとのことで一般の風習となり、新聞雑誌までが口語のみを以て、我々の言葉の通りを印刷する迄になつたのである。しかも最初の山田《やまだ》美妙斎《びめうさい》といふやうな人の時分には、あの当時の演説つかひも使はぬやうな変てこな日本語であった。近頃になつても耳で聴いたゞけでは何事だか解らぬ文句に、徒《いたづ》らに「であります」を取附けたばかりで、何が口語体だと悪口を言はれるやうな文章がまだ多い。つまりは言ひ現しを文雅ならしむべしといふ古来の約束が、まだ根づよく下に横たはり、単に流行に誘はれる程度の文人は、之を脱却することが出来なかつたからである。

明らかに言文一致側に立った発言であり、語尾のみの誤魔化しを批判さえしている。この態度の変容は、『遠野物語』から二〇年の歳月の間に言文一致が社会の中で一般化したこと、そして柳田自身にも何らかの国語観の形成があったことを反映しているのだろう。「国語の管理者」中には、ジュネーブ時代の体験にもつながる以下のような記述がある。

　世界の独立国の中では、日本ほど自分の国語を冷遇虐待した国も珍しい。日本ほど外国語に従順であつた国も無いかと思ふ。言語だけからいふと昔は支那の属国、今は英国の属領であっても、これ以上の奉公は為《な》し得られなかつたらうと思ふ。埃及《エジプト》は気の毒な半独立国で、英国の勢力は狐憑《きつねつ》きの如く蔽《おほ》ひかぶさつて居るが、ポートサイドのやうな神戸以上の国際地帯であるが、それでも一つの外国語に向つて日本ほどの優越権は認めて居ない。国有鉄道の掲示板に、麗々と英語を書いた独立国は、日本の他《ほか》には近隣に一二ケ国もあらうか。瑞西《スイス》のやうなホテル業本位の国でも、其様な譲歩は辛棒《しんぼう》し得ないやうである。

また、別の箇所には、国際交通の盛んになるにつれ西洋人と対話するためにエスペラントや英仏語のような国際語を習得する必要はあるが、その前に外国語の必要を最小限に制限することが日本の学問の独立に必要であるとして、以下のように続けている。

　故に此趣意を忘れて日本人同士が、エスペラントで話をしたり、文通をして悦《よろこ》んで居るのは是亦相変らずの物ずきで、「新しい女」と謂つて居たのをモダーンガールなどゝしやれたり、島崎藤村《しまざきとうそん》君が老嬢といふ語をこしらへたのを、わざわざオールドミスなどゝ有りもせぬ英語に変へてみたりして、流行させるやうなものだ。練習の為なら別の話だが、日本人と日本人とで他の語を使ふなどは、笑つても笑ひきれぬほどべら棒のことだと思ふ。…（中略）…日本国の文化を、どの点から見ても一流とするためには、国民交通の最も主要なる武器を鋭利ならしめねばならぬ。自ら国語を軽蔑するやうでは、次に来るものは異国趣味に対する屈従だ。国語を愛育しようとするならば、先づ平素から心がけて、正しい意味の言行一致、即ち言ふこと、行ふこと、の間に矛盾なからしめると同じ様に、考へる言葉と説く言葉と書く言葉とをも出来るだけ相近づけて、思ひさへすればすぐに書け、又すぐに人に語れるやうにと力《つと》めて行かねばならぬ。

言語政策史的な観点からは所謂国語純化論と呼ばれる立場からの議論となっている。近いところでは、日本語を通じて入り込んだ漢字語彙を排斥する第二次大戦後の韓国語の例が想起されるが、一般的には国際的地位が未だ十分に確立されていない国語が優勢国家の言語の狭間で独立を志向する態度の一つと理解することができるだろう。柳田の国語純化の姿勢も、一つにはジュネーブ時代の自らの苦い言語体験の反映であったことだろう。また、ヨーロッパで得た言語文化に関する新たな知見が「蝸牛考」に反映したろうことと同様に、国語のあり方に関しても小さからぬ影響を与えた可能性があるだろう。

同じ昭和二年に『日本』新聞に「国語純化運動」と題する短文を寄せているが、内容は「蝸牛考」に関連して全国調査した鳥獣虫魚の方言紹介が大部分となっている。論題と関連して、日本語から旧い言葉が消えて洋語や漢語に変わっていくが、我々は「旧い日本語を大切に保存し、現代に活かし、外国語から駆逐せられぬやうに十分防備しなければなら」ないと述べており、この旧い日本語として例示されているのは「ああとうと」とか「とうざい」といった方言味たっぷりの拝み言葉である。方言については、

言語はすべてのものの根本となるものである。従つて言葉を純化することは今日の日本に於て最も緊要とする運動である。それには先づ方言の運動から初めなければならぬ。そしてこれによつて日本人の弱点を暴露し、心ある人々に恥を抱かしめることが必要だ。さうすることに依つて国語が立派なものになり、国語の文字が発達することになる。

としている。ここで言う「日本人の弱点」が洋語・漢語の

崇拝であることは言うまでもなく、日本人の心情を的確に表現する旧き良き日本語として方言に注目することで、国語の純化を果たしていこうとする柳田の考えが窺われる。この時期、方言と標準語を対立的にとらえず、方言を純化してより良い国語に導くといった純化論もしくは醇化論の理念が学校教育の現場でも広まっていくが、柳田の言説も一つの発端であったろう。

五　近代国語政策に対する柳田の批判

『遠野物語』を著す際に文体については特に意を用いたことだろうが、時代背景にあった国語近代化の状況については柳田の視野に入っていなかったろう。しかしながらジュネーブ以降の柳田にとって国語問題は一国の文化の存亡に関わる不可避のテーマであり、明治後期以降の標準語政策に対する批判と自身の国語観を表明する時がやがてやってくる。それまでは国語学者たちへの遠慮がどこかにあるものの、「言語生活の指導」（昭和一四年（一九三九）『コトバ』一−三）には実に手厳しい批判が述べられている。

> 以前の標準語制定論は、当然に官府権力の発動を予期して居た。それが不可能であつたことは、時がほゞ十分に証明してくれたと私は思ふ。あれ程騒いで四十年、今以て二三先輩の御苦労を些《すこ》しでも軽めることが出来ないのは、則ち元来が出来ない相談であつた証拠と、言ふことができないであらうか。皮肉でも何でもなく、村の学校の子供らの訛りと方言は、屢々臨検の監督官を驚かし、しかも一方にはたゞ世の中の修行によつて、いつの間にか相応に都市に近い物言ひをする成人男女を見かける。乃ちまた制定の全く不必要だつた実証でもあるかと思ふ。

もちろん柳田は標準語の必要性を否定するものではない。同論考中において、地方の言語生活は必ずしも方言と共通語の二重構造ではなく、対外的に必要な場面のみ東京語が使われる一重半状態であり、実際には自然自然と東京語が浸潤して緩慢に一重生活に改良されていくだろうことを指摘する。また、土地の方言が根強く残存し標準語と厳然と対立する鹿児島の女学生の言語生活を取り上げ、教室の中では標準語を、家庭では純鹿児島語を、加えて廊下運動場その他娘たちだけの仲間では標準語と方言が混合したものを使っており、言ってみれば三重の言語生活になっていることについても触れている。この第三の言語は、今日流に言えば真田信治（一九九〇）が説くところのネオ方言の生成ということになるだろう。このような中間状態は標準語教育がもたらした一つの言語実態であり、これを越えて第三の言語さえ罰札を用いて禁じようとする当時の沖縄の教育方針を厳しく批判している。

標準語の考え方についても、「始めて上田萬年先生が標準語といふ訳字を掲げられた時の用法」にまで遡って、地方の方言が対立する状況において何れかの単語を標準語と定めたことであるとし、方言とは別個の「標準語といふ一種別系統の日本語」や「標準語を正しいもの、一団のかたまり」と観念的にとらえることの弊害を指摘している。

ここにおいて、上田萬年の主導のもとに『遠野物語』と同時代的に進行した国語の近代化に対して、柳田はようやく一つの答えを言明したことになる。そしてそこには、かつての「外国に在る人々に呈す」という献辞とも通底する、日本人全体の言語生活の実際に深く根ざした柔軟で裾野の広い国語観を確認することができる。

〔参考文献〕

岩本由輝（一九八二）『柳田國男―民俗学への模索―』（柏書房）
大塚英志（二〇〇七）『怪談前後―柳田民俗学と自然主義』（角川書店）
真田信治（一九九〇）『地域言語の社会言語学的研究』（和泉書院）
佐野比呂己（二〇〇四）「柳田国男の標準語観」『解釈』五〇-五／六（解釈学会）
佐野比呂己（二〇〇七）「柳田国男・国語観形成の一側面」『解釈』五三-一／二（解釈学会）
山本正秀（一九六五）『近代文体発生の史的研究』（岩波書店）

特集 東北日本と『遠野物語』

折口信夫の「非短歌」と東北採訪

松本博明

一　はじめに

折口信夫は昭和五年（一九三〇）から九年（一九三四）にかけて、五回にわたって東北地方を訪れた。

それまで東北に足を踏み入れなかった折口が、何ゆえその禁を破って東北の地を踏み、以後まるで堰をきったように東北を旅して歩いたのか。

その理由の一端については、折口の民俗事象に対する相対の姿勢、つまりは方法論と調査手法の問題に関わる柳田國男に対する親和と相克のない交ぜになった感情を基礎にして、『古代研究』刊行を境にした折口民俗学の自立という観点から論じたことがある(1)。

しかし、その後この一連の東北採訪が、単に民俗学に対する彼の向き合い方の問題にとどまらず、作品製作の場においても重要な転機をもたらしたのではないかと考えるようになった。昭和五年にはじまるこの旅はその後毎年のように続けられるが、その見聞が作品化されていくのは、昭和七年（一九三二）の短歌連作「津軽」が最初と見られる。それを機に昭和九年から一〇年（一九三五）にかけて、折口は震災直後に「砂けぶり」によって一度挑戦した「非短歌」と称する詩形作品を改めて試みている。「水牢」「貧窮問答」「東京を侮辱するもの」といった作品であるが、やがてそれは『古代感愛集』に収録されることになる一連の作品に見られる新たな表現形式を一方で選び取っていく中で、自らの血肉としてある短歌様式を根底から突き動かす「生活」「思想」「詩発想」の盲動として意識化されていたのではなかったか。

昭和五年からはじまり昭和九年まで続いた東北採訪、そこでの見聞と実感が彼の作品製作とその理論にどのように抱え込まれ、後の折口作品の展開を促しそして意義を決定づけたか。本稿では、その前後における折口の記述と作品のありかたを検討しながら、その道筋を辿ることにしたい。

二　折口信夫の東北採訪

折口信夫の数次にわたる東北採訪の過程を、その時期東北地方の社会状況を傍らに見ながら、改めて検証しておこう。

昭和五年八月二九日、初めて仙台以北に足を踏み入れた折口は、花巻温泉に一泊した後、翌三〇日遠野を訪れる。留守宅を守る鈴木金太郎に宛て投函された書簡には、「村のをどりを長時間見せて貰うた」という記述がある。(2)八月三〇日付の『岩手日報』によると、岩手県は折から来県していた秩父宮雍人親王の歓迎一色で、遠野では二九日から県連合青年団主催の各種大会が開かれていた。なかでも多賀座・吉野座では南部囃子など九つにおよぶ演目で郷土芸術大会が催されている。折口は恐らくこの芸能大会を見学したのであろう。佐々木喜善宅に一泊した後、翌九月一日から九月四日まで、喜善を伴い徒歩と自動車を使って北上山地を縦断する。現在の国道三八八号線を北上し、川井から茂市へ入り、岩泉へ、そこから安家、陸中野田へと抜け久慈市鮫の本田旅館に投宿、その後恐山へと到っている。

昭和五年といえば、その前年一一月二四日のニューヨーク株式の暴落に端を発した世界恐慌が、東北の農村を直撃した年である。生糸価格の暴落にひきずられるようにして農産品価格が軒並み下落、米価も前年に比べて玄米石あたり一挙に一〇円近くも下落して、昭和五年一〇月には一九円となった。昭和六年（一九三一）の年明けはさらに下落を続け一七円六五銭の最安値を記録している。(3)米だけでなく現金収入の途であった生糸、木炭などの商品市況も下がり、未曾有の大不況が到来する中で、経済基盤の弱い東北の農家は八方塞りの状況に陥り、娘の身売りや食事を欠く児童の増加が現実化しつつあった。

そんな折、折口は昭和六年八月三一日から二度目の東北採訪。岩谷堂、花巻に一泊した後、沼宮内から小本街道を車で葛巻へ（九月一日）。そこから馬淵川沿いに荒沢口、さらに鈴峠を越えて坂本、安家へと抜けそこで二泊（九月二・三日）。その後久慈・鮫へ出て一泊（九月四日）。翌五日には古間木（現三沢市）から十和田を経て蔦温泉で一泊。六日は蔦から十和田湖の南岸を通って毛馬内（現鹿角市）を経て大館で一泊。その後大鰐、青森を経て九月七日に三厩泊。そこから竜飛崎を廻って小泊、五所川原、秋田へと出ている。

　この採訪で岩泉、特に安家に対しての執着が芽生えたのであろう。折口は時を置かずして同年九月二五日　三度目の採訪。花巻から馬淵へ、再び馬淵川沿いに上って岩泉へ向う。波多郁太郎の日記に「二十三日　先生からお電話、明後日安家へ立つかも知れぬが一緒に行かぬか」、「二十九日　花巻で先生とお別れし」とあるから、二九日までは波多郁太郎と同行。その後、単身馬淵に入ったものと見える。ひと月に続けて二度訪問した理由は、おそらく金太郎宛の書簡に「こんな不思議な絵馬浮世絵の展覧場が、陸中の奥山家にあらうとは思はなかつた。欲しかつたが、へたを言うて、とりかへせぬ事をしてはと言ひ出しぞこねて戻つた。又の機会を考へて……。」(4)とあるように、馬淵川の上流荒沢口の社で見た元禄時代の役者絵を描いた絵馬など、山深い山間地に思いもかけない美を発見した感激だったかもしれない。

　昭和五年から六年にかけての三回にわたる採訪で、この北上高地の地政学的な問題が彼の実感の中に刻み込まれたとみていい。特に昭和六年は九月の訪問であったが、「凩見たいな風でした」(5)「峠向うから霧のあり様で続いて来た雨がいよ〳〵本ぶりになつた」(6)などと書き送っているように、冷涼な夏を肌に感じ、峠越えでは東から押し寄せるヤマセを実見している。

　この年の北東北は春先から湿ったヤマセが吹き付けて雨が多く、育苗期から低温寡照になって、苗の生育が質・量とも落ちた。悪天候によるヤマセは八月まで続き、一端天候が回復したが、再び冷涼な日が続いて、北海道と岩手、青森、秋田の三県は大正一五年（一九二六）以来の冷害に見舞われた。

　東北地方で最も被害が大きかったのは青森県で、減収率四六％、次いで秋田県が一九％、岩手県が一一％であった。数字の上では青森県を除いて決定的な凶作には見えないが、この年の冷害は、前年の大恐慌の余波を受けて農産物価格が暴落、米の価格が大正八年（一九一九）を一〇〇としたる場合昭和六年が三九という状況の中で引き起こされたものだった。米価暴落に冷害による減収が追い討ちをかけ、石あたり平均生産費が二三円一九銭にたいして米価は一八円四六銭と大幅な赤字、農家の借金は雪だるま式に増え、東北地方はまさに農業恐慌というべき惨状を呈していった(7)。こうした事態は秋が深まるにつれて深刻化し、娘の身売り、子供たちの日々の食事にも事欠く状態が日常化する。

在京各紙は、冷害が襲った北東北各県と北海道に特派員を送り、その現状をつぶさに取材、その報告が紙面をにぎわすことになった(8)。当然折口もこうした情報を見つめていた一人であったろう。

折口が歩いた九月はまだその惨状が目に見えるものではなかったはずだが、村人達の様子や冷涼な夏の様子を肌で感じながら歩いた折口には、その情景が当然思い起こされていたであろう。しかし折口はそのことについてはこの段階で一切触れずにいる。まだ折口の中でこの地の状況は必ずしも深い実感として受け止められていなかったところがある(9)。

昭和七年九月　四度目の採訪。岩谷堂から岩手県内を廻り、尻内（八戸）から南下して陸羽東線で鳴子、酒田、鶴岡とたどって秋田で講演。

この年にはじめて東北に取材した連作「津軽」を『中央公論』に発表している。内容から見て昭和六年、青森から三厩を経て小泊、五所川原と津軽半島を一周したときの見聞を基にしたもの。また一二月に『短歌研究』に発表した「猿ヶ石川」は、昭和五年と昭和六年の両方の旅の実感を重ねて創作されたと思われる。作品化まで時間がかかっていること、作品の内容も、人々の暮らしに目は届いているものの、そこに表出されているのはやはり旅の見聞に基づく抒情であって、東北の惨状そのものに対する折口の感慨や思想は歌の中からは感じることはできない。

昭和六年の凶作の影響は翌昭和七年にもおよんだが、昭和八年（一九三三）は一転して大豊作となり、東北地方の農家はつかのまの安堵感を味わっていたが、しかしそれは次に来る大凶作の序奏に過ぎなかった。

昭和九年は早春から異常な気象が続いた。『昭和九年岩手県凶作誌』によると、四月三〇日から五月一日にかけて季節はずれの大雪となり、さらに五月は日照がほとんどなく低温状態が続き、五月三一日に遅霜を記録した。『昭和九年　岩手県凶作誌』には、「七月中旬に入ると共に北方より襲来せる冷気流は、南海上に滞留せる暖気流と抗争して豪雨を醸成し、且つ漸次南下するに及んで本県は其の冷気圏内に包容された為遂に低温となり、稲の生育上最も重要なる七・八両月及び九月上旬に至る間低温・多雨・寡照の悲観すべき気象状態を継続した」とある。[10]宮城、山形北部を含む北東北一帯は、平年比一〇％以上の日照不足になった。こうした気象状態に加えて室戸台風が追い討ちをかけた。九月二一日早朝に高知県室戸岬に上陸した台風は、その後日本海に抜け北上し、秋田県に再上陸、秋田岩手を横断して宮古市北方から千島沖に抜けた。冷害、台風に霜害、雹害などが加わった典型的な複合凶作であった。この年の被害は岩手県が最も大きく、減収率五五％、青森県、山形県が四六％という惨状で、特に中山間地に被害が集中した。岩手県では県内二三六町村のうち減収率が三〇％未満ですんだのはわずか一二町村、残りの町村はすべて六〇％を越える減収率というありさまであった。[11]

一方この年の米価は、端境期の四月になって急騰した。借金返済のために飯米までも売り払っていた農家は、自ら食べる米を買うことができず、苦境に陥った。そこを襲った冷害である。

在京各紙が昭和六年と同様特派員を派遣、この冷害の現況を報じ始めたのが一〇月頃。一部新聞は八月頃から米価の高騰と農民達の苦境を伝え始めてはいたが、凶作が現実のものとなると、『東京日日新聞』が一〇月二八日付け朝刊で東北振興会が大凶作救援のための義金募集に着手した事を伝えたのを嚆矢に、一一月は東北救援の大号令記事が紙面をにぎわせることとなる。

一一月九日付けの『東京日日新聞』が「過去一年間に六万人が離村　売られ行く東北の娘」と娘の身売りが顕在化していることを報道、その後各紙連日婦女子の身売りや悪徳斡旋業者の所業などが報じられた。[12]

折口信夫が、「水牢」を『短歌研究』に守谷豹司の名前で発表したのはそんな状況下、昭和九年の一〇月であった。「水牢」は、口語対句形式を一聯とし一三聯から成る作品である。関東大震災後に試みられた「砂けぶり」が四句をもって一聯とするのと異なり、折口にとっては初めて試みる形式であった。

「水牢」発表の翌月、昭和九年一一月、折口は北東北へ五度目の採訪に旅立つ。仙台での講演の後、平泉で延年舞。大迫で大償、岳の早池峰神楽を見学、石鳥谷へ出てそこで同行していた北野博美、西角井正慶と別れて八戸へ。その後しばらく津軽半島を歩く。この旅は今までと異なって、一一月、まさに北東北が凶作の惨状を全国に訴えかけているそのさなかの訪問であった。

一一月の訪問は仙台での講演予定にあわせてのものだったが、仙台から帰らずにそのまま北東北を歩いて回ったことは、偶然とはいえ刈上げの時期に訪問したこととあわせて、凶作の状況をつぶさに実感するという決定的な経験を折口に与えた。歩行のさなか出精村の仏師に水虎像の複製を依頼したのはこの年である[13]。

三　再び「非短歌」へ

釈迢空の短歌創作史を概観すると、三回に及ぶ短歌形式からの離陸の試みを確認することができる。

一、「砂けぶり」の時代（大正一二年（一九二三）から一四年（一九二五）にいたる頃）
二、「水牢」「貧窮問答」「東京を侮辱するもの」から「追悲荒年歌」を生み出すに至る時代（昭和一〇年頃）
三、『日本雑歌集』『迢空歌選』刊行と『歌虚言』編集の時代（戦後昭和二一年（一九四六）頃）

折口の短歌形式あるいはその本質に対する懐疑は、夙に「和歌批判の範疇（一）（二）（三）」（明治四二年（一九〇九）五月・一一月、明治四三年（一九一〇）四月）と、その論考をさらに展開した「言語情調論」（明治四三年稿）に述べられる、短歌様式に関する言語学的追求にその初発を見ることが出来る。短歌を形式・内容の一元論的立場から分析する過程で得られた認識によって、三一文字という字数の定着とそれを読み下す際に抱えてしまう特殊情調に短歌の宿命的問題点を見出していた。さらには短歌が本質的に抱えてしまう抒情味、さらには作者の事実に対する甘えや「読者の生活が訣つてゐるところから来る変態な観賞」[14]に、折口は短歌形式の限界を感じていたのである。

大地震の当時には三十一文字の歌を作る気分になれないで、四句一聯の短歌的小曲とでもいつたものが、自然に胸を溢れ出るやうに五十首も出てきたと思ふ。(15)関東地震のあつた翌々日夜、横浜に著いた。上陸したのは、其翌正午だ。道々酸鼻な、残虐な色々の姿を見る目を掩ふ間がなかつた。歩きとほして、品川から芝橋へかゝつたのが黄昏で、其からは焼け野だ。自警団の咎めが厳重で、人間の凄ましさあさましさを痛感した。此気持ちは三ケ月や半年、元通りにならなかつた。かうした様式の歌の出来たのも、其時であつた。(16)

挙げていけばきりがないほど、後にいう「非短歌」様式に対する言及は多い。大地震によって激烈に作者の心に印象した人の「凄ましさ・あさましさ」を表現するには短歌はあまりにも抒情味をまといつかせすぎ、「時代の口」としての力を失っている。「砂けぶり」は、こうした抒情からの離陸という意志に支えられて、文学として人々の生活を激しく揺さぶる出来事に作者が遭遇したとき、「悲しみの心踊り」を喜びとともに作品内に抱え込む力、悲劇精神、悲劇のために緊張するという心の姿を表現する器を取り戻すための、いわば「盲動」から発するやむにやまれぬものとして誕生したのであった。(17)

しかし折口はこれら一連の作物を「概念的なものになり、回顧いってんばりになつて居る」(18)として打ち捨てることとなる。捨てるといってもそれはことさらのものではない。藤井貞和氏が「詩の成立」(『折口信夫の詩の成立』所収)の中で「「砂けぶり」に見せた短歌からあふれ出す「非短歌」のいきおいを、短歌そのものへとって返すためのエネルギーに一旦し尽している」(19)と指摘したように、「砂けぶり」については、それが新たな様式への「固定」を見ることなく、短歌の問題に戻ったにすぎない。折口の意識は「不甲斐なく地震の印象を喪失して了つたものが、日本人の幽霊《ゴウスト》たる短歌の本質的な味ひに未練を取り戻して来た」(20)ということになる。この「味ひ」こそが、『海やまのあひだ』に旺盛に示されるひそけさ、かそけさという用語に代表される「生の悲しみ」を見つめる観照態度であったということになろう。しかしその歌集の追い書きにも、

　私は、かうして、いろ〳〵な休止点を表示してゐる中に、自然に、次の詩形の、短歌から生れて来るのを、易く見出す事がで出来相に思うてゐる。(21)

とあって、短歌から新たな詩形へと赴く意志がまだ潰えていないことを吐露している。むしろ、折口の志向していた問題意識は、新しい文学様式の発生であり、それは短歌様式を基盤にしてなされるはずのものだと言う見通しからすれば、短歌から「砂けぶり」への道、すなわち彼の短歌と非短歌との往還はいわば必然であったと言うべきであろう。

　折口は決して短歌・非短歌どちらかの様式に固定させることを求めていたのではない。むしろ「どのみち、創作は盲動でなければならない(22)」「一寸新しい歌をやつても、今までの歌から得て来た喜びを失つてしまふから、また後戻りして了ふ。かういふことを繰り返し〳〵してゐるうちに、何かゞ出来てくる。(中略)最も力強いものは、盲目滅法動いてゆく時に生れる……もがいてゐるうちに何かゞ生れてくる(23)」というように、形式はたまたま後になって付いてきたに過ぎない。折口が求めていたのは、まさに「時代《トキ》の口」であり、地震という未曾有の社会的出来事に遭遇したときに、それに向き合う文学がいかに新たな生活心理を開拓するか、その力であった。

　「歌の円寂するとき」(大正一五年七月『改造』第八巻第七号)、「歌の円寂する時　続篇」(昭和二年(一九二七)一月『近代風景』第二巻第一号)ほかこの時期の折口の短歌滅亡論は、滅亡を積極的に予期、受容したものでは決してなく、短歌から生み出される新たな文学への呪詞とみるべきであろう。

　そして、昭和一〇年。折口の短歌からの離陸の試みは、度重なる東北採訪において見聞した北の台地の人々の悲劇をきっかけにして再び顔を覗かせる。守谷豹司の名で発表される三つの作品「水牢」「貧窮問答」「東京を侮辱するもの」が、「砂けぶり」の時代に放棄した「時代の口」への盲動を改めて折口に促した作品といえる。その証左に、既に引用しているように、折口はこの作品発表に前後して再び短歌形式への疑問と新たな詩形への呪詞を改めて口にし始めている。それは明らかに、プロレタリア短歌に代表される作品への批判と、東北大凶作を始めとする農民達の痛苦に付き合うことであった。

三つの「非短歌」作品の自注とあわせて見ると、この作品がいかに東北の悲劇と関わっているか、悲劇に律動した折口の盲動の姿を見ることが出来る。

昭和九年一〇月「水牢」発表。

中産の家に生ひ立つたものの謂れない軽侮を跳ね返す気持ちが出ていれば、満足である。(24)

昭和一〇年一月「短歌将来の形式に関する一つの暗示」発表。

それ等の人たち（筆者注＝短歌新興主義諸派の階級生活に主題をおいた作者群）が、階級生活或は、地方生活の歴史に対して、甚しく認識不足であつた点が、作物を極めて搏力の弱いものとしてゐるのだ。今年の東北数県に於ける、所謂冷害問題を取り扱ふ新聞記者たちの観察力を註釈とすれば、かうした傾向の作家の、根本に於ける理会力が思はせられる。(25)

昭和一〇年三月「貧窮問答」発表。

昭和五年以後、屢奥州・出羽へ行くやうになつた。殊に農村荒廃の噂の高かつた地方ばかりを、偶然にもあるくことが多かつた。さうして、東京での報道や議論が、かなり空なものだと知つた。寂しいのは昔からであり、荒れてゐるのは、土地自体の歴史的事実だつたことを思うて、事好む人たちの実の無い済世論は、竟に細民生活と、没交渉なることが告げたくなつた。(26)

（後略）

昭和一〇年四月「東京を侮辱するもの」を発表。

昭和一〇年一一月　連作「凶年」を発表。

短歌様式から再び新たな詩形への模索、そして往還は、東北の大凶作による北の台地に生きる人々の悲劇に強く促されてのことであり、しかもそれを十分に受け止められない不甲斐なさは、「水牢」に登場する「中産階級」の教授の姿に仮託されている。文学者としてこの悲劇をどう表現するか、その模索の中に、再び「非短歌」が試された。その形式は「砂けぶり」とはずいぶんと異なるものになっているが、守谷豹司という名で発表された二句相対詩形というままでにない形式で発表された作品は、やがて「追悲荒年歌」を生み出し、それが『古代感愛集』の冒頭を飾ることになるのは、決して偶然ではないのである。

「追悲荒年歌」の自注に彼は次のように記す。

初めて（？）発表した長歌。昭和十年。『短歌研究』「しずけき空」の中。反歌は、後に加へた。此前年、東北凶作の事、頻りに新聞に伝へ、虚実常に相半して居た。だが、奥州の農民の貧寒に苦しむ事は、菊多・白河の関より奥に、空閑《クウゲン》を開いた昔からの事で、経済世態が進むにつれて、痛苦の激しく感じられるのは、当然である。其を思ふと、生を其国々の而も、水冷かに山掩ふ里陰に生を享けた人々を、いとほしまずには居られない。此歌は、数度漂遊した印象から出た空想である。(27)
（傍線筆者）

東北での見聞、大凶作に見舞われた東北をいとおしむ心、それをいかなる様式で表現しようとしたか、その盲動の先に、初めての長歌様式が生み出された。「初めて」のあとに付された「（？）」は、折口の模索の歴史を物語っているだろう。

注

（1）拙稿「昭和五年の折口信夫―東北・新野採訪の意味―」（『國学院雑誌』第九九巻一一号、一九九八年一一月）

（2）新編集決定版『折口信夫全集』（以後『新全集』）第三四巻（中央公論社、一九九八年八月）、一四二頁

（3）日本農業研究会編『日本農業年報』第一輯（改造社、日本農業研究会、一九三二年九月）。なお本稿で利用した当該年度毎の農業関係統計データはすべて本誌に拠る。

（4）前掲注（2）一四八頁

（5）前掲注（2）一四七頁

（6）前掲注（2）一四九頁

（7）前掲注（3）。宮沢賢治は昭和六年の冷害について、七月の段階で予想を出している。その予想は『岩手日報』昭和六年七月一〇日付朝刊に「本年稲作は平年作以下か―宮澤元花農教諭予想を発表」として取り上げられているが、この記事で七月初旬における稲の分蘗状況を調べた結果のこととし、「殊に昨今の朝夕の冷気が稲作上頗る有害である」と云うコメントを述べている。賢治の『グスコーブドリの伝記』はこの昭和六年の冷害を題材として創作されたもの

と考えられる。

(8) 無明舎出版編『新聞資料　東北大凶作』(無明舎出版、一九九一年六月)には当時の新聞各紙の紙面が再録されている。

(9) 折口信夫の東北採訪の旅のメモが残されている。一部は「東北採訪手帖」(昭和五年)として解読『新全集』第三六巻に収録されているが、まだ未解読のものが大量に残されている。

(10)『昭和九年　岩手県凶作誌』(岩手県、一九三七年一二月二〇日)一頁

(11) 前掲注(10)四〇~四三頁

(12) 前掲注(8)三八~九一頁

(13) この水虎像は、大井出石の寓居の玄関に安置され、折口によって手厚く祀られていたことはよく知られる。その心意の背後に、空閑を開いたときから貧苦と度重なる凶作に見舞われ、命落とした東北の農民達への鎮魂の思いが籠められてはいなかったか。

(14) 折口信夫「「時代《トキ》の口」出現への要望」(『短歌雑誌』第一三巻第八号、一九三〇年八月)、『新全集』第二九巻、一七五頁

(15) 前掲注(14)一七五~一七六頁

(16) 釈迢空「砂けぶり」自注(『短歌文学全集釈迢空篇』、一九三七年一月、第一書房)、『新全集』第三三巻、四六九頁

(17) 折口のこうした様式に対する向きあい方は、当然震災後の日本の歌壇、詩壇、文壇の動向と無縁ではない。短歌における新興短歌・プロレタリア短歌の興隆、詩における様式改革の機運などとの交錯は当然考えなければならない。このことについては続稿を用意したい。

(18) 釈迢空「砂けぶり(二)」自注(『短歌文学全集釈迢空篇』、一九三七年一月、第一書房)、『新全集』第三三巻、四七二頁

(19) 藤井貞和『折口信夫の詩の成立』(二〇〇〇年六月、中央公論新社)二八頁

(20) 折口信夫「短歌小論」(『日本短歌』第三巻第一号、一九三四年一月)、『新全集』第二九巻、二〇八頁

(21) 釈迢空「この集のすゑに」(『海やまのあひだ』一九二五年五月、改造社)、『新全集』第二四巻、一二四~一二五頁

(22) 折口信夫「本質に触れた改革」(『短歌春秋』第四巻第四号、

一九三四年四月)、『新全集』第二九巻、二四三頁

(23) 折口信夫「短歌小論」(『日本短歌』第三巻第六号、一九三四年六月)、『新全集』第二九巻、二一五頁

(24) 釈迢空「水牢」自注(『短歌文学全集釈迢空篇』(一九三七年一月、第一書房)、『新全集』第三三巻、四四七頁

(25) 折口信夫「短歌将来の形式に関する一つの暗示」(『日本短歌』第四巻第一号、一九三五年一月、後『短歌文学全集』に再録)、『新全集』第二九巻、二七〇頁

(26) 釈迢空「貧窮問答」自注(『短歌文学全集釈迢空篇』(一九三七年一月、第一書房)、『新全集』第三三巻、四六一頁

(27) 釈迢空「追悲荒年歌」自注(『短歌文学全集釈迢空篇』(一九三七年一月、第一書房)、『新全集』第三三巻、四七五頁

付記:本稿は全国大学国語国文学会(二〇〇七年一二月二日、盛岡大学)において発表した内容を大幅に改稿し、新たな知見を加えて日本近代文学会東北支部研究発表大会(二〇〇九年一二月一二日)において改めて発表したものです。席上いただいたご指摘に基づいて、再び加筆いたしました。貴重なご意見を賜った先生方に感謝申し上げます。なお「非短歌」の作品分析とその短歌史・詩史的検討は、別稿を用意するつもりです。

特別寄稿

佐々木喜善と見世物

内藤正敏

一　河童、曲馬団、山男

上郷村の何某の家にても河童らしき物の子を産みたることあり。確なる証とては無けれど、身内真赤《ミウチマツカ》にして口大きく、まことにいやな子なりき。忌はしければ棄てんとて之を携へて道ちがへに持ち行き、そこに置きて一間ばかりも離れたりしが、ふと思ひ直し、惜しきものなり。売りて見せ物にせば金になるべきにとて立帰りたるに、早取り隠されて見えざりきと云ふ。

『遠野物語』（五六）に載る話で、上郷村の或る家で、「河童らしき物の子」を産んだので、道ちがえに持って行って棄てた。しかし、売って見世物に売れば金になる、と思い直してひき返してみると、もはや何者かに取り隠されいたという。道ちがえは、村境にある別れ道。追分や辻で、疫病送りや虫送りをする異界との境界。ここへ「河童らしき物の子」を棄てたら、姿が消えていた、というのは、異界の子は異界のモノにつれていかれたという点で伝統的な民俗心意である。しかし見世物に売れば金になる、という発想は、いかにも都会的な感覚で、一見すると遠野みたいな純朴な山村には似つかわしくないように思われる。しかし『遠野物語』に「山奥には珍らしき繁華の地なり」とあるように、遠野は、釜石や大槌などの海岸部と花巻や盛岡などの内陸部から運ばれる物資の交易地として栄えた南部藩の城下町で、商品経済と共に文化も流入し、見世物のような旅芸人も入りこんでくる場所であった。

『遠野物語』の原話を柳田国男に話した佐々木喜善は、「見世物追憶」という興味深い見聞を『風俗資料』第三冊（昭和五年六月十五日）に書き残しており、『佐々木喜善全集Ⅱ』（遠野市立博物館、一九八七年）に収録されている。その中で、河童の見世物についても書いている（以下、引用はすべて抄録して紹介する）。

村の鎮守の祭礼の時に、旅の見世物で「河童」というものが来た。およそ三尺径ぐらいの桶（ハンギリ）に水をはり、丹波の国で生け捕られた河童が飼われていると言って、時々水面に浮かび出て顔や体の一部を見せた。その河童は、頭には皿があり、髪はおかっぱ、眼はギロリとして口先はとんがり、河童の絵に描いてあるような格好をしていた。時々手だけ水から出すのを見ると、水掻きもあり、大きさは赤ん坊より少し大きくて青黒かった。村の若い衆たちが、河童の正体を見届けようとたくらみ、酒を飲んで酔っぱらったふりをして喧嘩をはじめ、間違ったふりをして河童の大桶をひっくり返すと、桶の下が空《うつろ》になっており、十三、四歳の小娘が潜んでいて小糸を操っていた……（「河童」）。

この河童の見世物は大層評判だったので、佐々木も見に行ったが、「馬鹿馬鹿しくて見ていられぬような物だった」と記している。伊藤晴雨の『江戸と東京　風俗野史』（国書刊行会、二〇〇一年）に河童の見世物の仕組みが「いかさまの見世物」として、絵入りで説明されている。四斗樽に水を張り、樽の横に小さな穴をあけ、そこに糸を通して、水に浮かべた瓢箪の口に結びつける。瓢箪に毛をバンジャク糊で貼り付けてあり、糸を引くと毛が沈み、糸を戻すと毛が浮き上がる。これが河童の頭のように見える……。

こうしたインチキ臭いトリックものの見世物をガマシネタという。ガマシとは、ダマシという意味で、古いガマシネタの一つにロクロッ首がある。河童の見世物は、カッパ小僧の名で興行され、見世物師の符牒でズンブリコという。カッパ小僧そのものの仕掛けは同じだが、河童が樽の水から頭をピョコリと出して、言葉をしゃべった。これは竹筒を裏の方に通してヨシズとか杉の葉などで隠しておき、裏のネタバに隠れた人間が竹筒を通してしゃべる。この時、カッパ小僧の横で口上を語る役が符牒でネタバに教えるので、客が眼鏡をかけているとか、手さげをもっているとか当てた。河童と似た見世物にドビンサンがあった。これはふつうのお茶をつぐ土瓶を竹につるしておいて、土瓶が人間の言葉をしゃべるというもので、仕掛けはカッパ小僧と同じである。

佐々木が遠野で見たという河童の見世物は、素朴なガマシネタだったが、盛岡には大掛かりな曲馬団（サーカス）も来ており、佐々木は、偶然、空中ブランコの死亡事故を目撃している。

盛岡市の桜山神社の祭礼にかかった曲馬団を見に行った時、小屋の一番高い所に仕掛けたブランコに十一、二歳の少女がぶらさがり、それに四十歳ばかりの大男が飛びついて、体を尻上がりにブランコの横木に足を引っ掛けようとした時、力がたりなかったのか少女が手を放したため、二人ともおよそ五、六十尺の高さから下の敷板に落ち、異様な物恐ろしい音でうちつけられた。男は唸り声を出して背中を弓のように反らしてひっくり返り、担架で運ばれていったが、午後には落命した。少女のほうは五、六尺跳ね飛ばされたが助かり、午後には、一本のハリガネを張り渡した上を下駄をはいて傘をさして渡る芸をしていた。その後、この曲馬団は不幸続きで、団員の娘二人が土地の青年と何所かへ姿を隠したり、ライオンが病死したりして惨憺たる状態で去っていった……（「曲馬団の死人」）。

この曲馬団は、空中ブランコやライオンを使った本格的なサーカスの興行をおこなっているが、日本のサーカスに大きな影響を与えたのは、明治十九年（一八八六）に来日したイタリアのチャリネ大曲馬団で、明治三十年代（一八九七～一九〇六）から、チャリネの弟子・山本精太郎の日本チャリネ一座や松村曲馬、益井商会興行部などが全国巡業するようになった。佐々木喜善がこの曲馬団を見たのは「丁度十年計り以前のこと」と記しており、この原稿を書いたのが昭和五年（一九三〇）なので、大正十年（一九二一）頃には、こうした大掛りなサーカスも東北地方を巡業していたことがわかる。サーカスの東北巡業とは逆に、遠野の人が北海道の見世物に出稼ぎに行った例についても喜善は書いている。

先年北海道に博覧会があった時、連れの者が宿屋に帰ってきて、今日珍しい山男の見世物を見てきたが、その山男は村の豊松だった、と話した。そこで翌日みんなで見に行くと、その山男の見世物小屋は、天勝の奇術、剣舞、アイヌ娘の追分手踊、熊祭り、動物園など、種々雑多な小屋が建ち並ぶ中にあった。山男は、髪を長くして、顔は黒い垢だらけ、炭灰でも塗ったものか凄いばかり、口は耳の根元まで隈取をしている。口上役が言うには、側に寄ると乱暴するから近づいてはならぬ、茶碗でも皿でも何でも食う、鶏でも何でも生食いをするという。山男は、茶碗や皿などを幾枚もがり歯で噛み砕いてみせ、檻をがたがたと揺るがしたり、とんでもない大声を出して叫んでみたりしたが、よく見ると四、五年前に村から北海道に渡った豊松という男に相違なかった。豊松に気づかれないように帰って来たが、その翌日に見に行った連中がおり、見終わって外に出ると、山男になっていた豊松が気の利いた風采で小屋の外で待っており、「久しぶりだった。どうもこの二三日前から村の人達に来て見物されるので気が気でなかった。国へ帰っても俺がこんな職業《しょうばい》をして居るということを話さないでくれ」といって、近くの料理屋でおごってもらって帰って来た……（「山男になった村の男」）。

二　蛇使いの女

この豊松が演じる山男や盛岡の曲馬団、遠野の河童の見世物は、佐々木が実際に見物したものだが、遠野の若者たちが峠の茶屋で会ったという〝蛇使いの女〟についても書いている。

和山峠の茶屋で二十五、六ばかりの美しい旅の女が休んでおり、「実は蛇使いだから一芸見物して下さりませんか」と話しかけてきた。見料五十銭でいいと言うところを若者たちが一円出すと、女は傍らの風呂敷から小さな行李を出し、その中から二尺ばかりの烏蛇のような黒い蛇を出し、はじめは愛玩でもするように手中で弄んでいたが、そのうちにふところに入れ、着物の裾をまくって、内股から這い出させた。（以下、微妙なので原文を引用する）。

其の女はこれから本芸なんですよと目許《めもと》で笑ひながら而してさあさ熟《よ》くお気をつけて御覧なさいと云つて、其蛇を指でつまみ上げて自分のVagina の中に徐々と差し入れて遣りました。そして凡そ六七寸ほど入つた時に、何の仕掛けもありません正真正銘に此の通り此所にenigo して居るのです。よく御覧なさいませと云ふて、頻りにtalio を振りますと蛇は垂れ下つて白い腿をどす黒い体でぴたぴたと打たせたと云ふ、とても珍しい見世物だつたと申します……（「蛇使ひの女」）。

山中で会った美女の蛇使い……。どこか佐々木が心酔する泉鏡花の『遠野物語』版といった妖しげな雰囲気をもつ。ちなみにVagina は英語で膣。佐々木は柳田国男の影響で国際共通語のエスペラント語の普及に務め、宮沢賢治ともエスペラントで交流していたことは拙著『東北の聖と賤』（法政大学出版局、二〇〇七年）で詳述した。そこで日本エスペラント学会発行の『エスペラント日本語辞典』『日本語エスペラント辞典』で調べてみたらtalio はエスペラント語で腰。enigo は不明、ただし似た単語でeningigo（挿入、おしこむこと）があり、佐々木はこの意味で使ったと思われる。話の核心部分に英語やエスペラント語で下品にならないように配慮をしているが、内容は猥褻でいかがわしく、若者たちが酒飲み話に尾ひれをつけて語っている姿が浮かんでくる。ところで佐々木は、この〝蛇使いの女〟の記事の最後に、『嬉遊笑覧』に書いてあると注記して、次のような話を紹介している。

「斯云ふ蛇使ひの事は昔からあつたと見えまして天正年中（今から三五四年前）に既に其の事の記事があると謂ひます……」として、蛇使いの蛇は捕えた時に、木綿のキレで逆さまにしごくと鱗の刺がとれ、木綿ギレを蛇の口に詰めて引き出せば歯が取れて、蛇は力なく弱って自由に使えるようになる。そして餌は鶏卵を解き匙で少しずつ与えて飼う……。

『嬉遊笑覧』は、江戸時代の百科全書といわれ、風俗習慣、料理、動植物、芸能などを和漢の古書をひきながら記述してあり、民俗学や芸能、風俗の研究に欠かせない文献資料である。怪しげな蛇使い女の噂話を単なる面白い話として聞き流しているのではなく、『嬉遊笑覧』を読んで考察しようと試みている佐々木喜善の姿に注目したい。

ところで佐々木は、蛇使い女の記事が天正年間（一五七三〜九二）に見えるとしているが、これは『嬉遊笑覧』に「虵つかひハ『尤草子』うるさき物。虵つかひ犬のつるみたる云々あり……此草子にハ天正中のことも見えたり……」という記事によっている。しかし朝倉無声の『見世物研究』（思文閣出版、一九七七年）によると、蛇使いのことを書いた古い記事は寛永九年（一六三二）版の『尤の草紙』の「うるさき物……蛇遣ひ犬のつるみたる……」で、見世物の蛇使いが勃興するのは延宝年間（一六七三〜一六八一）からであるという。

延宝七年（一六七九）版の『俳諧富士石題』に「霜寒し渡世の枯野蛇遣ひ」、延宝八年（一六八〇）版の『江戸向の岡』に「札銭の穴を出にけり蛇つかひ」など、蛇使いを詠んだ句がみえ、天和二年（一六八二）の『天和笑委集』に「見る目もうるさし差合ひ知らぬ蛇女、こはし危し恐ろしき見世物……かれこれ都合十五軒」とあり、蛇使いの見世物小屋が十数件も並んでいたようだ。朝倉はまた、八十二歳の老人から聞いた話を書いている。蛇使いは、蛇をつかう巧拙よりも女太夫の美貌によって決まり、巧みな女太夫は、蛇を口の中に入れたり、陰門に出入りさせて見せたという。

ところで佐々木の「見世物追憶」には、「蛇呑みの女」という題で、別な〝蛇使いの女〟についても書いている。


或る年の秋季の九段の招魂祭の時のこと、〝蛇使いの女〟の見世物を見た。その蛇を使う女は、二十歳ばかりの色白の小奇麗な女で、五尺四方ほどの赤毛布の縁囲いの中にいて、何やらかしましく喋っていた。女のいる囲いの内には黒蛇、赤蛇、縞蛇、青大将が大小無数にうようよと縦横無尽に這いまわっており、女の内股、膝の下から、ふところから袖、首、頭髪の間、身体中どこもここも蛇のいないところがないありさまだった。

その女は、膝頭のところを這いまわっている蛇の中から三尺余りの青大将を一匹取り上げて、自分の乳を飲ませはじめた。女の乳房は小鹿のように可愛かったが、毎日毎夜そんなことをするので、蛇歯のために赤爛れており、白色の膏薬が塗ってあった。それを静かに剥がして、蛇の口をもってゆくと、蛇は飢えているように乳房に吸いついた。そしてだんだんと体をだらりと長く伸ばして、うっとりと眠ったようになった。やがて、乳房に恍惚として吸いついている蛇を、女は静かに取り離した。すると乳汁の白い液と赤い生き血がほとばしるように出て、白い肌の上にさっと糸をひいたのは少なからず凄艶な光景であった。

それが終わると、今度は数多の蛇の中から二尺ばかりの縞蛇を取上げ濡れ手拭いで、蛇の体をさっと一扱きした。そして蛇の頭の方からそろそろと自分の口に入れはじめた。女の顔は見る見る赤くなっていった。それにつれて蛇の体がだんだんと寸尺が詰まっていき、最後には、細い釘端のような尻尾だけが赤い唇の間からわずかに出てビクビクと振れ動いていた。芸がそこまでくると、女はゲエッと吐くような真似を二、三度すると、どうしたものか先に入った蛇の頭の方が白い歯の間から少し現れた。するとその頭を取って口の中からズルズルと引き出した。蛇の体にはぬらぬらした唾液が粘着していた……（「蛇呑みの女」）。

この〝蛇使い女〟を見た佐々木は、「全く言語に絶した実に文字通りに顔を蔽ひ、脇に唾をはかねばならぬ場面」であり、「美しい若い豊艶な女と女の肌、そして青黒い一筋の蛇」という見世物を、「一度は見たことがない人には一寸想像もできない異様なものであつたと謂ふより外に語がないやうで御座います」と、その驚きを記している。この見世物がかかっていた九段の招魂祭というのは、靖国神社の秋季大祭のことで、春季大祭と共に見世物小屋が並んで賑わった。

三　女ターザン、生人形

蛇使いは最近まで健在で、私も昭和四十五年（一九七〇）に浅草の見世物小屋で、はじめて見た時の衝撃は忘れられない。浅草の花屋敷の前に、稲村劇場という見世物小屋があり、西村興行の「女ターザン」という見世物がかかっていた。

女ターザンは、まずローソクを燃やして熔けたロウを口に流し込み、ローソクの炎めがけて吹きつけて大火炎をあげる「火炎の術」、クサリを鼻の穴に入れて口から出す「クサリ通し」の後、蛇使いの芸になった。蛇使いは、生きた蛇をシッポの方から鼻の穴に入れて口から出し、頭とシッポを左右の手で持って鼻に通したままミエを切り、頭を持って鼻からひっぱり出す。蛇使いは、見世物師の符牒でマキツギというが、マキとは蛇、ツギは使うという意味である。この後、生きたニワトリを食べてしまうパサバラシの芸がおこなわれていた。

見世物には現代芸術が失くしてしまった表現の根源的エネルギーがある。私は、見世物の迫力にすっかり魅せられ、毎日、稲村劇場に通いつめ、「女ターザン」の芸を写しつづけた。そして一九七〇年七月、ホウズキ市にあわせて、見世物小屋の前に全倍判の大型写真を約三〇枚吊り下げて、「見世物看板大写真展」という個展を開き、その後、見世物の一座と共に東北地方を巡業の旅をした。

現地に着くと、寺社の境内のはずれに、まず自分たちの泊まる小さなテント小屋を作る。これをカンタンバを切るという。カンタンバができると、女の太夫さんたちが食料の買出しや食事の用意にとりかかり、親方はじめ男たちは大きな見世物小屋作りにとりかかる。多くは親方の奥さんや娘さんが太夫や口上役をしているので一家総出の労働となる。蛇を鼻から口に通す女の太夫さんも普段は炊事洗濯をする普通の女性である。それが舞台に出たとたん、「深山幽谷をおのが棲み家となし、蛇や蛙を食料とし、生きた蛇、生きたニワトリを食べなければ生きてゆけないというお姉さん……」といった口上のように、人間とも野獣ともつかない役になりきってしまう。ニタリと笑って観客のほうに近づくと、観客が思わず後ずさりして逃げまどう。佐々木喜善が北海道の見世物小屋で見た遠野の豊松も、まじめに山男の役を演じていたのである。

ところで佐々木喜善が靖国神社の見世物小屋で、「蛇呑みの女」を見た時期については書いてないのではっきりしないが、学生時代を東京ですごした明治の終わりごろの話ではないかと思われる。その頃、見たという珍しい見世物についても書いている。

明治四十何年かの時代、巣鴨の宮下という寂しい畑の中の農家の座敷に間借りしていた。近くの神社で祭礼があり、宿のお嫁さんに誘われて神社に行ってみると、もう遅かったためか、その森の中の暗い境内の社殿の所に小暗い灯がぽっかり点いているだけ、あたりは深静《しん》としていた。ただ木立の陰に四、五人の人だかりがあるので、何だろうと思って行ってみると、それは安達ヶ原の鬼婆が産婦の腹を解いて赤子を引き出し食っている場面の、よくある彼の人形だった。森の中の古い社の真夜中に、その人形が見物人もいない所でそんな芸を演っているのは、ちょっと類のない不気味な鏡花式のものであった……（「人形の怪異」）。

深夜の神社の境内で、鬼婆が産婦の腹を切り裂いて赤ん坊を取り出す見世物の人形を見て、泉鏡花の小説のような幻想的な光景だったと驚いている。この時、佐々木が見たのは、見世物の「生人形」である。

生人形は、イキニンギョウと読み、活人形、生偶人、活偶人とも書く。生人形の見世物は安政年間（一八五四～一八六〇）に全盛期を迎えたが、生人形造りの名人・松本喜三郎が活躍する。安政二年（一八五五）、浅草奥山にかかった松本喜三郎の「鎮西八郎島廻り生人形」は、生けるがごとくリアルな人形造りの技術で大評判となり、まるで生きているような存在感で観客を驚かせ、安政時代の見世物に生人形ブームを起こすことになった。この年、安政の大地震が起こったが、翌安政三年（一八五六）に浅草奥山で開いた松本喜三郎の生人形の見世物は、浅茅が原一ツ家、為朝鬼が島廻り、布洗い女に神通力を失った久米の仙人、水許伝、遊女黛が半裸で髪をすく吉原の景色、忠臣蔵など、十二場面を生人形の総数七十二体で見せる大がかりなもので、江戸の伊奈勢節の替え歌で歌われるほどの人気だった。

高村光雲は『光雲回顧談』（満里閣書房、一九二九年）で松本喜三郎について、その職人技を絶賛しているが、喜三郎の生人形の肌は胡粉をといて肉色にして霧のように吹き、頭の毛の植え方は、羽二重の裂へ髪の毛を一本ずつ通して裏で止めて頭の地へ貼り付け、梳櫛をかけて結い上げるという手のこんだ方法だったという。

明治四年（一八七一）、北海道の開拓使顧問として来日したケプロンは、浅草奥山で興行されていた松本喜三郎の「西国三十三所観世音霊験記」の生人形を見て感動し、公卿風俗男女一対の生人形を錦絵輸出商の小林文七の仲介で注文し、喜三郎は約一年半かかって造り上げている（前掲『見世物研究』）。さらに明治五年（一八七二）には、東京大学医学部の前身である東校から人体模型の製作を依頼されている。喜三郎が造り上げた人体模型は、彼一流の凝り性から、内臓は一つ一つ嵌め込みの細工とし、それを原色通りに着彩し、皮膚は得意の練胡粉の霧吹きで、人体そのままの肌色にしあげてあったという。木下直之は、医学教育のための人体模型は正確な人間像でなければならないはずだから、当時の仏師や彫刻師の手に負えるものではなかった。それは、生人形師の技術をもって始めて可能なる作業であった、と指摘している（『美術という見世物』平凡社、一九九三年）。

喜三郎の影響で、安政四年（一八五七）に大江忠兵衛が、一ツ家で孕み女腹裂きの所へ、幽霊が破れ提灯から出る場面を作っているが、明治になっても見世物の生人形は作られており、明治二十四年（一八九四）五月五日の『改進新聞』に「今度浅草公園に於いて興行する安達が原の見世物は、人形師安本亀八を岩代安達郡大平村の観世寺へ派遣し、彼の鬼婆が居住したる岩窟等を精査せしめ、猶同寺に存する鬼婆の遺物等をも模写せしめ、以て悉く之を模造せしめたるものなりといふ……」とみえる。明治の終わりに巣鴨の神社で佐々木が見たという安達ヶ原の鬼婆の人形というのは、こうした生人形がブームが去って、東京郊外の神社の祭礼をドサ廻りしてい見世物だったのであろう。

なお安本亀八は、松本喜三郎以後の生人形の名人といわれた人物である。初代亀八は松本喜三郎と同じ九州熊本の出身で、熊本の地蔵祭で作り物の人形細工で喜三郎と腕を競い合い、喜三郎の後を追うように、安政年間に大坂に出て、明治に難波新地で「東海道五十三次道中生人形」の見世物をかけて人気を呼び、明治八年（一八七五）から東京浅草に進出した。三代目の亀八は、明治二十三年（一八九三）に浅草で「西南戦争実話」の生人形の見世物を興行し、セントルイス万国博覧会の歴史人形や白木屋百貨店のマネキン人形などの生人形を作り、現在、東京国立博物館に収蔵されている。

四　貴重な民俗資料

このほか「見世物追憶」には、学生時代に友人と音羽の寄席へ源氏節の娘踊りを見に行った話（「源氏節の誘惑」）、遠野の町で評判になったという物を言う猫の話（「物云ふ猫」）、梟の額の毛をむしり丹を塗りこみ、小さな兜巾をかぶせて、天狗の見世物にしたという『嬉遊笑覧』に書いてある話（「天狗」）について書いているが、「物云ふ猫」も、『嬉遊笑覧』に禽獣の見世物についてふれた個所で、江戸の湯島天神前に犬猫に芸を仕込む水右衛門という名人の話が載っていることに影響されているのであろう。また、毎日大酒を食らって大言壮語していた山伏が、火渡りに失敗して大火傷を負い、何所かへ姿をくらましたという話（「灯渡りの術」）も「見世物追憶」に書いているが、興味深いことは、佐々木が見世物について河童、山男、蛇使い、曲馬団といった仮設興行だけではなく、寄席の源氏節の娘踊りや動物の芸、ニセ山伏の火渡りまでも見世物としていることである。

小寺玉晁の『見世物雑志』（三一書房、一九九一年）は、文政元年（一八一八）から天保十一年（一八四〇）までの名古屋大須で興行された膨大な見世物の記録だが、珍らしいものや芸を見せる、いわゆる「ミセモノ」だけでなく、能、狂言、浄瑠璃、歌舞伎、落語、講釈、舞踊、相撲、色物（寄席演芸）、すべてを見世物にしている。佐々木の見世物に対する概念は江戸時代の人に近いのである。また見世物が属する香具師（ヤシまたはテキヤ）は山伏との関係があり、ひと昔前まで山伏姿で薬を売る香具師を見かけた。見世物師の西村岩吉さんによると、山伏の釜鳴りの術は見世物のネタの一つだという。『見世物雑志』に見世物の太夫が日本刀の刃を梯子のようにして素足で歩く「刃渡り」の芸が載っているが、修験道では「伊垣八剣法」という修法が伝えられている。

見世物が歌舞伎と深い関係にあることは、郡司正勝、服部幸雄、守屋毅らの諸氏が指摘しているが、『大猷院殿御実記』の慶安四年（一六五一）二月二十七日に、江戸城二の丸で江戸歌舞伎の創始者・猿若勘三郎と三国彦作が放下、枕返しという見世物芸を将軍家光に上覧している。こうした初期歌舞伎と見世物芸の交流は、やがて元禄歌舞伎の怨霊事を中心とする多彩なスペクタル演出となって開花する。まさに見世物は歌舞伎の源流であるといってよいのである。

見世物は、一見すると怪しげでいかがわしい雰囲気から、ほとんど学問の対象にされたことはなかった。しかし、近年、見世物の研究が注目されるようになり、文化人類学者の山口昌男氏が提唱して学者と見世物師が一緒になって研究しようという見世物学会が生まれている。佐々木の「見世物追憶」も注意深く読んでみると、実に貴重な民俗学の資料であることに気づくのである。

佐々木喜善は柳田国男の『遠野物語』の話者として、柳田の陰に隠れてしまった感がある。『遠野物語』は、柳田が佐々木の原話を厳選し、ほとんど文学的といってよい緊迫した文体に仕上げた作品である。「遠野物語拾遺」は、『遠野物語』の出版後、柳田の要請で佐々木が持参した大量の原稿を柳田が約半分を改稿し、残りを弟子の鈴木棠三が刪定整理し、さらに佐々木が雑誌に発表した原稿も選んで加えてまとめ、佐々木の死後、昭和十年（一九三五）に『遠野物語』再版本として出版されたものである。柳田によって取捨選択されていない「見世物追憶」のような著作を再考してみる必要があると思う。

佐々木喜善の著作は、遠野市立博物館から『佐々木喜善全集』全四巻として出版されており、すでに単行本になっている『江刺郡昔話』『紫波郡昔話』『東奥異聞』『老媼夜譚』『聴耳草紙』をはじめとして、『東北文化研究』や『人類学雑誌』などに発表した論文や報告、さらに日記や書簡、小説やエッセイなどが収録されている。

これら佐々木喜善の著作から『遠野物語』を逆照射し、新たな視点で読み解くと、多様な民俗学が生れてくるのではなかろうか。

なお、見世物については、内藤正敏『江戸・都市の中の異界』（法政大学出版局、二〇〇九年）を参照されたい。

特別寄稿　佐々木喜善の初期短編小説と『遠野物語』

大橋　進

一　はじめに―喜善の初期短編小説検討の意味―

『遠野物語』の語り手である佐々木喜善が、作家として身を立てたいと思っていたことは広く知られている。『遠野物語』が発刊された翌年の明治四四年（一九一一）、郷里の友人である伊藤栄一に宛てた二月一五日付書簡に次のような一節がある。

種々なことを考へると、早く遠野へ帰つて心を落着け静かに勉強を仕度いとそればかり思つてゐます。……殊に貴方にはなにから何までをお話し仕度と思つて居ます。文芸のことは私の一生の仕事ですから甚麼《どんな》ことがあつてもやり通す意りです。それで遠野へ帰つて佳い物、自分で自信のある作品をして二篇か三篇位づゝ集めて貴方にも書いて貰ひ、都合六篇位にして○○叢書として出さうと考へてゐます。……

（傍点筆者、山下久男著・石井正己編『雪高き閉伊の遠野の物語せよ』）

この頃の喜善は、「腹膜部に水あり」（喜善「日記」明治四三年（一九一〇）一二月一三日（『佐々木喜善全集』Ⅳ、以下『全集』）などと記されているように体調を崩し、療養の為に茨城県の平磯（現ひたちなか市）などに滞在している。明治四四年元旦の日記の書き出しは、「昨日、即チ旧年マデノ事ハ凡テ忘レテシマヒ度イ」とある。後年になって振り返ってみれば、『遠野物語』発刊という記念すべき年は、後に妻となる千田マツノとの出会いはあったものの腹膜炎で入院し、療養生活を余儀なくされ、個人的にはあまりいい年ではなかったといえよう。そのような状況の中で、明治四四年初頭になっても転地療養を続け、それからやっと抜け出た時点で書かれた前掲の書簡からは「文芸」に対する思い入れがうかがえ、作家になりたいという気持ちを如実に示している。

この作家になりたいという喜善の願望は、明治三六年（一九〇三）岩手医学校を中退、上京し哲学館大学教育部入学、明治三七年（一九〇四）一〇月に早稲田大学文科に転学、さらには泉鏡花との関係を深めていく中で実現していくかに見えた。作家になるため、明治三八年（一九〇五）頃から意欲的に創作活動に取り組み、明治四三年四月頃まで多くの短編小説を発表している。その間、明治四一年（一九〇八）一一月四日に水野葉舟に連れられて、柳田国男と運命的出会いをし、『遠野物語』の口述をしていくこととなる。その際、創作活動に取り組んだ喜善の作家としてのモティーフが『遠野物語』の口述に反映しなかったかどうか検証してみることは、喜善の側から『遠野物語』の一面を明らかにすることになると考える。

すでに石井正己氏はその著作『遠野物語の誕生』において、『遠野物語』成立過程で柳田が作成した草稿本における鉛筆の書き入れ、および「早稲田大学出版部」の原稿用紙の裏に書かれた一一六話の末尾、一一七話、一一八話に該当する昔話部分の鉛筆書きを喜善の筆跡と推定し、喜善が『遠野物語』成立にたんなる語り手ではなく、書き手としての役割を果たしたことを指摘している。さらに石井氏は『遠野物語』関係の地図、住居の間取り図などを絵図として一括してとらえ、それらの作成も喜善の手になるものとしている（『柳田国男と遠野物語』）。

また、岩本由輝氏は後述する一連の「サムトの婆」論において、「サムト」という用語の初出が喜善の初期短編小説「舘の家」（『全集』Ⅱ所収）であったことから、この用語をめぐる論争で、ともすれば後景におかれていた喜善の主体性を主張している。

本小論は、このような喜善評価を念頭におきながら、『遠野物語』が刊行された明治四三年六月以前に喜善が著したいくつかの小説、随筆などを文学的作品として評価するのではなく、その作品の内容が『遠野物語』口述にどう影響しているかを『注釈遠野物語』（後藤総一郎監修・遠野常民大学編著）を踏まえながら検討することとする。

二　佐々木喜善の初期短編小説について

喜善が小説を書き始めたのは、喜善一五歳、盛岡時代の明治三四年（一九〇一）に書かれた「指環」（原稿）が現在確認されている最も古いのものである（石井正己著「佐々木喜善と文学（一）」『佐々木喜善資料の調査と公開に関する基礎研究』。以下「佐々木喜善と文学」）。そしてこの頃、喜善は泉鏡花の『照葉狂言』に出会い、鏡花に心酔することとなる（佐藤誠輔『佐々木喜善小伝』）。あこがれの作家、泉鏡花を模して名乗った筆名は、鏡石であった。日記によれば、それは明治三八年八月一二日、喜善二〇歳のときのことである。

喜善と鏡花の関係について、喜善の日記を手懸りに略述すると、次のような事実が確認できる。彼の日記に泉鏡花の名前が初めて登場するのは、明治三七年五月一四日の「泉鏡花の黒百合を読み甚だ感じたり」であり、一日おいて一六日の「鏡花の湯女の魂を読みていとど神経を奮したり」というふうに鏡花に傾倒していく。これ以後、日記には鏡花が「泉鏡花師」とか「泉鏡花先生」と敬称付きで度々登場してくる。この傾倒は翌明治三九年（一九〇六）の六月頃まで続くが、明治三九年六月九日の日記に「今朝、泉先生の夢を二つ見たり。前者は先生大勢いる処にて余を呼び小説の試験をするなりと、幅広き布に佐々木隆蔵と書きし。余、名は違いし由申しぬ。（中略）第二者は、余先生のお宅を訪いしに、先生居らず待つこと長時、而して未だ来らず、ただ女四人来るを見る」などとあり、不安感をいだかざるをえない記述になっている。その後、泉鏡花に関しては、同年六月二四日「発信　泉鏡太郎先生」、同年七月一九日・二〇日と二晩続けて「泉鏡花先生を夢む」

と出てくるのみである。

師と仰ぐ人物から小説の試験をされたり、名前を間違えられるとか、長時間待たされ、そのうえ面会できない夢を見るとなれば、鏡花の喜善に対する関係は、文学的指導はともかく、人間的にはしっくりこないものであったに違いない。

そんななか、翌明治四〇年（一九〇七）になると、喜善は、「長靴」を始め、次々と鏡石の筆名で小説を発表するが、その作品を評価してくれたのは師と仰いだ泉鏡花ではなく、後述の上田敏博士や徳田秋声などだった。そして同年一二月二五日、「若山君（牧水）が来て鏡花の話などする。若山君は非常に鏡花に熱中している」という一文が日記にさりげなく記されている。喜善は泉鏡花と自分のことを具体的に触れてはいないが、若山の鏡花に対する熱中を、自分に関係のない、まるで他人事のように見ているのは、鏡花との関係が疎遠になってしまったことを象徴しているかのようである。

このような事情のせいか、明治四一年一二月、『アカネ』に発表された「深夜」（『全集』Ⅱ所収）以降は、鏡石ではなく、佐々木繁の名で発表されることが圧倒的に多くなり、その傾向は大正六年（一九一七）頃まで継続する。石井氏も「実際に訪ねていくほど喜善は鏡花を慕っていました。ですからこの時期、喜善は「佐々木鏡石」というペンネームを使います。ところが、迂闊なことは言えませんけれど、鏡花との関係は必ずしもうまくいかなかっただろうと想像します。（中略）鏡花と疎遠になるのは佐々木鏡石というペンネームを使わなくなった時期と重なっているかと思います」（前掲「佐々木喜善と文学」）と述べている。

その彼が作家として自信らしきものを得たのは、「長靴」という作品が明治四〇年二月、文芸誌『芸苑』巻第二（『全集』Ⅱ所収）掲載されたことによる。この作品は上田敏に激賞され、その間の事情を彼は同年一月一一日の日記にこう記している。

一月十一日　晴

左の端書が来た。

拝啓　御寄贈の『靴工商』は芸苑社同人と相謀り第二号に掲載する事と定め候。生一個の考にては頗る面白き短編と存候。筆端清新の姿に富み他人の模倣のあとなき処甚だ感銘仕候、貴君はいづれの学校に在籍にや序でのせつ一寸御知らせ被下度候、かく云ふ題にては『長靴』の方面白かるべしと改め置き候草匆々。

文章の発端を作る

受信　上田　敏

「端書」の差出人は上田敏であることが日記の末尾からわかる。喜善は「靴工商」という題名でこの短編を著したが、上田は「長靴」と改題したことを喜善に知らせている。上田はこの作品が「清新」で「他人の模倣のあとなき処」を評価しているが、この端書を受信した翌日、喜善は芸苑社の講演に出かけ、翌一二日の日記に「余は如此く見識と実力ある雑誌に小説を書くを誉としぬ。何となれば此の雑誌は帝国大学派の文子の専有なればなり」と記している。喜善の『芸苑』に対する思いがこの文面に出ており、彼の誇らしい気持ちが理解できる。

上田の「長靴」に対する作品評価は前記の通りであるが、上田の文学観は青年小説家たる者、勧善懲悪を主題とする江戸期から明治維新期の作風から脱却し、「宜しく今日の小説家は其望む処に赴き、忌憚なくそのいはんと欲する処を劈開すべし。心理小説可なり、夢幻小説可なり、恋愛小説可なり、何を苦んで敢て流行を追ふものぞ、何を恐れて敢て天下の忌憚に躊躇するものぞ」（「青年小説家に望む」『復刻版　定本上田敏全集』第六巻所収）と主張し、新時代の文学のありかたを明確に示唆している。喜善の「長靴」が上田から新たな時代を開く個性的な「夢幻小説」と評価されたのである。

待望の「長靴」が掲載された『芸苑』巻第二は二月七日に店頭に並び、その後喜善と芸苑社との関係は「舘の家」、「市日」、「閑古花」まで四作の小説が掲載されるまでになり、その関係は深まった。同年四月八日の日記には、「夜生田君を訪ふて馬場孤蝶氏（『芸苑』の編集者発行人＝筆者）より上田敏氏が頻りに私を森博士に賞讃して居たと言ふことを聞いた。それから私を芸苑社に上田氏は日本語を上手な西洋人の作のやうだと言つたそうだ」という上田の喜善評が記されている。

上田は『芸苑』を興す目的として、「伝統ある祖国の人文を離れず」、かつ欧州の文芸美術を積極的に導入し、日本の「国民芸術を他日大成」（「『芸苑』に題す」前掲第七巻）するところに目的があった。「西洋人の作のやう」という上田の言葉は、彼自身の文学観であり、喜善にとっても作家としての自信になる評価だったと言える。さらに『芸苑』巻第四に掲載された「市日」も、同年四月一四日の日記で「徳田秋声などがほめて居るよし」とあり、喜善の創作活動は活発になっていくのである。その活発な著作活動を整理した著作表が明治四三年の四月七日の日記に載っている。それは、『遠野物語』発刊の約二ヶ月前のことであった。

著作表

1．長靴　2．舘の家　3．閑古花　4．市日　5．初夏　6．女難　7．夜風　8．日曜日の夜　9．暗き夜　10．海の画　11．後姿（未発表）　12．都会（未発表）　13．勝後　14．七番室　15．春昼　16．海の画　17．布施米　18．絶叫　19．死児と他の三人　20．歯　21．22．勝後　23．お伊勢の一生　24．お銀の最後　25．死の鳥　夏語（散文詩）

この著作表を見ると、二重に記載されているものが10と16の「海の画」と、13・22の「勝後」の二つあり、番号の下に書名のない21、また最後の「夏語（散文詩）」には番号がついていないなど、やや精査されてないところもあるが、喜善の文筆活動の一端をうかがい知ることができる。重要なことは表に示された通り、喜善の旺盛な創作意欲とモティーフが漲っている時期に、『遠野物語』口述の機会が訪れたということに注目すべきだと思う。次節以降この作品中、2の「舘の家」（『全集』Ⅱ所収）、18の「絶叫」（『全集』Ⅱ所収）と、この表にはない「水音日記」（『全集』Ⅲ所収）を中心に、その内容が『遠野物語』口述にどう反映しているか検討したい。

三　「サムトの婆」と小説「舘の家」

『遠野物語』第八話、いわゆる「サムトの婆」をまず始めに取り上げたい。この話は題目では「昔の人」に分類され、神隠しの話として登場する。

八　黄昏《タソガレ》に女や子供の家の外に出て居る者はよく神隠しにあふこと他《ヨソ》の国に同じ。松崎村の寒戸《サムト》と云ふ所の民家にて、若き娘梨の木の下に草履《ザウリ》を脱《ヌ》ぎ置きたるまゝ、行方をしらずなり、三十年あまり過ぎたりしに、或日親類知音の人々其家に集まりてありし処へ、極めて老いさらぼひて其女帰り来れり。如何にして帰つて来たかと問へば人々に逢ひたかりし故帰りしなり。さらば又行かんとて、再び跡を留めず行き失せたり。其日は風の烈しく吹く日なりき。されば遠野郷の人は、今でも風の騒がしき日には、けふはサムトの婆《バヽ》が帰つて来さうな日なりと云ふ。
（『柳田国男全集』）

この八話は『遠野物語』のなかでも非常によく知られた話である、その理由の一つは文中の「松崎村の寒戸《サムト》」という地名によるだろう。なぜかといえば、現実には松崎村に「寒戸」という地名はないからである。実際に存在しないこの寒戸という地名が「目前の出来事」「現在の事実」を集めた『遠野物語』に記されたとすれば、柳田がなにゆえに実在しない地名を用いたかを解明する必要があるわけである。これまで遠野在住者を含めて、多くの研究者はこの謎を追ってそれぞれの自説を展開し、「サムト婆」論争とも言っていい様相を呈した。この論争を整理する意味で『注釈遠野物語』所載の八話に関する「注釈3　寒戸」に見られる見解をまず要約して提示する（それぞれの文末の括弧内は筆者による便宜的区分名である）。

（一）松崎にある登戸（ノボト）という地名をサムトと聞き違えたもの（聞き違え説）。

（二）綾織村の寒風（サムカゼ）という地名が転訛したもの（転訛説）。

（三）「毛筆本」（『遠野物語』初稿三部作の一つ。柳田が喜善から聞いた話を毛筆で書き留めたもの（折口信夫は「初稿本」、石井は「草稿本」と読んでいる＝筆者）では「サムト」とあり、その左に「寒渡」と書いてある（寒渡説）。

（四）「舘の家」の一文から「サムトの婆々」の言葉を引きつつ、柳田に物語を口述した時点で、喜善は登戸ではなくサムトの話だと思っていた。それが後年、伊能嘉矩（遠野出身の人類学者＝筆者）から『遠野のくさぐさ』にある話と聞いて、サムトではなく登戸の話と転換した。その根拠として八話の原話と思われる喜善の著作『東奥異聞』の「不思議な縁女の話」、『農民俚譚』の「縁女綺談」では登戸となっていることをあげている（転換説）。

まず（一）の聞き違え説から見ていくこととする。この説は遠野出身の民俗研究家である菊池照雄氏によって主張された。菊池は『山深き遠野の里の物語せよ』で、「この話は「寒戸」となっているが柳田の聞き違いかミスプリントで松崎村登戸（のぼと）というのが正しい」としたが、その根拠は前述の「不思議な縁女の話」の地名、登戸による。それに加えて、彼はこの話の家の当主の系図と「寒戸の婆」の名前まで明らかにしている。因みに「寒戸の婆」の名前はサダ、当主たる父親は茂助だった（前掲書）。

極めて実証性のある調査にもかかわらず、結論が「聞き違い」、「ミスプリント」ではやや説得力がないと思ったのか、その後菊池は『遠野物語をゆく』で、柳田改変説といってもよい丁寧な見解を示すこととなる。すなわち「この寒戸という地名は実際にない。佐々木がさらに詳しく採訪した『東奥異聞』ではノボトとなっており、松崎村字登戸の茂助の家にあった話であった。だが、寒戸という地名がこの話にはよくにあう。柳田が意識してかえたのかもしれない（傍点筆者）。また、佐々木が柳田に話した原話も違った結末になっていたが、柳田によって幻想の美に改変されたようだ」と結論付けたのである。この論は前者の「聞き違い」と比較すれば、文学上の表現の問題が入っており、説得力のあるものになっている。ただ、問題は「柳田が意識してかえた」かどうかである。

次に（二）転訛説。この説は菊池と同じく、遠野の口承文芸の先達であった福田八郎氏による。福田によれば「あのあたりに寒風（旧綾織村の東端＝筆者）と呼ばれるところがあり、登戸はその先（寒風よりも猿ヶ石川上流＝筆者）であるが、寒風のさきの登戸というようないい方をしたところを、柳田がメモする過程で混同し、柳田自身もあいまいのままで『遠野物語』を書くとき寒戸としてしまった」（岩本由輝『もう一つの遠野物語』）と述べている。寒風という地名に着眼しているのは、いかにも地元の研究者らしいが、喜善が柳田に語るとき二つの地名をまわりくどくいうものであろうか。

（三）寒渡説。前二者の説は、『遠野物語』初稿本三部作（毛筆本＝草稿本、ペン書きの清書本、初校本のこと＝石井命名の名称による＝筆者）、『佐々木喜善全集』等新資料に触れることなく論を展開しているが、（三）の寒渡説は柳田が推敲を重ねた結果がわかる毛筆本を資料にしている。この毛筆本の叙述だけを手懸りにすると、柳田がサムトと記した時点で、どう漢字表記をするか決めずに「寒渡」と表記し、刊本では最終的に「寒戸」と落ち着いたということになる。

初稿本三部作をその持ち主であった池上隆祐から昭和五二年（一九七七）に写真撮影を許されたあと、その比較研究をした小田富英氏は「実際の地名は喜善の話にもあるように松崎村登戸であり、なぜサムトとなっているか不明であるが、柳田自身、確かでなかったためか、初稿（毛筆本＝筆者）にはサムトに傍線を引いてあり、横に「寒渡」と記す」（柳田国男研究会『柳田国男伝』）と述べるが、サムトの由来根拠はあげていない。

これと類似するのは、谷川健一氏解説、島亨氏が補注を担当した大和書房刊の『遠野物語』の注である。そこには「寒戸という字はなく『遠野物語』へ収録する過程で松崎村登戸（のぼと）が寒戸に変わったもの」と簡潔に述べ、やはり「寒戸」に変化した理由については明らかにされていない。

（四）転換説。この説は「サムトの婆々」の初出である「舘の家」にも触れ、柳田に『遠野物語』を口述した時点では、喜善がてっきりサムトの話と思って柳田に話したということであるから、柳田の聞き間違い説とか、転訛説等を否定することになる。しかし喜善が登戸の話だと本当に知らなかったのかは「舘の家」、「縁女綺談」（『農民俚譚』、『全集』Ⅰ所収）等を併せて吟味してみる必要がある。

『注釈遠野物語』で取り上げられたサムト論に若干の見解を加えて紹介したが、『注釈遠野物語』で触れられていない三浦佑之氏の説をあげておく。三浦は『村落伝承論』で、「ノボト（登戸）はサエト（塞戸）とも呼ばれていたのではないか。ノボトということばは山の入口を示すものであろう。そこは村落と山の境界地、つまりサエト（塞戸）でもあるからそう呼ばれる」とし、登戸の地理的位置から登戸＝塞戸と言い換え、『遠野物語』では寒戸になったとしてる。

さて、さまざまなサムト論を整理したわけだが、『注釈遠野物語』ではサムト論を考えるとき落とすことができない岩本由輝氏の説に一語も触れていない。岩本のサムト論が注目されるのは、「サムトの婆々」という問題の言葉が登場する「舘の家」を基礎資料として展開しているからである。しかし氏はこの小説に出会う前は、寒戸は柳田の誤記であるという見解をとっていた（前掲『もう一つの遠野物語』）。この説はすでに撤回されているので詳細はさけるが、結論的にいえば喜善が

『遠野物語』を柳田に話したとき、喜善は登戸と口述したにもかかわらず、柳田は訂正せずに寒戸のままとして発表したというものである。聞き間違い説とも違い、かなり強烈な説ではある。この岩本の柳田誤記説を一変させる書が発刊される。遠野市立博物館刊の『佐々木喜善全集』Ⅱがそれであった。この全集には喜善の著した初期の小説群が収められており、前述の明治四三年四月七日の日記にある著作表の二番目にあげられている「舘の家」が載っていたのである。これまで「サムト＝寒戸」を語るとき、この「舘の家」は各論者の視野に入らなかった。それは喜善が作家としては成功していないということから、その小説群が喜善研究の埒外におかれたこと、古い掲載文芸雑誌を入手することがなかなか困難であった等の事情によるものだろう。

「舘の家」は「長靴」掲載後、一ヶ月後の明治四〇年三月『芸苑』巻三に掲載された。執筆時期は、「長靴」掲載から日を置かず、同年二月一四日から二月一六日までの間で一気に書き上げたことが日記から読み取れる。なんと喜善が柳田に初めて会う一年九ヶ月も前のことである。その内容は、中世以来の舘跡に住む一族の当主が何代も続けて三〇歳前後でこの世を去るという宿命を背景に展開する。小説の結末は伝承の世界のなか、翻弄されるこの「舘の家」の当主は三二歳で事故死、孤児となった幼き主人の将来の行く末を案じる老婦の祈りで終わる。その話の展開のなかで一族の幼い男女の子供がかわす会話に遠野地方における方言でお化けとか化け物を意味する「モッコ」と同じような存在として、「座敷童《ざしきわらし》」、「サムトの婆々」を喜善は登場させている。長い引用になるが、その出だしの部分を提示してみる。

> 舘の家（舘とは奥羽地方に残ってある、昔時豪族の拠つて専らその権勢と暴挙とを逞しうした城址なので、平泉舘《ひらいづみのたて》、衣川舘《ころもかはのたて》、阿部舘の如きもの、こゝに記すのは我が故郷遠野郷四十八舘の一つに事拠つたのである）。といふのは昔時の有名な豪者の居つた屋敷址なので森の中に建てられた古い家の名である。

（略）

三百年前に住んで居た舘の主が、極めて巌丈な栗毛の馬に跨つて、尺一寸の鉈鋒の長柄に毛腕を絡んで隣村なる檜《ひ》渡《わたし》の舘を改め《（ママ）》（攻めか＝筆者）襲ふた経時もこのやうであつたろう。（中略）

三百年後の今宵もそのやうで——ただ人を屠り血潮の滴る剣をヒツ提げて舘に帰へる勇士共の影がないばかりで——さゝやかな花園の間に建てられて居る往時その儘の巨屋にはなまぐさい生血に染つた盾と巨刀《だんぴら》とを見ることの出来ないかわり、今は、いたけない男の子と女の子とが住んでゐる。

（略）

二人の子供は無言で、燃える炉の火を視ながら、今日外で聞いて来た、座敷童《ざしきわらし》のことを考へて居る。（その話は、此の舘の家に昔しから座敷童と言ふ物が居て、真夜中の人が寝沈んだ時刻に奥座敷で遊んで居ると言ふので………それが丁度九つ十位の童の様なので人々が恁う言つて居る。）女の子は堪りかねた様遂に口を切つた。

「あの—春さん、いつたい座敷童ツて怖い物せうか。子供を奪つて行くモツコのような。」と言つて恐怖の目で男の子の顔を見た。

「あのね春さん。山の奥の奥のおーくの方にサムトの婆々——（と身顫ひして男の子の膝に手をついた。）サムトの婆々が居て血の雨血の風が吹く時、里の子供を奪りに来るつて——本統でせうか—春さん—そんなに怖い物でせうか座敷童ツて。」

この「舘の家」の発見こそ岩本氏の見解を大きく変化させることになる。この間の事情を岩本は次のように述べている。

ところが、この遠野博物館が一九八七年五月にお出しになった『佐々木喜善全集』第二巻をみておりましたら、「舘の家」という短編が載っていて、そのなかにサムトの婆々が出てくるのに気がつき、私は前説（柳田誤記説＝筆者）を訂正しなければならないことになったわけです。なぜなら、「舘の家」は喜善が佐々木鏡石という筆名で『芸苑』という佐久良書房から出ていた雑誌の巻第三、一九〇七年三月刊行のものに載せたものだからなんです。一九〇七年三月といえば、喜善が柳田さんに最初に会ったのは一九〇八年一一月四日のことですから、それより一年半以上も前に喜善は自分の作品のなかでサムトの婆という表現をやっているわけです。サムトは何を指しているかわかりませんが、とにかく、それが柳田さんの誤記や書きかえによるものではないことだけははっきりしたわけです。

（岩本由輝「サムトの婆をめぐって」）

岩本氏は、まずこの遠野市立博物館講座での講義を通して、「サムトは何を指しているかわかりません」とはしているが、サムトという言葉は喜善自身の言葉であることを明確にしている。そして「舘の家」の文章を引きながら、「同時にここでのサムトの婆々のサムトにはあまり地名という印象は感じられません。むしろ、前後に出てくるザシキワラシ、つまりザシキのワラシに対応するサムトのババという感じなんです」（前掲講義集）としたうえで、この講義録の注1で「会場から冬の寒い遠野に古い造りの建物では入口の戸が二重になっており、外側の戸を寒戸といったと教えて下さった方がありました」と述べ、サムトは地名でないような気がするという氏の説を補強したのである。

その後、岩本は「「サムトの婆」再考―『遠野物語』の初稿考察の一環として―」を発表し、ザシキワラシに対比する存在としてサムトの婆をおき、「舘の家」に登場するサムトの婆の認識を、小説中の言葉をかりて「1．山の奥の奥のおーくの方に居るもの。2．血の雨血の風の吹く時、里の子供を奪りに来るもの」と規定し、人間的な親しみが感じられない存在とした。この人さらいとしての「サムトの婆々」は、喜善が『遠野物語』として柳田に話したときの神隠しにあったサムトの婆とでは、「佐々木自身、サムトの婆の像を明らかに変えているのである」とし、サムトの婆の姿に多面的に迫ろうとしている。

さらに岩本氏は「サムトの婆々と佐々木喜善」を発表し、基本的見解は前掲二書を踏襲しながら、氏の見解を深化させ、「佐々木が柳田に会う以前に自分の判断で書いた作品をきちんとみてやることをしなければ、佐々木はいつまでも柳田の規制から逃れることはできない」とし、喜善の主体性を強く主張している。

さて、問題はこのサムトをどう解釈するかである。前述のように岩本は、寒冷な遠野地方の入口の戸が二重になっており、外の戸を「寒戸」と言う、という氏の講演を聞いた方からの教えを踏襲し、内のザシキに外のサムトを、ワラシにはババという言葉を対比させることにより、「サムトの婆のサムトは地名という印象はない」(前掲「サムトの婆々と佐々木喜善」)としている。まさに見事な文学的対句と言っていいわけだが、しかし次のような問題が出てくる。八話は舞台となる場所を「松崎村の寒戸《さむと》といふ所の民家」と明示し、寒戸を地名以外のものに解釈することができない構造になっている。

では何故、喜善は実際に存在しない寒戸という地名を用いたかである。「舘の家」にサムトの婆を登場させた喜善は、この「サムト」のイメージを「不思議な縁女の話」、「縁女綺聞」等に記されているノボト(登戸)に求めたのだと思う。「舘の家」創作にあたり、喜善は伝承を駆使するとはいえ、小説という世界では実際にある地名の「ノボトの婆」ではあまりに現実的過ぎて、この地方で信じられている「モッコ」のような異界の存在にはならない。作家としてのモチーフとすれば、ノボト以外の地名にする必要がある。喜善はノボトに代わるその地名を創出する時、この婆がやって来ると大風雨になるという原話に基づき、いみじくも、前述の福田八郎氏が「あのあたりに寒風と呼ばれるところがあり、登戸はその先である」という地理的位置関係を想起し、「寒風」と「登戸」の組み合わせ、登戸という地名がかすかに匂うサムト(寒戸)という地名が創りだされたのではないだろうか。たぶん喜善は松崎村「サムト」と柳田に語り、柳田は毛筆本にあるようにサムトという音を「寒渡」と書いたが、あらためて喜善に確認し「寒戸」という地名に改めたと推測したい。菊池照雄氏は前述のように「寒戸という地名がこの話によくにあう」と評価したが、寒戸という架空の地名は菊池のいうように柳田ではなく、喜善こそが八話に似合う地名として用いたと考えたい。そして八話の文末におけるサムトの婆という片仮名表記は、もはやこの婆が生まれ故郷の寒戸から離れ、異界の住人になったことを示し、かすかに婆の出自を留める符号として機能していると思うのである。

このような論拠には、喜善が予め、登戸にこのような世間話があったということを知っていることが前提になる。すでに見た『注釈遠野物語』の（四）転換説では喜善は登戸の話としては知らなかったとになっている。しかし、「縁女綺聞」の末尾に、「自分等の稚く育つた時分までは、大風のする日など、今日は登戸の茂助婆様が来る日だと、よく老人達が云ふのを聴いて記憶して居た」と喜善は書いている。菊池が調査した登戸の茂助の娘サダの話を、喜善は「自分等の稚く育つた時分までは」と時期を限定しているので、喜善が登戸の話を知らなかったとは言えない。また、茂助婆の表記は伊能においては、「門助婆」となっている。発音の微妙さはあるといえ、もし喜善が伊能の著作によって改めたとするなら、「茂」を「門」と表記するはずである。日記にみられる喜善の行動力、村人などとの交流をみれば、喜善の情報量にはあなどれないものもある。

サムトの婆の話は『遠野物語』を読むとき、文学青年・佐々木喜善という視点を織り込むことが必要なのだということをまず教えてくれる一例と言っていい。

四　オクナイサマにおける「田圃の家」について

喜善が「文学青年」だったということを意識すれば頷ける叙述は、このほかにも見出すことができる。それは『遠野物語』一五話の「オクナイサマ」の話である。この話には、これに対応する小説がないので一五話単独で検討する。

> **一五**　オクナイサマを祭れば幸《サイハヒ》多し。土淵村大字柏崎《カシハザキ》の長者阿部氏、村にては田圃《タンボ》の家《ウチ》と云ふ。此家にて或年田植《タウヱ》の人手《ヒトデ》足《タ》らず、明日《アス》は空《ソラ》も怪《アヤ》しきに、僅《ワヅカ》ばかりの田を植ゑ残すことかなどつぶやきてありしに、ふと何方《イヅチ》よりとも無く丈《タケ》低《ヒク》き小僧《コゾウ》一人来たりて、おのれも手伝ひ申さんと言ふに任《マカ》せて働《ハタラ》かせて置きに、午飯時《ヒルメシドキ》に飯《メシ》をくはせんとて尋ねたれども見えず。やがて再び帰り来て終日、代《シロ》を掻《カ》きよく働きて呉《ク》れしかば、其日に植ゑはてたり。どこの人かは知らぬが、晩には来て物を食《ク》ひたまへと誘《サソ》ひしが、日暮れて又其影《カゲ》見えず。家に帰りて見れば、縁側《エンガハ》に小さき泥《ドロ》の足跡《アシアト》あまたありて、段々に坐敷に入り、オクナイサマの神棚《カミダナ》の所に止《トマ》りてありてしかば、さてはと思ひて其扉《トビラ》を開きみれば、神像の腰より下は田の泥《ドロ》にまみれていせまし由。
>
> （『柳田国男全集』）

この話は田植えの人手が足りない「柏崎の長者阿部氏」のオクナイサマが田植えを手伝うという「農業手伝い神」の話である。阿部氏の屋号が「田圃《タンボ》の家《ウチ》」となっているが、実際には阿部氏は安部氏と表記されるのが正しく、その読みはどちらも「あべ」と発音される。漢字表記の異同はともかく、問題は阿部（安部）氏の屋号である。阿部（安部）氏の屋号は文中の「田圃の家」ではなく、その先祖に由来する「長九郎どん」というのが正しい。それゆえ「長九郎どん」ではなく、「田圃の家」という屋号を阿部（安部）氏の話に使用するのは、当然その事情を知る人々にとっておかしいことになる。このことについて『注釈遠野物語』では次のように説明している。

田圃の家という屋号の家は、土淵町柏崎の田中真一（昭和七年生まれ）の家（第二六話参照）である。しかし、この田中家には昔からオクナイサマもなければオシラサマもない。この話の代掻きを手伝ったのは、同じ柏崎の安部重幸の家のオクナイサマ（仏像型で身丈六七センチメートル）で先々代（長九郎）のときのことである。

続いて同じ一五話の解説は「田圃の家」の取り違えを次のように根拠付けている。

喜善がどうして安部家のオクナイサマの話を田圃の家としたか疑問である。田圃の家は名家であり、間違えようがない家である。この取り違えについては、喜善が村の共同体内部のことをあからさまに語ることは、身内を裏切るような行為で、子細があると感じて、意図的に伏せたものではないかとも考えられている。

さて、『注釈遠野物語』の注釈と解説を参考にしながら「柏崎の長者阿部氏」がなぜ「田圃の家」になるのかを考えてみる。この注釈、解説で注目しなければならないことは、「田圃の家」という屋号を持つ田中家は名家であり、村の人々の知らない家柄ではない。だから「柏崎の長者阿部氏」に「田圃の家」を適用することは明らかにおかしいと述べていることである。喜善が村の中心地の本宿とか遠野の町へ出かける時はこの田中家の前を通ったようである。ではなぜ地元の人からみれば明らかに間違っている「田圃の家」という屋号を喜善は語ったのであろうか。

解説にあるように「共同体内部のことをあからさまに語ること」に躊躇したのか。もし、そうだとすれば少なくとも実在する「柏崎の長者阿部家」という固有名詞、またそれと同じ「田圃の家」という屋号は使用しないはずである。この一五話は農業手伝い神としての性格を有するオコナイサマの話であるということを想起しよう。喜善は作家を目指している青年である。彼は農業手伝い神としての話、つまり田植えを手伝う神には阿部家の「長九郎どん」という屋号よりも、文学的レトリックとして、田植えという農作業に即応する田中家の「田圃の家」という屋号のほうがふさわしいと考えたのではないか。喜善はきわめて意図的に「田圃の家」を使用したと思われる。

また、解説の「喜善は村の共同体内部のことをあからさまに語ることは（中略）意図的に伏せた」という見解は、『遠野物語』が発刊されて、柳田が喜善に『遠野物語』を送付した時の書簡、喜善が柳田に宛てた書簡（『全集』Ⅳ所載）など両者の立場で検討する必要がある。石井氏は『遠野物語』発刊当時の柳田の立場を次のように見ている。柳田は五五話の「白岩市兵衛」を伏字したごとく、『遠野物語』を遠野の人に読まれたくない気持ちを喜善宛ての葉書（明治四三年六月十八日付）で述べている（『遠野物語の誕生』）。これに対して喜善は柳田に、『遠野物語』が刊行されたことについて、「我が村の人達になりかかわりて御礼申上候　此の書にて浮世にはじめて遠野といふ処ありて　そして土淵村と言ふありて　狩人の某があるよしまで世に出で候事　面目に候」（前掲書）のごとく、遠野が世間に知られたことを感謝し、共同体内部の事情を気に留めていないのである。石井はこの両者の反応を次のようにまとめている（前掲書）。

それにしても先に見た柳田の葉書に、遠野の人に読まれたくないとあったのと、佐々木の書簡で、村の人になりかわって御礼を申し上げたいというのとは、誠に対照的な反応であった。だがこの二種の反応は、その後ずっと引きずることになる『遠野物語』の本質的な問題だったのである。遠野は『遠野物語』によって有名になったが、その内実はあからさまに話すべきではないという、その矛盾を抜きに、遠野や『遠野物語』を論じることなどできない、ということがこの時点で見えはじめていたのである。

『注釈遠野物語』の「共同体内部のことをあからさまに語ることは（中略）意図的に伏せた」というこの部分は、石井氏の指摘している「内実はあからさまに話すべきことではない」に照応している。しかし『注釈遠野物語』では「意図的に伏せた」の主語は喜善である。柳田が主語になっていれば、まさに石井の指摘する文脈と同じになるが、『遠野物語』発刊時において、喜善の人名についての認識は、彼の柳田宛の書簡からもうかがえるように、むしろ楽観的であったと言える。それゆえ喜善は堂々と阿部氏の名前を出し、その屋号を他家である田中氏の「田圃の家」をあてがった。むしろ喜善は、オクナイサマの農業手伝い神という性格を考えて、文学的効果を狙い、意図的に「田圃の家」を使用したのである。

五　「オツト鳥」と小説「絶叫」

『遠野物語』の中で、いわゆる小鳥前生譚に該当するものは五一～五三話である。五一話「オツト鳥」、五二話「馬追鳥」、五三話「郭公と時鳥」がそれである。そのなかで「絶叫」という短編小説のなかで題材にされるのがオット鳥である。オット鳥とは聞き慣れない鳥の名であるが、いまではコノハズクと考えるのが定説となっている（高橋喜平『遠野物語考』）。

まず、『遠野物語』の五一話を提示してみる。

五一　山々には様々《サマザマ》の鳥住《ス》めど、最も寂《サビ》しき声の鳥はオツト鳥なり。夏の夜中《ヨナカ》に啼く。浜の大槌《オオヅチ》より駄賃附《ダチンヅケ》の者など峠を越え来れば、遥に谷底にて其声を聞くと云へり。昔ある長者の娘あり。又ある長者の男の子と親《シタ》しみ、山に行きて遊びしに、男見えずなりたり。夕暮になり夜になるまで探《サガ》しあるきしが、之を見つくることを得ずして、終に此鳥になりたりといふ。オツトーン、オツトーンと云ふは夫《ヲツト》のことなり。末の方かすれてあはれなる鳴声《ナキゴヱ》なり。（『柳田国男全集』）

次に「絶叫」。これは月刊文芸誌『新文林』に掲載された小説である。発行は明治四二年（一九〇九）六月、第二巻第六号（『全集』Ⅱ所収）だが、筆名は鏡石ではなく、佐々木繁と変わっている。「絶叫」の内容は、帰郷した主人公の東京で知り合った未亡人との恋愛関係が破綻する過程と、その心理を描いたものであり、夫鳥は失恋する主人公のどうしようもない煩悶を表現する重要な役割を演じている。次は「絶叫」における夫鳥描写部分である。

　然し私は聞き耳を立てました。今日は珍しくも、喚夫鳥《おっとどり》が啼いて居ます。ホチヨカチ（ママ）（時鳥《ほととぎす》）や閑古鳥に聞き倦きた私の耳には全く珍しかつたのです。この鳥は深山《みやま》ではいつも啼いているそうですが、里辺にはあまり来ません。丁度東京で時鳥を聞く様な、それに似た感じがします。心に沁みる声なのです。

　おーウツト！、おウツト！……と鋭く、ほととぎすよりも閑古鳥よりも、其声が淋しくて、なほ高いのです。丁度物狂ひし女の叫ぶやう。

　昔ある長者の一人娘が恋夫《こいづま》と二人で山に行つて何かしてゐる中に夫の姿が見え無くなつた。それを尋ねて尋ねて居る中に夜となつた。

　夫よ、夫よ。と泣き、叫び、呼んで歩いたが、何処にも、ほう、と返辞がない。悲しくなつて、其処に泣き、叫び、喚んで、喚びながら死んでしまつた。その娘の魂が鳥になつた。と里人はそう言つてゐます。

　おウツト！、おーウツト！、とは静かに、然も悲しげに、泣き叫び、尋ね労れたといふやうな淋しい声なのです。

喜善が伝承として聞いていた『聴耳草紙』「一一四番　鳥の譚」の「夫鳥（その六）」が前二者の原話になったものである。

或所に若夫婦があつた。或日二人で打揃ふて奥山へ蕨採りに行つた。蕨を採つてゐるうちに、いつの間にか二人は別れ別れになつて、互いに姿を見失つてしまつた。

若妻は驚き悲しんで山中を、オツトウ（夫）オツトウと呼び歩いて居るうちに遂々死んで、彼のオツトウ鳥になつた。

また、若妻が山中で見失つた夫を探し歩いて居ると、或谷底で其屍体を見付けて、それに取縋り、オットウ、オットウと悲しみ叫びながら遂々オツトウ鳥になつた。それで夏の深山の中でさう鳴いてゐるのだとも謂ふ。

齢寄《としより》達の話に拠ると、此鳥が里辺近く来て啼くと、其年は凶作だと謂ふて居る。平素《ふだん》は余程の深山に住む鳥らしい。

（私の稚い記憶、祖母から聴いた話）（傍点筆者）


なぜこれを原話とするかと言えば、傍点部分で示したように喜善は、この話を祖母から聴き、稚い記憶として残っていることをベースとしてに書き留めたからである。そうだとすれば、二四、五歳の喜善が柳田にこの話をしたときには、『聴耳草紙』の夫鳥の全文が彼の脳裡にあったはずであり、「絶叫」の夫鳥部分を書くときも同様と考えていい。

原話は若妻がオットウ鳥になるパターンを二通りあげている。すなわち前段部分では蕨採りに行った若夫婦が別れ別れになり、妻が夫を探せずオットウ鳥になるケースと、屍体となった夫に取り縋りオットウ鳥になる場合である。すでに石井氏は「つたえる―佐々木喜善『聴耳草紙』の再発見」のなかで、五一話は「長者の男の子と女の子の話になっているが、内容は「夫鳥（その六）」の前段と一致している」ことを指摘している。

翻って「絶叫」の夫鳥の叙述部分であるが、これも五一話と同じく前段部分の内容を根幹としていることに気がつく。また、「絶叫」の主人公も長者の若い娘と恋夫、即ち恋しい男であるから、五一話の主人公「長者の娘、ある長者の男の子」と一致する。それゆえ喜善は柳田に夫鳥の伝承を語るとき、この「絶叫」の叙述を頭に描いていたと言っていいだろう。

『注釈遠野物語』では『聴耳草紙』の若夫婦を五一話の「長者の娘と男の子」と主人公を改変し、「ロミオとジュリエット」を思わせる内容にしたのは柳田ではなかったろうかと推理する三浦佑之（「ワオとマオ─アイヌと東北と」）の魅力的な説を引用している。しかし、柳田以前に喜善はシェークスピアを意識することなく、自分の失恋小説のなかで、主人公が若夫婦である伝承とは異なる主人公を作っているのである。喜善は「絶叫」の夫鳥部分の叙述を踏まえ、それを濾過することにより、『遠野物語』の口述に至ったのである。

ところで、一つの疑問は、原話において「此鳥が里辺近く来て啼くと、其年は凶作だと謂ふ」という一節の扱いである。この部分は、『遠野物語』においては、五一話の夫鳥にはなく、次の五二話・馬追鳥に移行していることである。馬追鳥は次のような話である。

五二 馬追鳥《ウマオヒドリ》は時鳥《ホトヽギス》に似て少《スコ》し大きく、羽《ハネ》の色は赤に茶を帯び、肩には馬の綱《ツナ》のやうなる縞あり。胸のあたりにクツゴコのやうなるかたあり。これも或長者が家の奉公人、山へ馬を放《ハナ》しに行き、家に帰らんとするに一匹不足せり。夜通し之を求めあるきしが終に此鳥となる。アーホー、アーホーと啼くは此地方にて野に居《ヲ》る馬を追ふ声なり。年により馬追鳥里に来て啼くことあるは飢饉の前兆なり（傍点筆者）。深山には常に住みて啼く声を聞くなり。（『柳田国男全集』）

石井氏はこのことに関して、「深山に住む鳥が里に来て鳴くと飢饉になるという伝えは、『遠野物語』五二話の馬追鳥に見られるが、『聴耳草紙』の「馬追鳥（その九）」には見つからない。佐々木が馬追鳥から夫鳥に修正したとも考えられるが、両様の伝えあったと考えればいいだろう」（前掲書）と分析している。ただ、『聴耳草紙』夫鳥の文末、「（私の稚い記憶、祖母から聴いた話）」にこだわると、やはり飢饉の前兆を告げる鳥は夫鳥の方ではないかと思うのである。

原話では主人公の若夫婦は遊びではなく蕨採りにでかけている。この蕨というのは、その根が凶作時の非常食として飢えを防ぐために大きな役割を果たした食料である。蕨というこの山菜は何の意味もなく登場するのではなく、凶作・飢饉を象徴するものとしての意味を持つものなので、『聴耳草紙』のように「馬追鳥」の文末ではなく、「夫鳥」に出てくるのがふさわしい。

しかし、飢饉の叙述は「馬追鳥」の話にある。それを解く鍵は、やはり「絶叫」という小説の主題にあるのではないだろうか。先に紹介したようにこの短編小説は失恋、広くいえば男女の恋愛をテーマにしたものである。そのテーマに飢饉という現象、それがこの地に暮らす人々にとって宿命的なものとして存在しているとは言え、「絶叫」における主人公の煩悶する心理を描くうえで作者たる喜善は、ふさわしくないと判断した。そのうえで喜善は飢饉と小鳥前生譚伝承を切り捨てるのではなく、五二話の「馬追鳥」に飢饉のことを移行したと考えられないだろうか。

夫鳥はコノハズクであるとした高橋喜平は、先述の『遠野物語考』のなかで、馬追鳥の実像はアオバトとしている。そのなかで高橋はアオバト即ちマオウ鳥と馬にちなむ伝説を紹介し、山村ではマオウを見た者は死ぬとし、さらにその淋しい鳴き声は五月から八月の暗い晩か雨模様の夜に限って啼きつづけると記している。もし、このような伝承が下敷きにあるとするなら、長者の奉公人の死を説明することができる。

六　蓮台野と随筆「水音日記」

一一一話はダンノハナと蓮台野に関係する、いわゆる棄老伝説の話である。

一一一　山口、飯豊、附馬牛の字荒川東禅寺及火渡《ヒワタリ》、青笹の字中沢並に土淵村の字土淵に、ともにダンノハナと云ふ地名あり。その近傍に之と相対して必ず蓮台野と云ふ地あり。昔は六十を超えたる老人はすべて此蓮台野へ追ひ遣るの習ありき。老人は徒《イタヅラ》に死んで了《シマ》ふこともならぬ故に、日中は里へ下り農作して口を糊《ヌラ》したり。その為に今も山口土淵辺にては朝《アシタ》に野らに出づるをハカダチと云ひ、夕方野らより帰ることをハカアガリと云ふと伝へり。

○ダンノハナは壇の塙なるべし即ち丘の上に塚を築きたる場所ならん境の神を祭る為の塚なりと信ず蓮台野も此類なるべきこと石神問答の九八頁に言へり

（『柳田国男全集』）

○以下はこの本文にある柳田の頭注である（筆者）。これを受けて『注釈遠野物語』の一一一話の注釈の2の項目で次のように説明している。

蓮台野　デンデラノ。蓮台野の字は柳田があてたものと思われる（傍点筆者）。一般には、六〇歳になる老人を捨てた「うば捨山」として語られている。その伝承が生まれたのは、凶作のために家に居っても餓死を待つだけの状態で、死後の弔いも期待できない追いつめられた生活の中で、老人たちが死に場所を求め、あるいは山に移って自活の手段を講じ、できるだけ生き続けようとしたのだという（「地震の揺らないと謂ふ所」）。

そして、蓮台野の性格を規定したあと、再び「地震の揺らないと謂ふ所」を引用し、喜善は「土地での呼び方はデンデエノであって、それを「蓮台野と書くだらうと美化され」ることに疑問を持ち、レンダイノとは発音しないと述べている。地形がゆるやかに傾斜し段々になった所をデンデエノ、デンデエラノと呼んでいるが普通である」と補強している。たしかにこの一文を参照すれば、「蓮台野の字は柳田があてたもの」としたくなる。

しかし、喜善の初期小説を通観するとき、まさしく現在、我々が喜善に従い「デンデラノ」と呼んでいる場所を喜善本人が「蓮台野」と表記している作品に出くわしてしまう。たとえば前掲の著作表が明治四三年四月七日の日記の項にはない著作であるが、明治三八年一月『新声』第一九巻六号に発表された「お常」（『全集』Ⅱ所収）の一節、「見渡す限り薄暗いが青く広がつた雪の色だ。薬師の森から愛宕の森杉立ばかり黒くて、あとは蓮台野の方まで一面の雪だ（傍点筆者）」という文章がある。喜善の生家のある山口集落の情景を知っている人であれば、「薬師の森」はダンノハナから東に続く丘陵にあり、「愛宕の森」はデンデラノの西南にある「山の神」の出現した（八九話）場所であることに気がつくはずである。喜善は実際にデンデラノと発音されている場所を、明確に共通語の地名として存在する「蓮台野」と表記しているのである。このような例はさらに明治三八年六月、『岩手日報』掲載の「盆灯籠」に「蓮台野舘」、明治四〇年の「灯影」（『詩人』）の一節に「蓮台野の上に沈んでいくゆく太陽が雲に映え」などいくつもあげることができる。これら作品群のなかで最も注意しなければならないのは、「水音日記」（『全集』Ⅲ所収）の記述であろう。

懐かしき者よと見棄てゝ丸木橋を渡ればやがて蓮台野なり、野は□から□□も眺め極めて佳く西は遠野物見の山が雲に淡く仰ぐ計りに六角牛は近づき見下す谷を星谷と言ふ、そは稚き折星糞拾ふとて□□に連れられて度々来し処なり、□で語らひつ、昔何時の代なりけむ人の齢既に六十に満つれば父とし問はず母とし問はず容赦なく此処へ追ひ放ちし物なりと、物語りにゐなる姥捨山の類の噺なるべし、其はとも角昔の人は例へ六十なればとてなが〳〵に□□かなるものにて毎日里辺へ下りて働きしもの、よし、其の朝夕老いぼれし人人達の上り下りを里人は称して墓上り、墓立ち、と言ひしと言ふ、故にてあるか今にても村の人々野良へ往き帰るを、墓立ち墓返りと言ふ（傍点筆者。文中□□は判読不明文字＝全集本文）。

この「水音日記」は明治三九年の八月から九月にかけて『岩手日報』に連載された随筆である。あきらかに一一一話の原話であることがわかる。蓮台野の地名が明確に記され、その位置関係も「丸木橋」(現在はコンクリートの橋だが)、「物見の山」、「六角牛」など、その景観は現在デンデラノと呼ぶ所と一致するのである。姥捨の対象性別・年齢・労働に関する記述は、「墓上り・墓立ち」のカタカナ表記以外、右の引用文とまったく同じとみなされる。このように喜善は柳田に『遠野物語』を口述する明治四一年一一月以前から、「蓮台野」という語彙を小説等の中に取り入れているわけだから、『注釈遠野物語』の注釈及び解説のように「蓮台野の字は柳田があてたものと思われる」という解釈に疑問を挟まざるをえない。

蓮台野という地名が墓場・火葬場を一般的にさすということを認識していたがゆえに、喜善は、本来のハカの意味である仕事の「量」(ハカ)をかけて、老人達の労働の終業と始業を「墓上り」「墓立ち」と表記したのではないかと思う。一方、柳田は「ハカ」という意味が農業労働用語で「量」という漢字で表記されることを当然知っており、誤解がないように「墓」という漢字ではなく、「ハカダチ」、「ハカアガリ」という表現をしたのだと推察される。それにしても姥捨、墓地という意味がある蓮台野との関連で、喜善が「墓立ち」と「ハカダチ」をかけたのは絶妙の表現と言える。

多くの読者に通用する表現を考え、喜善はすくなくとも初期の一連の小説・随筆では「デンデエノ」ではなく「蓮台野」と記述し、柳田にも「デンデエノ」は蓮台野であると口述したのである。

七　おわりに―資料としての初期短編小説―

本小論の目的は、佐々木喜善の初期小説を中心とする作品が、喜善の『遠野物語』の口述にどう反映しているかを検討することであった。「サムトの婆」、「オクナイサマ」、「夫鳥」、「蓮台野」と四つの話をそれぞれ対応する小説、随筆で試みた。

勿論、異論のあることは、筆者も百も承知である。

しかし、ともすれば柳田の蔭に隠れがちな話者・佐々木喜善は「遠野雑記」(『人類学雑誌』第二八巻四号所収、一九一二年、『全集』Ⅱ)の冒頭において、「柳田氏の遠野物語の続篇の類《タグイ》とも思ひ、陸中国遠野郷に行はる、諸々《モロモロ》の風俗話説をば順序も秩序もなく我が胸に浮びし儘に記す」とした。しかし、初期小説と『遠野物語』の口述を検討する限り、単に「胸に浮びし儘」というより、喜善なりのモティーフが一部分であるにせよ、その口述に反映しているのではないかと考えている。作家になりたいという喜善の思いがそこにあるのではないだろうか。

『遠野物語』にこのような喜善のモティーフが投影されたとすれば、いわゆる『遠野物語』の民俗学的価値について再考する場面が出てくるが、本小論で検討したサムトの婆などすべて、喜善の民俗研究家としての著述・出版物を検討すれば、「寒戸」は「登戸」の事件であったごとく裏付けられるから、一世紀以上前の生活、宗教観などの民俗誌的な価値は損なわれないと思われる。すでに谷川健一氏は大和書房版の『遠野物語』の解説で次のように述べていることに注意しなければならない。

> 『遠野物語』はいわゆる昔話の集成ではないから一定の話の型があるわけではない。しかし柳田が佐々木の口述を忠実に筆記したとしても、その物語はすでに佐々木という文学青年を濾過している。ここにおいて柳田は佐々木の口述をより正確に、共同幻覚の産み出した物語に近づける努力をしなければならなかった(傍点筆者)。

ここで注目しなければならぬのは「その物語はすでに佐々木という文学青年を濾過している」という部分である。たしかに柳田の筆で「一字一句を加減せず感じたるままを書きたり」ということで、喜善口述に基づく『遠野物語』は不朽の名作になったわけであるが、谷川氏の、「佐々木という文学青年を濾過している」という指摘は、『遠野物語』口述の読み方を考えるうえで、発刊百年という節目を迎えた今日、もう一度想起したいこととしてある。

このことは桑原武夫氏の岩波文庫版の『遠野物語・山の人生』の解説と表裏一体になっていると考えられる。

　「鏡石君は話上手にあらざれども誠実なる人なり。自分もまた一字一句を加減せず感じたるままを書きたり」。そして『遠野物語』が生まれたのである。この一句を従来注目した人は少ないが、私はきわめて重要だと考える。「感じたるまま」とは異様である。ふつうなら「聞きたるまま」というべきではないか。もちろんテープレコーダーの録音をそのまま再生するようなものではありえない。しかし、ことさら「感じたるまま」といったのは、話の内容は改めていない、しかし鏡石の語り口に満足できぬ柳田が自己の責任において文章としたという意味であり、人間の心に関する事実は、その事実を書きしるす文章のあり方によって変容するということを柳田は感じ取っていたにちがいない（傍点筆者）。

桑原の言うように、「話の内容は改めていない」とすれば、本小論で検討した初期小説のモティーフがそのまま『遠野物語』に流れ込むわけだから、より一層『遠野物語』の読み方として、初期小説の検討が必須になるだろう。

この小論で触れることのできなかった初期作品、たとえば「盆灯籠」には山男・山女等のイメージと喜善の作家として立っていきたい意欲、「市日」には中継商業地として栄えた遠野の町の有様と遊郭の雰囲気、「布施米」には貧農の生活、「閑古花」にはマヨイガを連想させる奥山の様子などがあり、資料的価値に満ちている。まさに明治時代の遠野郷の生活を描写するこれら作品を分析することは、『遠野物語』の読み方を深めるものである。

今後の佐々木喜善研究の指針として、石井氏は、喜善研究の柱として、五つの分野、すなわち「文学、民俗学、日記、書簡、カード」をあげ、ともすれば喜善は伝承文芸など民俗学関係に眼が行きがちなのであるが、喜善の仕事を考えたとき「文学作品は量的にも看過できない割合占め」ると指摘し、喜善研究のなかで遅れている文学分野の研究に取り組むべきことを説いている（前掲書「佐々木喜善と文学」）。

また岩本氏は、「佐々木が柳田に会う以前の文章」の検討の大切さと、「それをきちんとみてやること」がなければ、喜善は「柳田の規制から逃れることはできない」（「サムトの婆々と佐々木喜善」）と述べている。規制からの脱却はともかく、柳田に会う以前に、喜善から発せられた初期短編小説が『遠野物語』とどう連結するかを検討することは、喜善の文学者としてのあり方、そしてやがて立ち上がってくる民俗学者としての喜善を正当に評価する契機になるだろう。

主な参考・引用文献一覧

・石井正己『遠野物語の誕生』若草書房、二〇〇〇年
・石井正己『柳田国男と遠野物語』三弥井書店、二〇〇三年
・石井正己『佐々木喜善資料調査と公開に関する基礎研究』東京学芸大学、二〇〇七年
・石井正己「つたえる―佐々木喜善『聴耳草紙』の再発見」『口承文芸研究』第三二号、二〇〇九年
・岩本由輝『もう一つの遠野物語』刀水書房、一九八三年
・岩本由輝「サムトの婆」をめぐって」『平成四年度博物館講座講義集』遠野市立博物館、一九九三年
・岩本由輝「「サムトの婆」再考」『国立歴史民俗博物館研究報告』第五一集　二〇〇三年
・岩本由輝「サムトの婆々と佐々木喜善」『東北民俗』第三〇輯二〇〇六年
・上田敏『復刻版　定本上田敏全集』第六巻、第七巻、教育出版センター、一九七八年

・桑原武夫解説『遠野物語・山の人生』岩波文庫、一九七六年
・菊池照雄『山深き遠野の里の物語せよ』梟社、一九八八年
・菊池照雄『遠野物語をゆく』梟社、一九九一年
・後藤総一郎監修・遠野常民大学編著『注釈遠野物語』筑摩書房、一九九七年
・後藤総一郎監修・柳田国男研究会編著『柳田国男伝』三一書房、一九八八年
・佐々木喜善『佐々木喜善全集』Ⅰ〜Ⅳ、遠野市立博物館、一九八六〜二〇〇三年
・佐藤誠輔『佐々木喜善小伝』遠野教育文化振興財団、二〇〇三年
・高橋喜平『遠野物語考』創樹社、一九七六年
・谷川健一解説・島亨注『遠野物語』大和書房、一九七二年
・三浦佑之『村落伝承論』五柳書院、一九八六年
・柳田国男『柳田国男全集』筑摩書房、一九九七年〜
・山下久男著・石井正己編『雪高き閉伊の遠野の物語せよ』遠野市立博物館、二〇〇〇年

特集　遠野を訪れた人たち

柳翁宿（旧高善旅館）

顔写真出典

柳田国男　『柳田国男写真集』
金田一京助　『東北の土俗』
水野葉舟　『光太郎と葉舟』
折口信夫　『折口信夫の世界』
本山桂川　『日本民俗誌大系』
ニコライ・ネフスキー　『図説遠野物語の世界』
板沢武雄　『岩手人名大鑑』
宮沢賢治　『日本のクリム佐々木喜善』
森嘉兵衛　『森嘉兵衛全集』
山下久男　『図説遠野物語の世界』
桑原武夫　『桑原武夫全集』
本田安次　『日本民俗誌大系』
板橋源　『岩手人名大鑑』
鈴木棠三　『日本民俗誌大系』
佐々木徳夫　研究所所蔵
米山俊直　研究所所蔵
加守田章二　『加守田章二』
後藤総一郎　研究所所蔵
野村純一　研究所所蔵
内藤正敏　研究所所蔵

狐が現れて人をだました多賀神社（遠野）

遠野を聖地にした人々

『遠野物語』に載る不可思議な話は、序文に「目前の出来事」「現在の事実」とされ、実際に起こった出来事であると規定された。そうした記述に刺激されて、出来事の現場に行ってみたいという思いに駆られる人は多いようだ。急速な近代化の中で日本が失ったものを探しに来る人も少なくあるまい。

実際、発刊から一〇〇年が経ち、この間に遠野の地を訪れた人はおびただしい数になるにちがいない。そうした事態に対応すべく、この四〇年ほど、『遠野物語』に関係する文化施設もつくられてきた。それらは、観光客の受け入れ先になりつつ、遠野人の郷土意識を育む場所になってきたように思われる。

もちろん、こうした仕組みが生まれる前から、遠野に吸い寄せされるように集まってきた文化人たちは多かった。早くは水野葉舟、柳田国男があり、金田一京助、折口信夫、ニコライ・ネフスキー、桑原武夫など、錚々《そうそう》たる人々が続いた。ここではそうした人々二〇人を取り上げてみた。『遠野物語』ばかりでなく、こうした人々の営為の積み重ねがあって、遠野は初めて聖地になったのである。

この他にも、最初の英訳を残した戸田閑男《とだしずお》、博物館の開館に尽力した池田弥三郎、現代民話を提唱した松谷みよ子など、取り上げなければならない人は少なくない。そうした人々の中から、遠野を訪ねたことから学問や人生を形成し、それが同時に遠野の文化にも深い影響を与えたような人を選んでみたと言っていい。大方のご批判とご叱責を乞う次第である。

（石井正己）

柳田国男《やなぎたくにお》

明治八年（一八七五）七月三一日〜
昭和三七年（一九六二）八月八日

柳田国男は、生涯の間に遠野を三回訪れている。明治四二年（一九〇九）、大正九年（一九二〇）、大正一五年（一九二六）である。また、昭和四年（一九二九）七月に、遠野上空を飛行機で通過したことを加えれば、四回になる。

明治四一年一一月四日からはじまる『遠野物語』の聞き書きが、翌年の初夏で一段落し、その夏、八月二三日から二六日にかけて、柳田は遠野訪問を試みる。『遠野物語』序文の中段に遠野紀行として述べられているのが、それである。

東北本線の花巻駅で汽車を下り、人力車を乗り継いで、二三日の夜、遠野の高善《たかぜん》旅館（とおの昔話村に移築された現柳翁宿）に到着する。突然の訪問であった。二四日は「馬を駅亭の主人に借りて」、土淵村山口の喜善の家を訪ねたが、喜善は上京していて不在であった。そこで、佐々木家から喜善の後見役でもある北川真澄を紹介され、『遠野物語』の背景を確認することができたと思われる。翌二五日は馬に乗っての附馬牛《つきもうし》行であったが、菅原神社の村祭りの様子が、「天神の山には祭ありて獅子踊あり。茲《ここ》にのみは軽く塵たち紅《あか》き物聊《いささ》かひらめきて一村の緑に映じたり」などと、序文に詳しく述べられている。

さらに二六日は、台湾学者でもある伊能嘉矩《いのうかのり》（一八六七〜一九二五）を新屋敷《しんやしき》（現東舘町）の居宅に訪問して、台湾原住民のことも話題に出たと思われるし、遠野の歴史や文化、古書にも触れることができた。その翌日、盛岡へ出立する前には、新町の南部男爵邸で宝物、古文書などを一見することができた。また、この旅が機縁となって、『石神問答』の往復書簡が始まり、伊能嘉矩が相手として登場することになる。

二回目の遠野訪問は、柳田が貴族院書記官長を退官して、東京朝日新聞社の客員となった大正九年のことで、柳田は三陸海岸を徒歩で縦走する旅に出た。旅先での印象を『東京朝日新聞』に「豆手帖から」（『雪国の春』所収）と題して掲載する。仙台から塩釜・石巻と進んだが、天候の悪化などがあり、海岸沿いを行くことができなかった。そこで北上川沿いを北上し、一関・岩谷堂を通って、江刺郡の人首《ひとかべ》から五輪峠を越えて遠野に入る。八月一四日の宿は、初回と同じ高善旅館である。柳田に先行して、慶應義塾大學出身の松本信広が喜善の家に来て逗留し、山登りなどをしていた。

柳田は旅館から、佐々木喜善に到着を知らせる使いを出す。喜善からの知らせを受けて、伊能は早速高善旅館の奥の三階にやって来る。開け放って見晴らしのいい部屋で向きあって、二人は遠野郷の成り立ちや学問の歴史を語りあっている。一方、佐々木喜善は夕方になって、松本とともにやってくる。夜になると郷土研究に興味をもった遠野の人々が集まってきて、賑やかに話がはずむ一夜を過ごしている。

翌日、柳田は松本を伴って、赤羽根峠を越えて世田米《せたまい》から気仙に向かう。その後、唐桑・気仙沼を回って、船で釜石にに着き、遠野からきた喜善と、二〇日から三陸海岸を徒歩で北上し、八戸《はちのへ》まで同行する。この時の記録を、喜善は『岩手毎日新聞』に「辺土の旅」として連載しているので、柳田の「豆手帖から」と比較して読むと興味が深い。

三回目は、伊能嘉矩追悼の旅である。伊能は大正一四年（一九二五）九月に、台湾で罹患したマラリアが再発して亡くなる。遠野では、土淵小学校長の鈴木重男（一八八一〜一九三九）が、遠野町に遠野郷土館という私設の図書館兼博物館を建てていた。そこで組織された郷土研究会の会長は伊能嘉矩であったが、実質的な担い手は鈴木重男なので、伊能先生記念郷土学会を設立して、遠野の郷土研究を継続発展させたいと考えていた。それで柳田国男を顧問に推戴するのである。

柳田は、この時、子供の為正《ためまさ》を連れて東北を旅行し、前夜は、後に「清光館哀史」が書かれることになる、八戸線の陸中八木に泊まっている。翌朝から、東北本線・岩手軽便鉄道と乗り継いで、遠野に着いたのは七月二九日であった。

七月三〇日、大慈寺で伊能の墓前祭が営まれ、午前一〇時から遠野小学校講堂で記念講演会が開かれた。講師は東大助教授の松村瞭《まつむらあきら》、東大講師の金田一京助《きんだいちきょうすけ》、東京朝日新聞社顧問の柳田国男であった。柳田は「東北研究者に望む」という演題で講演し、遠野人に伊能嘉矩の遺志を継いで郷土の研究に励むように要望している。

その後、遠野では、昭和八年（一九三三）に遠野物語朗読会が『遠野物語』の謄写版をつくって「名著」と呼び、地域の文化財として称揚することになる。だが、そうした動きがあったことを、柳田が知っていたかどうかはわからない。

また、柳田は、遠野町ＰＴＡ連合会編で昭和二四年（一九四九）に発行した『遠野』の「序」に、飛行機で遠野の上空を飛んだ思い出を述べている。そして早池峰山を見た印象を、「以前たゞ一夜二夜の旅を重ね、古い友だちの何人かをもつたというだけの因縁があつてさへ、なほ私はあの日の印象は消える時が無い」と述べているが、遠野郷はやはり忘れ得ぬ土地であったのだろう。

柳田の論考を見ても、佐々木喜善から提供された資料や、遠野と関わることは枚挙にいとまがないが、とりわけ大正一五年の『山の人生』や昭和二一年（一九四六）の『先祖の話』などにはっきり示されている。遠野が柳田民俗学の基底となった場所の一つであることは言うまでもなかろう。

評価　「東北と郷土研究」（昭和五年）

今から丁度二十年ほど以前、私が佐々木喜善君の談話を整理して遠野物語と題して世に公にした頃は、何といふ珍らしい話題ばかり多い地方だと、友人達は皆な目を見張り、私も亦《また》心窃《ひそ》かに黄金の鉱脈にでもぶつつかつた様な感じがしました。

（高柳俊郎）

金田一京助《きんだいちきょうすけ》

明治一五年（一八八二）五月五日～
昭和四六年（一九七一）一一月一四日

金田一京助が、『遠野物語』および遠野との関係を持つようになったのは、柳田国男との出会いに始まった。柳田国男が内閣書記官、記録課長、法制局書記官の時代に、上田万年《うえだかずとし》の助手である亀田次郎の紹介により、アイヌ語の専門研究者として出会った。これを機に、新渡戸稲造《にとべいなぞう》を中心とする郷土会の人々とも出会うことになる。この頃、伊能嘉矩《いのうかのり》との出会いもあった。大正二年（一九一三）『郷土研究』が刊行されたころである。

また、大正一五年（一九二六）、柳田国男とともに、遠野で行われた伊能嘉矩の一周忌に参列した折に、佐々木喜善に初めて会っている。この時は、「郷土の言語と伝説」と題する講演をしている。佐々木の日記には、「金田一君の話では余の事が五回も出てうんとほめられた」「金田一京助氏の話では思はず涙ぐむ」とある。

また、昭和五年（一九三〇）、東北土俗講座のラジオ放送のため仙台に招かれ、喜善との二度目の出会いをしている。この時、金田一は「言語と土俗」「巫女と座頭」の二回の放送を担当している。この時のことであろうか、「始めて会つてお話をするのに、少しの躊躇も、又わざとらしさも無く、極めて自然に、遠野の土語で話しかけられた。而《しか》もそれは、一度も東京へ出たことのない人のやうに、純粋なお国訛りを持つのであつた。私はそれだけからでも、この人の、「遠野物語」の主人公としての面影を、会得出来たやうな気がしたのであつた」（『北の人』）とも述べている。佐々木喜善の人となりを的確にとらえている。

また、「我が国の昔噺に就いて」の一節には、「佐々木氏の『江刺郡昔話』と『紫波郡昔話』（共に郷土研究社刊の「炉辺叢書」の内）と、前者は氏自身その地へ入つて蒐集したもの、後者は紫波郡の小笠原謙吉氏がその老祖母の話を折に触れて書き溜めては同氏へ送り、十年、二百七篇に上つた中から、佐々木氏が百十五篇を選抜編輯したもの、折口信夫《をりくちしのぶ》氏が一唱三嘆して、グリム以上だと驚いた程すばらしいものなのである」（同）とある。折口を引き合いに出しながら、佐々木の業績を絶賛する。金田一は、佐々木の没後、「日本のグリム」と呼んだと言われている。

そしてまた、昭和一〇年（一九三五）に『遠野物語　増補版』が出たときには、『東京朝日新聞』で、「此の様な世界は決して吾々と全然無縁の世界では無い。吾々も其の伝承の中に生れ落ち、曾《かつ》ては其の伝承の世界に成長をして来たものである。が、たゞ物理、化学、幾何、代数の近代教育に入る門出に袂を分《わか》つて来たばかりの世界である」とする。我々の魂の故郷であり、我々の祖先も先人もみなその中から出て来たはずの、古い古い伝統の流れが語られているのが『遠野物語』であるというのである。そして、「この聡明、敬虔な魂と純真素朴な魂との邂逅、それに由《よ》つてのみ生れ得た遠野物語一巻の出現は、ゆくりなくも日本民俗学の呱々《ここ》の声となつたのである」という。そして、「所謂郷土研究、日本民俗学の好羅針盤である」と評している。古の時代の「みちのく」に伝承された伝説、昔話、神話を包含する『遠野物語』は、柳田のいう「山の人生」、折口のいう「山びと」にも触れ、民俗学の根となっていると考えていたのである。

金田一はこうして、アイヌ語の研究者として柳田国男を通して郷土会に入り、遠野出身の伊能嘉矩・佐々木喜善等に知遇を得た。教え子である折口信夫は、ユーカラ研究に最も深く興味を持つた人であった。國學院大學の郷土研究会の公開講演で「虎杖丸《イタドリマル》の曲」の梗概とユーカラ序説を話した時に、アイヌ文学はみな第一人称の叙述で、つまり神語（託宣の形）であることを理解した一人であった。さらには、アイヌ語の語形がアイヌ語の古い第一人称形を表すという解釈を全面的に肯定してくれたのは、『アイヌ神謡集』の著者知里《ちり》幸《ゆき》恵《え》であった。アイヌの英雄叙事詩の記録・研究に力を注ぎ、世界に誇る業績を残した金田一京助は、昭和六年（一九三一）には『アイヌ叙事詩ユーカラの研究』二冊をまとめている。

昭和三〇年代後半ではあるが、私には、ある日の言語学特殊講義のやさしい笑顔の先生の姿が目に浮かんでくる。時折、石川啄木の話に脱線しながら、そしてアイヌの古老の話やトリカブトを矢の先に塗ってする狩猟の話などをなさったことを覚えている。

評価　「佐々木喜善さんの事ども」（昭和九年）

折口博士も、それに続いて話された。佐々木さんの嘘といふことに就いてゞある。それは先年、柳田先生へ、佐々木さんが、『昨夜、村の坂で先生にお逢ひした夢を見ました』なんて、うまいことを手紙に書いて差上げて、先生が破顔一笑されたけれど、『あれは嘘なんです。東北の人に、さういふ美しい詞で美化する詩人的な嘘が交じるのです』といふ様なことだつた。

折口博士の、いつもながらの鋭い洞察の冴《さ》えに、私は私自身が裁かれる様で、背に汗をかいて傾聴した。

私にも、さうした手紙を書いたことがありはしなかつたか。そして折口さんの様な直感の所有者から、嘘だと批判されてゐたであらうか。

顧みると長い生涯のことである。『あなたの夢を見た』――何だか、いつか、誰かに書いたことがありさうでならない。たゞ、私自身、さう書いたのなら、やはり本当に夢を見たその機会を掴《つか》んで手紙を出したことだつたであらう。ひよつとしたら、佐々木さんのその手紙も、さういふ機会を掴んだ手紙だつたのでは無いかしらと、私に仄《ほの》かに頷《うなづ》けてしやうがない。

（昆弘盛）

水野葉舟《みずのようしゅう》

明治一六年（一八八三）四月九日〜
昭和二二年（一九四七）二月二日

名著『遠野物語』が世に出るに当たって、生みの親佐々木《ささき》喜善《きぜん》と育ての親柳田国男を引き合わせた人物がいる。いわば仲人のような役割を果たした人、それが水野葉舟である。

葉舟は本名を盈太郎《みつたろう》と言い、喜善の三つ年上で、明治一六年（一八八三）四月九日、東京に生まれた。六歳のとき、父の転勤に伴い福岡市に移った。進学準備中に投稿した「長夜吟」が雑誌『文庫』に発表されたのをきっかけに、明治三三年（一九〇〇）八月、上京する。新詩社の与謝野鉄幹に師事し、雑誌『明星』に詩や短歌を発表し始め、明治三八年（一九〇五）、早稲田大学高等予科卒業にあたっては、親友の奨めもあって父の実業界入りの熱望を断り、文学者として世に出ることを決意する。前後して『あららぎ』『明暗』を出版したことから、たちまち文壇に認められ、以後は、有望な新進作家として文芸雑誌や有力新聞からの寄稿依頼が続き、次々と発表する短編小説等によって文名は高まっていった。

二〇歳の喜善はそんな新進作家の部屋を、恐れ気も無く訪ねたことになる。喜善の日記の明治三九年（一九〇六）一〇月一七日には、こうある。

「夜水野君を訪ふて十一時まで話する。初対面なれども互に心打ち解けて話し、怪談初まる。雨頻りに降る」

怪談が取り持つ縁と、二人の下宿が近かったこともあって、日に一、二度は互いに訪ね合って文学論を闘わせ、時には連れ立って散歩したものだという。喜善は、葉舟を通して前田夕暮や三木露風、秋田《あきた》雨雀《うじやく》、北原白秋などと交友範囲を広げるとともに、明治四〇年（一九〇七）には、水野の薦めによって書いた短編小説「長靴」が、上田敏に認められ、一流誌『芸苑』に掲載される。

当時の喜善を、水野はこう回想する。

「僕が親の家を出て、神楽坂上の下宿に居た頃、生まれながらにして、咄の蔵を持っている人と知り合いになった。佐々木君の話は、夢幻郷の物語のようでありながら、しかも実在のものであった。一郷の生存の姿と魂の呼吸を実感させてくれた」と。

水野は、早速、喜善を伴って、知り合いであった柳田国男邸を訪ねる。伴われた喜善は、牛込加賀町の立派な官舎と羽織袴姿の柳田にびっくりしたという。喜善の日記の明治四一年一一月四日には、こうある。

「学校（早稲田大）から帰つてゐると水野君が来て、共柳田さんの処に行つた。お化話をして帰つて、水野君の初体験をうんと聞かされた。水野君は泊まつた」

喜善は「お化話」と言っているが、聞き手の柳田は違った。無批判な欧化思想（文明開化）を苦々しく思っていた彼が、この夏七月、宮崎県椎葉村を訪ねて、古来から山の神を祀る人々と出会ったところに、千里離れて暮らした男が、同じ山の神の話をしたのである。柳田は「日本人の心の世界は、遠い祖先の時代から少しも変わっていない」ことを実感し、『遠野物語』への執筆を思い立ったといわれている。

　一方、間に立った水野は、「柳田氏と一緒に喜善の話を聞きながら、いつの間にか、喜善と共に柳田氏に話しているような、不思議な心持ちになった」と述懐する。

　水野は翌明治四二年（一九〇九）三月、すなわち柳田が遠野を訪ねる五カ月も前に行動を起こす。小品「遠野へ」によると、列車で花巻に降り立った水野は、「これが北国空か……」と寒さを実感し、乗合馬車に乗る。馬車は土沢と宮守で乗り換え、上鱒沢で一息入れると、雪のちらつく中を夜の遠野へ入る。馬車の乗客たちのそれぞれの人物描写や、旅宿で耳にする隣室の会話など、柳田とは一味異なった遠野の物語が展開される。

　また、「土淵村にての日記」の第三章は、三月一七日の記録として、「一雪降ると、六角牛《ろつこうし》の峰には他の山よりも一層深く積もる」、「文壇の騒がしい声が、遠くの方でするような気がする。が、昨日も三日、こうして暮らしてしまったのだ…」と伝え、注記には、「自分はここに約二十日間滞在していた…」と記している。

　さらに、「帰途Ｉ」では、「遠野を発ったのは二十八日の朝だった。同行のＳ君は馬車に乗ると目まいがすると言うので歩くことにした」とあり、その行程が推定される。

　水野は、喜善と同じく怪談に興味を持つ人で、柳田国男主催のお化会にも出席し、自分でも喜善から聞いた怪談を発表している。その中には、大津波や狐の話など、『遠野物語』と重複するものがいくつかあり、最初に柳田邸を訪れた感動の大きさがわかる。

　この後も、水野と喜善の深い交友は続くが、水野は童話、翻訳、ローマ字問題、さらに民俗に及ぶ多才多能ぶりを発揮する。岡野他家夫（『日本近代文学大事典』）は、「詩歌人、随筆家と称しても不当では無いが、やはり作家として近代文学史に記すことがより妥当であろう」と評価している。

評価　「遠野物語を読みて」（明治四三年）

　この遠野の話が、ちやんと一冊の書になつたのに就ては、僕は誰よりも嬉しく思つた一人であると思ふ。尤《もつと》も、この嬉しいと思ふ心持を抱いたのは、僕一人ではないので、も一人外に例の、この話の話し手であつた佐々木繁君が居《を》るわけなのです。僕はその当の佐々木君と同様に喜びを感じる事が出来るわけです。僕は一体この書の話が、佐々木君から柳田氏に伝へられる時には、柳田氏と一緒に聞き、佐々木君と一緒に話して居《を》るやうな心持で、その席に坐《すは》つて居たのです。

（佐藤誠輔）

折口信夫《おりくちしのぶ》

明治二〇年（一八八七）二月一一日〜
昭和二八年（一九五三）九月三日

大正二年（一九一三）三月、柳田国男は『郷土研究』を創刊した。同年一二月、折口信夫の投書した「三郷巷談」が掲載され、これを機に折口信夫と柳田国男との繋がりが始まった。大正三年（一九一四）の一二月であろうか、冬の一日、神田の露天で『遠野物語』を探し求め、深い感動を受け、遠野に対する関心を持った。

大正四年（一九一五）の『郷土研究』に折口の「髯籠《ひげこ》の話」が載った。この年初めて柳田と出会い、これが縁になり、新渡戸稲造邸における郷土会に出席するようになった。この郷土会は日本人の古い相を知るための郷土研究であり、民間伝承の採集でもあった。その中心的人物は柳田国男であった。

翌大正五年（一九一六）一月一三日・一四日（推定）、折口信夫が武田祐吉に宛てた書簡に、「遠野盛岡辺へ旅行をはじめようと思うたのも早く一歩でも希望ある生き甲斐のある仕事をはじめることと……別に費用などについて成算があつてではありませぬ」、「まづ花巻へ行つてそれから遠野の方へ移つてだん〴〵淋しい歴史のない口碑や迷信や破格の言語の多い処を探り入つて行かうと思ひます」とある。遠野に行くために借金をしてでも行かねばならないという強い思いであった。それが折口にとって、人生の、そして新たな学問への明かりのさした方向と思えたからにほかならない。

東北の山村漁村の民俗採訪旅行は、昭和五年（一九三〇）八月下旬、初めて実現した。折口は八月二九日、佐々木喜善と仙台で落ち合って、旅の費用二三〇円を渡している。その後陸中遠野に入った。それから佐々木喜善と共に南部地方を縦断して、八戸まで同行した。そこで、佐々木は遠野に帰り、折口は秋田・男鹿を廻って帰京した。

折口は、佐々木喜善宅に宿泊した。その際の印象を昭和五年九月一日の鈴木金太郎・藤春（藤井春洋）宛のはがきに次のように述べている。

昨夜は、佐々木さんの遠野の家でとまつた。村のをどりを長時間見せて貰うた。そのつかれで、よくねむつた。今朝は、遠野物語の立ち役をつとめてゐる六角牛山《ロッコウシ》が霽れてよく見える。

こゝらは、苗代田は、一年間遊ばしておく習はしになつてゐる。

遠野といふ処は、平泉《ヒライヅミ》よりも土相《ドサウ》がすぐれてゐる。更に鎌倉よりもよい。

ちよつと京都といつた感じがある。唯あまり辺陬で、平泉の様に大豪族が早く発見しなかつたゞけだと思ふ。驚いたのは、腹持ちの鮎の大きいのが、とり〳〵で十疋壱円廿銭だというてゐた事だ。それを焼いて貰うてたべた味は、京都以上でした。

また、昭和一〇年（一九三五）に再版された『遠野物語増補版』の「後記」には、次のような一節が見える。

六角牛《ロッコオシ》の翠微を望んで、暫らくはほうとして居た。夏霞は晴れた日の「遠野」の空に、小雨でも降るやうに、うつすりとかゝつて居る。山の鼻を廻ると、一時にこれだけの見渡しを目にした。半時間も別れて居た猿ヶ石の速瀬が、今は静かになつて、目の前にせゝらいだ。軽便で来る道々も、川と軌道と県道とが、岐れ岐れになつて、山に這入つて行つてるぐあひが、目に沁みた。

瞥見には、茶店と思はれる小家《イヘ》があつて、その背戸から直に、思ひがけない高い処へ、白々と道がのぼつてゐる様子など、とても風情があつた。まして二十年前、若い感激に心をうるまして、旅人は、道の草にも挨拶したい気もちを抱いて過ぎたことであらう。

目前にけたゝましく揚る響きは、上閉伊郡聯合青年団の運動競技会の号砲ではないか。現に私どもが、此から土淵まで行かうと言ふので、佐々木さんが肝をいつて、やつと引つぱり出して見えた自動車の車掌があつた。昼から酔ひつぶれて、河童とでも相撲とりさうな、たゞの山の百姓になつて居た。盆花《バナ》も、きのふ今日と言ふのに、秋祭りでも来た様に、顔を赤くした人々で、道は車の乗りとほせぬ程、雑沓して居た。その町どほりを、あつちへ寄り、こつちへよろけ、よた〳〵と走つては、思ひ出した様に、さあかすもどきの挙手を、行きあふ知り人に投げた。その車掌が、である。

初めて遠野郷に入り来て、土淵の佐々木喜善の家に行くまでの目に映った印象を述べている。遠野に入り、町の景色やいろいろな相を一つとして見逃すまいとする。『遠野物語』の舞台に臨み、眼前の人々の様子から物語に思いを致しつつあったのである。

この時、歌人・釈迢空として詠んだ歌が、「奥州」という歌群の中に「猿ヶ石川に　ひたすら沿ひのぼり、水上《ミナカミ》ふかきたぎちを　みたり」「みちのくの　幾重かさなる荒山の　あらくれ土《ヅチ》も、芝をかづけり」「山なかは　賑はへど、音澄みにけり。遠野の町にあがる　花火」とある。

評価　「後記」（昭和一〇年）

此の豊けさと共に、心は澄みわたるものゝ声を聞く。それは早池峰おろしの微風に乗るそよめきの様でもある。ざしきわらし・おしらさまから、猿のふつたち・おいぬのふつたちに到るまで、幽かにさゝやきあつてゐるのであらう。我が国の「心」と「土」とに、最即《ソク》した斯学問の長者の為に、喜び交す響きに違ひない。寒戸《サムト》の婆も、この風に馭して来るであらう。故人鏡石子も、今日ごろはひそかに還つて、私どもの歓喜に、声合せてゐるのではないかと思ふ。

（昆弘盛）

コラム

高善旅館の一夜

柳田国男が遠野を訪れたのは、明治四二年（一九〇九）、大正九年（一九二〇）、大正一五年（一九二六）の三回であった。なかでも多くの遠野人と膝を交えて歓談したのは、二度目に来たときであろう。この時、柳田は三陸海岸を縦断する旅をしていた。いわゆる「豆手帖から」の旅の途中であった。いくつかのアクシデントがあって、予定より二日早い八月一三日、遠野に着いた。

伊能嘉矩《いのうかのり》（一八六七〜一九二五）は、「フオクロアの鼓吹に、先鞭をつけられつゝある柳田国男氏が、東北漫遊の途《みち》すがら、江刺郡界の五輪峠を踏破せられて」（『岩手日報』）と紹介している。再び高善《たかぜん》旅館に宿をとった柳田が、夜半、土淵村の佐々木喜善に使いを出して到着を知らせたので、喜善は翌朝、早々とやってくる。

一四日の午後、まだ日差しの強い時刻に伊能がやってきて、見晴らしのいい三階の座敷で対座した。柳田は、このような好学の士が現れた遠野郷の歴史に興味をもっていた。伊能は開け放った部屋から遠野町の家並みや六角牛《ろっこうし》の山を遠望しながら、広がる景色のあちこちを指して、遠野の学問の生い立ちを話した。

夜になると、伊能や喜善の呼びかけで、柳田から書庫と呼ばれた鈴木吉十郎（一八五八〜一九二二）や、遠野南部侯の遺産を預かっていた及川忠兵（一八五二?〜一九二三）をはじめ、民俗に関心をよせる十数人が集まった。伊能は、「あらゆる郷伝俚俗をもたらし来たつて、座興さながら湧かんとする」と、その様子を述べている。

柳田のメモ（『民俗学研究紀要　第二四集別冊』成城大学民俗学研究所）によって、その時交わされた話題の輪郭を知ることができるのは嬉しい。例えば、テンヤ（近世の芸能者）のこと、羽黒岩（拾遺一〇話）のこと、オシラサマのこと、与作塩（拾遺二七八話）、ヒカタタクリ（拾遺二七一話）など、広汎な話題を語り合ったようだ。そのなかで及川忠兵が語った「吉兆の鷹」の話を、伊能は「車井物語」としてまとめて『岩手日報』に寄稿し、旅先の柳田へ郵送している。

この一夜は、遠野の人たちの郷土研究に大きな刺激を与えただけでなく、喜善のこれからの方向も決定づけるものであった。一五日の朝、喜善が高善旅館内で書いたと思われる長野県松本市の胡桃沢勘内《くるみざわかんない》（一八八五〜一九四〇）にあてた葉書がある。柳田が信州における郷土研究の中心人物だった胡桃沢を紹介したにちがいない。柳田の旅を介して、地方の人々がそれぞれに交流を深めてゆくのである。（高柳俊郎）

本山桂川《もとやまけいせん》

明治二一年（一八八八）九月二一日～昭和四九年（一九七四）一〇月一〇日

長崎出身の民俗研究家で、柳田国男からはうとまれたが、佐々木喜善を支えた一人である。

大正九年（一九二〇）、出身地長崎で民俗誌『土の鈴』を発行した。佐々木喜善が掲載した文章には、「不思議な縁女の話」（大正一〇年（一九二一））、「巨樹の翁」（大正一一年（一九二二））、「地蔵雑話」（同）、「黄金の牛の話」（同）、「千曳石の話」（大正一二年（一九二三））、「大岡裁判の話」（同）、「偽汽車の話」（同）、「潮吹きの挽臼に就て」（同）がある。このうち五編は、後に本山桂川の関係で、大正一五年（一九二六）の『東奥異聞』に収録されている。

喜善の研究は、本山との関わりでのびのびと述べられてゆくが、こうした文章は柳田を中心とした民俗学からは疎外される。しかし、「偽汽車の話」は、後に松谷みよ子によって高い評価を得る。喜善の中に眠っていたもう一つの可能性を引き出した人物として重要である。

桂川が遠野を訪れたのは、大正一三年（一九二四）四月一一日のことである。岩手の民俗採訪の旅の途中であろう。遠野では、その一月に鈴木重男が私設の図書館兼博物館である遠野郷土館を立ち上げて、郷土研究の気運が昂揚《こうよう》していた時でもある。佐々木喜善が桂川を郷土館に迎えているが、初対面の印象を「ひどく若々しい人である」と日記に記している。喜善より二歳年下である。

翌日、新屋敷《しんやしき》（現東舘町）の伊能家に案内して、嘉矩に引き合わせている。それから近郊の会下《えげ》や多賀神社などを連れて遠野を紹介し、午後は郷土館で話し込んだ。その夜は遠野の郷土会のメンバーが集まって賑やかであった。わざわざ釜石から民俗研究家の山本鹿州《ろくしゅう》がやって来るし、喜善の家に滞在していたアイヌの文人の岩隈徳三郎も加わって、桂川の沖縄の話、岩隈のアイヌのユーカラの話、それに伊能の台湾談義が加わって、壮観だったようである。

喜善の没後、昭和九年（一九三四）に桂川は、喜善の作品を編集して、一誠社から『農民俚譚』出版した。その巻末に掲載されている「追想――佐佐木喜善君の遺業と其晩年」には、喜善と桂川との関わり、喜善の晩年の逆境への同情がるる述べられている。

桂川は、雑誌『民俗研究』を創刊したり、『日本民俗図絵』『与那国島図誌』『海島民俗誌』など、民俗研究に裨益するところが大きい。

（松田幸吉）

ニコライ・ネフスキー

一八九二年二月一八日〜一九三七年一一月二四日

ニコライ・ネフスキーは、大正四年（一九一五）七月、ペテルブルク大学の官費留学生として二年の予定で来日する。ほどなくして中山太郎と知り合い、その紹介で柳田国男の勉強会に出席する。さらに折口信夫などの民俗学者と交際して、日本文化を学ぶ充実した留学生活が始まる。

ネフスキーは日本の原初的信仰の研究から日本を理解したいという希望があり、民俗学の世界に入った。たぐいまれな語学力で日本語をマスターし、日本語で鋭い質問をして、周囲を驚かせた。はじめは主に中山についてフィールドワークを重ねていたが、その延長で、中山は『遠野物語』の里として遠野に着目し、佐々木喜善を紹介したので、第一回の遠野訪問が実現する。

喜善日記を見ると、遠野の佐々木家では、異国人の受け入れにだいぶ緊張していた様子がうかがえる。

大正六年（一九一七）八月二六日、夕方五時の汽車で遠野に来て高善に泊まる。翌日、土淵に向かい、山口の佐々木家に着く。それから、早速栃内の山崎観音の祭りに連れていくが、喜善は「眩暈《めまひ》ガスルホド疲レキツテシマツタ」と日記に書いている。

翌日から附馬牛《つきもうし》村荒川の駒形神社、西内《にしない》のカクラサマ、山口の薬師堂などを案内して歩いたり、ロシアの国柄のことなどを話し合ったりする。ネフスキーは、コンセサマやカクラサマ・オシラサマ、あるいは喜善の家や家族などをさかんに写真に撮っている。

喜善の家では、ネフスキーを受け入れるに当たって、トイレの改装が必要だったようで、大工を入れている。また、日記には「ワタシノ家ノ料理ヲ食セドモ頗ル困ツタ様子デアル。サツト盛ツタモノヲ二杯ヨリ食ベナイ」とあり、食事にも気配りが必要だったようだ。

ついには、喜善の家のオシラサマをくれと申し出て、喜善を困らせたりしているが、結局、ネフスキーは遠野町の大慈寺でオシラサマをもらいうけることができた。

九月二日は、遠野町で伊能嘉矩に会い、遠野町内の古い祠などを案内され、夜は迎え火を焚く遠野の盆の風景を見ている。その翌日、再び伊能家で懇談し、午後の汽車で綾織調査に同行する。一行は伊能と遠野の郷土史家たちで、綾織の駒形神社、胡四王、光明寺などを巡り、夕方の汽車で東京に発つ。この時の記録は伊能の『遠野のくさぐさ』にもあり、喜善は「遠野物語拾遺」にいくつか載せている。また、ネフスキーはこの時に伊能から聞いた話を「遠野のまじなひ人形」（『土俗と伝説』）として発表している。

やがてロシア革命で、ネフスキーは帰国できなくなり、小樽高商のロシア語教師となる。そして大正八年（一九一九）の春に、柳田から、佐々木喜善と共同でオシラサマ研究をするように勧められる。ネフスキーは研究対象をオシラサマに絞って活動を始める。大正九年（一九二〇）には東北縦断の調査旅行となり、その途中に二度目の遠野訪問となる。

この時は、柳田国男が陸中海岸を踏破する旅に出て、ネフスキーも喜善も同行する予定だったが、ネフスキーは歯痛などがあって別行動をとる。福島の高木誠一の案内で四ツ倉のお神明さまを調べ、仙台から佐沼を回って、高橋清治郎の案内で何人かのオカミンからオシラサマの聞き書きをしている。この時の探訪録は、柳田国男の『大白神考』に附録として紹介されている。

そして八月三〇日の午後三時ごろ遠野に着き、夕食後に伊能家を訪問する。翌日にはイタコの家で伊能とオシラ神遊ばせを見ている。

一方、喜善は釜石から柳田と同行して八戸まで行き、自宅に戻った八月三一日に、ネフスキーが遠野に来ていることを知る。それで翌九月一日、妻を迎えにやり、喜善の家で再会する。喜善日記には、「ネフスキー君来ル。会フ早々学問話ニ耽ル」とあり、オシラサマ研究に取り組んでいるネフスキーのあつい姿勢がうかがえる。

ネフスキーは八月分の給料を遠野で受け取るように手配していたが、三〇日は天長節で受け取れず、翌日までは滞在を余儀なくされたという事情もあった。結局、三日の朝八時の軽便鉄道で花巻に向かい、函館から小樽に帰った。

これ以降、お互いに調査カードを交換してオシラサマ研究をすることになるが、結果的には、その成果をまとめ上げるまでには至らなかった。ネフスキーはオシラサマの起源をアイヌにを探りながら、シベリア北方民族のシャーマンに共通の習俗があることを視野に入れている。これは柳田のわが国の固有信仰説とは対峙する発想である。一方、喜善は昭和三年（一九二八）、『東北文化研究』に「オシラ神に就いての小報告」を発表するが、オシラサマの起源については論究していない。二人の研究が交差することはなかったのかもしれない。

ネフスキーは大阪外国語学校に替わり、視野を沖縄に向けていくことになる。やがてソ連に帰国してレニングラード大学に迎えられるが、スターリンの粛正に遭って、日本人の妻とともに不幸な人生を終える。昭和三二年（一九五七）になって、やっと名誉が回復された。

評価　「遠野のまじなひ人形」（大正八年）

今一つ、どろぼうの這入つた家は、二尺程の藁人形の両手を縛り、両足に釘をうち、棒につけて村堺に立てます。すると、此まじなひの威力で、どろぼうはきつと、捕縛せられるか、歩くに困る病気に罹《かか》るかする、と信じられてゐます。此人形は、どろぼうに象《かたど》つてあるのだ相です。

（高柳俊郎）

コラム

柳田国男「豆手帖から」

柳田国男は、大正八年（一九一九）に貴族院書記官長を辞任し、翌九年から東京朝日新聞社の客員となる。そして、「三年間は自由に国の内外を旅行させてほしい」と申し出た。三陸海岸を南から北へ縦断しようとした旅は、その一つであった。行く先々で「豆手帖から」の原稿を書き、『東京朝日新聞』に送った。一九編が掲載され、昭和三年（一九二八）の『雪国の春』に収められた。

柳田は仙台を発ち、塩釜・石巻を経て、三陸海岸を北上する予定であった。遠野の佐々木喜善には、八月一五日ごろ釜石から遠野に向かう予定だと伝えている。しかし当時は道らしい道もない不便な所で、海岸の船越（現石巻市）まで出たが、それ以上進むことはあきらめなければならなかった。

しかたなく北上川沿いを歩いたが、あいにくの長雨となり、一関では出水にあい、旅館で「軒に雨の簾をかけ」（胡桃沢勘内《くるみざわかんない》あて書簡）て過ごすことになる。結局、大きく迂回して遠野を目指し、当初の予定より二日早く遠野に着き、再び高善旅館に泊まることになった（「高善旅館の一夜」参照）。

遠野からは、先に来ていた慶應義塾大學出身の松本信広を伴って、歩き残した南三陸の大船渡、陸前高田、宮城県の気仙沼に向かう。途中、住田町上《かみ》有住《ありす》から世田米《せたまい》のあたりは馬に乗ったり、広田湾は舟を使って横断したりして、機動力も駆使している。各所で古いものと新しいものが並行していることに注目しながら歩いている。気仙沼の大島では、村長にオシラサマを尋ねたら一蹴され、奮然としたというエピソードがある。

気仙沼からの陸路は断念して三陸汽船に乗り、釜石の桟橋に着くと喜善が菅笠を被って迎えに出ていた。釜石からは三人連れで、北へ向かう徒歩の旅が始まる。ここからは喜善が『岩手毎日新聞』に連載した「辺土の浜」があるので、「豆手帖から」と比較して読むと興味深い。喜善にとって、この一〇日ほど柳田と同行したことが、その後の生き方を変えたと言っても過言ではないほど、大きな感化を受けたと思われる。

この旅はオシラサマがキーワードになっているようで、「おかみんの話」「樺皮《かばかは》の由来」などにオシラサマが出てくるし、喜善は八戸で中道等からオシラ祭文を教わっている。喜善が遠野に帰ると、同行予定だったニコライ・ネフスキーが来ていて、伊能嘉矩《いのうかのり》とオシラサマ遊ばせを見たりしている。たまたまこの時期に重なったのであるが、それぞれが古来の信仰の姿を見出そうとしていたのだ。

（高柳俊郎）

板沢武雄《いたざわたけお》

明治二八年（一八九五）一月五日～
昭和三七年（一九六二）七月一五日

生涯、伊能嘉矩《いのうかのり》の門下生を自認し、伊能を敬愛した板沢武雄は、岩手県釜石市出身で文学博士、東京帝国大学国史学科教授・法政大学教授等を歴任、専門は蘭学史である。

伊能嘉矩の年譜（荻野馨編著『伊能嘉矩年譜・資料・書誌』遠野物語研究所）に、「明治四一年（一九〇八）三月釜石の板沢武雄、姉に伴われて初めて伊能家を訪れる、これより伊能家に寄宿して遠野中学校に通う」という一節がある。板沢の父と嘉矩の祖父との間に親交があり、その関係で板沢が旧制遠野中学校に入学するのを契機に挨拶に出向いたようである。だが、板沢の言によれば、この時は伊能に会えず、実際の出会いは同年八月末で、伊能家への寄宿もそれ以降になると言っている（「伊能先生の生涯、業績及び精神」『遠野夜話』所収）。伊能は寄宿した板沢を慈しみ、土器石器採集など野外調査に出かける時は伴い、また家にあっては、妥協のない学問研究の厳しさを身をもって教えたようである。

旧制二高に進学した板沢は、蘭学で有名な大槻一族の出である国語学者の大槻文彦博士の講演を聴き、蘭学研究を志すこととなる。大正五年（一九一六）、東京帝国大学文科大学国史学科に進学した板沢は、夏休みに伊能家に帰省すると、伊能から「Formosa under the Dutch（＝オランダ支配下の台湾）」の抄訳を指示され、大変苦労しながらも二年の歳月をかけ訳した。板沢は伊能の指示を「少しは先生の著述の参考にもなっただろうが、真意は私の語学力をつけようとの配慮からであった」（『日蘭文化交渉史の研究』序文）と述懐している。板沢の語学力は、後年、東大で薫陶を受けた鎖国論の権威である山口啓二をして、「板沢さんは専門が江戸時代、特に日蘭関係史が専門ですから、オランダ語も堪能な先生でした」（『歴史評論』第七〇四号）と語らしめている。

伊能は日本における創成期の人類学発展に貢献し、台湾研究者としての評価が高いが、大著『台湾文化志』（刀江書院・昭和三年（一九二八））の刊行は、板沢の力によるところが大きい。伊能は大正一四年（一九二五）九月、五九歳で他界、台湾研究の膨大な資料は「清朝治下の台湾」として起稿はされていものの未刊であった。板沢は伊能の台湾研究の学問的業績を後世に伝えるべく、柳田国男の尽力を得、伊能夫人・清子を支えて、発刊資金に至るまで奔走した結果、伊能の遺稿は柳田が『台湾文化志』と命名し、世に出たのである。

伊能の学恩を生涯忘れなかった板沢を讃えるかのように、前出の『伊能嘉矩年譜』には「昭和三十七年七月十五日　伊能嘉矩の愛弟子板沢武雄逝去、享年六十七歳」と記されている。

（大橋進）

宮沢賢治《みやざわけんじ》

明治二九年（一八九六）八月二七日～
昭和八年（一九三三）九月二一日

詩人・児童文学者といわれている宮沢賢治が、盛岡高等農林学校一年生の夏の、大正四年（一九一五）年八月二九日に、遠野から級友高橋秀松に宛てた葉書がある。

今朝から十二里歩きました／鉄道工事で新らしい岩石が沢山出てゐます／私が一つの岩片をカチッと割りますと／初めこの連中が瓦斯だった時分に見た空間が／紺碧に変って光ってゐる事に愕いて叫ぶこともできず／きらきらと輝いている黒雲母を見ます／今夜はもう秋です／スコウピオ（蠍座）も北斗七星も願はしい静かな脈を打ってゐます

岩手軽便鉄道は部分開業していたが、賢治は花巻から遠野までの約四六キロメートルを踏破している。盛岡中学時代から一人で岩手山に登っているので、平地の一二里は何でもなかったかもしれない。目的や宿泊先はわからないが、葉書はそのまま心象スケッチであると共に、言葉の端々からは科学者「石っこ賢さん」を垣間見ることができる。いずれ、遠野と賢治を結び付ける最初の証拠として大事にしたい。

次に賢治が遠野の地に立ったのは、大正六年（一九一七）七月三〇日である。岩手軽便鉄道の開業二年後、花巻の実業家は東海岸視察団を組んで、花巻→釜石→宮古往復の遊覧旅行を行った。賢治も一行に加わり、辛口の短歌を残している。

釜石の夜のそら高み熾熱の鉱炉にふるふ鉄液のうた（七月二五日）［書簡三五・歌稿五五五］

この群と釜石山田いまはまた宮古と酒の旅をつづけぬ（七月二六日）［保阪宛書簡三五］

翌七月二七日、一行は大槌を経て釜石回りで帰途に着くが、賢治は閉伊川を遡る。

山峡の青きひかりのそが中を章魚《たこ》の足はみて行ける旅人（七月二九日）［歌稿五六七］

七月三〇日には立丸峠を越え、足を引きずりながらやっと遠野町に辿りつき一首。

空光り八千代の看板切り抜きの紳士は棒にささへられ立つ［歌稿五七三］

立丸峠から歩いて遠野町に入る賢治の旅姿が想像できる。遠野発午後四時三三分に乗れば、花巻には七時〇五分着となり、父との約束を果たすことができる。

大正一四年（一九二五）一月五日から九日は、花巻→久慈→安家→宮古→釜石→遠野→花巻という三陸地方旅行に出かけ、遠野を通過する。『春と修羅　第二集』には、仙人峠から甥を思って歌った「峠」がある。

昭和六年（一九三一）九月、賢治は、上郷《かみごう》地区の石灰岩調査を名目に、教え子の沢里武治宅を訪問する。沢里の文章（遠野市校長会『いちい』第二号）によると、「お葉書を頂戴した私は宙を翔る心地で、軽鉄遠野駅に先生を出迎え、そのままデッキに並んで立った」とある。沢里は、そこで『風の又三郎』の作曲を依頼されたが、どうしても曲想が浮かばず、長い間「夢遊彷徨」の末、「詫び言」を言上して断る。

賢治と縁の深い遠野人には沢里武治の他に、恋人と言われた高瀬露（一九〇一～一九七〇）がいる。花巻を舞台とする高瀬との交際は大正一二年（一九二三）から昭和五年（一九三〇）までと推定される。一時、賢治の詩「聖女のさましてちかづけるもの」の主人公として騒がれたが、露が遠野の小笠原に嫁いで、誤解は終わる。露はこんな歌を残している。

　をみなごのゆくべき道を説きませる御師の面影忘られなくに　　露草

また、佐々木喜善との交友は、ザシキワラシの原稿転載に、賢治が「旧稿ご入用の趣まことに光栄の至りです」と快諾し、「この機会を持って透明な尊敬を送りあげます」と、賢治らしい返事をしたところから始まる。晩年、喜善はエスペラント講師として花巻に招かれて賢治の家を再三訪ね、賢治はもちろん、家の人達も快く迎える。両人を深く知る関徳弥によると、「二人は意気投合して宗教談義を始める。賢治は法華経を、喜善は大本教を。終いに喜善はいつも説き伏せられるのだが、彼は頭を掻きながら、『賢治さんには敵《かな》わぬ。あの人は豪いですね豪いですね』と褒めちぎったものだ」という。

民俗学者・写真家の内藤正敏は、二人を「日本が突き進む、物質と効率を優先する価値観と全く正反対の思想を持つ知識人が、銀河鉄道沿線に輩出したのは興味深い」と評し、喜善を過去の、そして賢治を未来の「異界人」とも語っている。

評価　「ざしき童子《ぼっこ》のはなし」（大正一五年）

あかるいひるま、みんなが山へはたらきに出て、こどもがふたり、庭であそんで居りました。大きな家にたれも居ませんでしたから、そこらはしんとしてゐます。

ところが家の、どこかのざしきで、ざわつざわつと箒の音がしたのです。

ふたりのこどもは、おたがひ肩にしつかりと手を組みあつて、こつそり行つてみましたが、どのざしきにもたれも居ず、刀の箱もひつそりとして、かきねの檜が、いよいよ青く見えるきり、たれもどこにも居ませんでした。

ざわつざわつと箒の音がきこえます。

とほくの百舌《もず》の声なのか、北上川の瀬の音か、どこかで豆を箕《み》にかけるのか、ふたりでいろいろ考へながら、だまつて聴いてみましたが、やつぱりどれでもないやうでした。

たしかにどこかで、ざわつざわつと箒の音がきこえたのです。

も一どこつそり、ざしきをのぞいてみましたが、どのざしきにもたれも居ず、たゞお日さまの光ばかり、そこらいちめん、あかるく降つて居りました。

こんなのがざしき童子です。

（佐藤誠輔）

コラム

謄写版『遠野物語』

明治四三年（一九一〇）の『遠野物語』初版は、三五〇部しか印刷されなかった。しかも、発行直後に佐々木喜善にあてた葉書では、「わざと遠野の人ニハ一冊もおくり不申」と述べている。柳田国男にとって『遠野物語』は、遠野の人には読まれたくない本であった（石井正己『遠野物語の誕生』）。

もっとも、実際に遠野の人がどれほど読んでいたのか、どのように評価していたのかはわからない。喜善は、畏友であった土淵小学校長の鈴木重男がこれは「土淵物語だ」と言ったというので抗議したと、「日記」に書いている。しかし、稀覯本《きこうぼん》となり、次第に評判が高くなってきていることを、遠野の人たちも感ずるようになっていたのであろう。

昭和八年（一九三三）、遠野町長であった菊池明八（一八七五～一九四七）は、『遠野物語』は遠野地方の物語を集めた「名著」であるとし、遠野町郷土座談会と遠野物語朗読会を立ち上げる。そして、遠野町の佐々木勇吉が持っていた『遠野物語』を借りて、謄写版印刷をすることにしたのである。

佐々木勇吉（一八五〇～一九二八）は「佐々勇」の屋号で知られ、大正四年（一九一五）に岩手軽便鉄道が開通すると、穀町から駅に通ずる土地を寄付し、「勇町《いさみちょう》」と名づけているほどの資産家である。孫の佐々木資郎が初めて読んだ『遠野物語』は黒い表紙であったというので、たぶんこの謄写版『遠野物語』だったと考えられる。

柳田は、遠野の人には一冊も送らないと言ったが、すでに「出版当時五六冊町内有志の手に保存せられてゐた」のである。広告や評判で知って、東京の文化がいちはやく遠野にも直輸入されていたことがわかる。

謄写版を切って印刷したのは、当時遠野小学校の昆盛男（一八九五～一九七三）訓導であったという。頭注をふくめて、初版本を丁寧に復刻している。菊池明八の序に、「遠野物語朗読会」とあり、「昭和八年如月節分の日に」とあるので、冬の寒い夜、遠野小学校の一室で、ストーブを囲んで読み合う風景が思い浮かぶ。メンバーの多くは遠野小学校の教師たちや町の有志であったと思われる。

発起人の菊池明八は、郡役所の書記であったが、明治三九年（一九〇六）から町の助役となり、昭和二年（一九二七）から一四年までは名町長としての令名があった。彼は「この名著のもつ精神を永く失はぬことが出来れば私の満足する所である」と述べているが、当時の遠野人たちにも、『遠野物語』を読み解きたいという熾烈《しれつ》な願いがあったのである。

（高柳俊郎）

森《もり》嘉《か》兵《へ》衛《え》

明治三六年（一九〇三）六月一五日～
昭和五六年（一九八一）四月八日

盛岡市出身の岩手大学名誉教授・経済学博士であり、岩手史学界の重鎮であった。旧藩時代の盛岡藩・八戸藩および仙台藩などを中心に、専門の経済史学分野はもちろん、常民の生活・民俗文化にいたるまで、その態様を科学的に実証した。

森と遠野との関わりは、佐々木喜善とも親交の深かった鈴木重男によるところが大きい。鈴木は土淵小学校長を退任後、岩手教育会の主事（『遠野市史』では館長）として教育会経営の中心にあった。鈴木との出会いは法政大学の学生時代であった昭和二年（一九二七）であり、鈴木から「南部藩経済史の材料の御示教」をいただいたことから始まっているという（『新岩手日報』昭和一四年（一九三九）五月一六日鈴木重男追悼記事）。大学卒業後、森は病を得て帰郷、昭和八年（一九三三）に鈴木のいる岩手教育会の嘱託となり、昭和一一年（一九三六）に岩手師範学校教諭に着任するまで、同会で鈴木に学問的指導を受けた（前掲記事）。

こんな逸話がある。森が教育会の嘱託になった頃、女子師範の先生が鈴木の処にやって来て、「おしらさま」の祀り方を問うた。女子師範の先生方に病人が多く、その原因を「いたこ（巫女）」に聞いたならば、「郷土資料として遠野からもらって来たおしら様を、箱に入れたままにして、一度もお祀りしていない」からだという。それでその祀り方を教えられに来たということを、森は鈴木のそばで聞き、「明治四十三年に出た『遠野物語』はまだ生きていると思った」（『みちのく文化論』法政大学出版局）と述懐している。

このように鈴木との関係があり、夫人が宮守の出ということもあって、森にとって遠野郷やその文化は身近なものであった。また、『遠野物語』を含めた柳田国男の著作は、農業経済、狩猟村落、鋳物、陸奥産金関係等、社会経済史分野の論証に数多く引用されている。遠野郷に関する民俗文化論としては、直接著述した『宮守村誌』の民俗編に詳しい。早池峰信仰を含む「山立の信仰が山の信仰であり男の信仰としたら、オシラ信仰は『里』の信仰であり、女の信仰」とする所論は、間近に遠野郷に生きる人々の生活を観察・体験した者の視点と言っていいであろう。

評価　『宮守村誌』（昭和五二年）

早池峰山は北上山系の表象であり、宮守村はその入口である。それは北上沃野の出口でもある。猿ケ石川はその出口を洗い浄めて永遠である。人々は山の生活と里の生活を調和するために、天台の本覚を信じ、十一面観音を七か所に配し、深い精神に支えられて、政治の混乱に耐えて来た。

（大橋進）

山下久男《やましたひさお》

明治三六年（一九〇三）九月九日～
昭和五七年（一九八二）一一月一七日

佐々木喜善研究では欠くことのならない遠野の恩人である。

山下は石川県加賀市の出身で、昭和五年（一九三〇）、慶應義塾大學文学部文学科を卒業後、郷里に帰って教職につくかたわら民俗調査にあたっていた。昭和一六年（一九四一）、折口信夫の勧めで、旧制遠野中学校に国語教師として奉職する。折口からは佐々木喜善にかかわる研究調査を期待されていたと思われるが、折悪しく戦争が激化して、調査研究は思うに任せない状態だった。同僚からは「この非常時に『遠野物語』でもあるまい」などと牽制されたこともあったという。そのためか、生徒にはついぞ『遠野物語』について語ることはなかった。

戦後になって、遠野でも文化活動が始まり、昭和二一年（一九四六）の「遠野史料展」で、古文書や書簡の展示があった。その際に、山下は柳田に喜善や鈴木重男の書簡を求め、展示された。それが機縁となって山下の調査が展開し、佐々木家の全面的な協力が得られ、佐々木家に保管されていた多くの書簡を閲覧することができた。柳田をはじめ、水野葉舟・前田夕暮・三木露風・秋田雨雀・石川啄木・宮沢賢治らの書簡である。柳田は民俗調査を先行させることを求めて、民俗史研究に取り組むことを容易に許さなかったが、山下が懇請して書簡集をまとめることができた。柳田の生前にこれほどの書簡集がまとめられたのは例外に属するものであるという。それが昭和二五年（一九五〇）に『柳田国男先生書簡集』となり、後に『定本柳田国男集　別巻第四』に、佐々木喜善宛の書簡として収録される。

昭和二四年（一九四九）七月、金田一京助を招いて遠野小学校で講演会があり、夕方から遠野高校で石川啄木についての懇談会があった。この招聘《しょうへい》に尽力したのも山下久男である。金田一が快諾したもう一つの理由に、喜善の友人であり、遠野の歌人でもある伊藤栄一が、金田一京助と旧知の間柄だったということもあったようだ。

遠野生活一〇年を終えて、郷里に帰ろうとして折口を訪ねたとき、「住みつきてうつることなし雪高き閉伊の遠野の物語せよ」という歌を短冊に書いて与えられた。遠野での研究生活をつづけよという希望を意味しているが、しかし、山下は昭和二五年に郷里石川に帰ることになる。

昭和二八年（一九五三）に、佐々木家では喜善の墓碑を建てることになり、遺族の希望があって、山下は折口信夫に揮《き》毫《ごう》を依頼している。遺族は、喜善没年の昭和八年（一九三三）当時、柳田国男と昔話研究などで確執があったことや、その後、折口の『遠野物語』への配慮などが背景にあって、折口に依頼したものと思われる。これが折口の絶筆となる。

石川に帰った山下は、輪島高校に就職し、石川の民俗研究を進め、やがて日本民俗学会の評議員になる。一方、喜善についての多くの論考を発表するようになる。例えば、喜善が若いころに接した文人たちとの交流を、遠野の東北歌人社（発行人、村井徳清）の『東北歌人』に掲載している。この文芸誌に寄稿したのは、伊藤栄一とのつながりがあったからであろう。

さらに昭和三七年（一九六二）、柳田没後を契機にして民俗学研究が始まる。その流れで喜善研究者としての山下がクローズアップされるようになり、喜善や昔話についての執筆活動が広がってくる。

昭和四六年（一九七一）三月、『遠野物語』発刊六〇周年を記念して、遠野駅前に「遠野物語碑」が建立された。撰文は時の日本民俗学会会長の大藤時彦《おおとうときひこ》で、『遠野物語』序文の冒頭の一節が刻まれた。その碑の背面に「建碑の由来」があり、山下久男の個性のある筆致が刻まれている。

昭和五七年（一九八二）には、山下久男著の『佐々木喜善先生とその業績』が遠野市教育委員会から発行された。喜善の日記、柳田の手帳からの情報を盛り込んだ、『遠野物語』研究のためには第一級の資料として珍重されている。これは遠野市民センターで、日本民俗学会第三四回年会が開かれ、喜善と伊能嘉矩の顕彰が行われたのに合わせて発刊されたものである。民俗学会開催にいたるまでの努力も、山下久男に負うところが大きかったという。

山下久男の遠野在住一〇年は、社会情勢が厳しいなかで、意に満たないものが多々あったと思われるが、折口に指名されるような学究肌の資質が、郷里石川に帰ってから喜善研究の第一人者として結実することになった。

評価　「折口先生と私」（昭和三七年）

『遠野物語』や佐々木喜善の昔話集を愛読していた私は、一生に一度遠野地方をみたいと思っていた。それがこんなに早く、その機会が来ようとは夢にも思っていなかった。能登ならまた住むこともあろうかと心に言いきかせて、二年間の飯田生活を切上げて、遠野中学へ赴任する事にした。まだ見ぬ遠野の天地を思うて、心の躍動を抑えかねた。北上川の支流猿ケ石川の流れは美しかった。遠野につくと、かつて柳田先生がお泊りになったという高善旅館に泊った。見るもの聞くものが珍らしかった。辻には保食《うけもち》の神や山の神がまつられており、あちこちに庚申塚が建っていた。私は先ずこの地歩の言葉に通ずる必要を認めた。けむしを「けむす」と言い、「あさひ」を「あさし」と云った。「駄目だ」ということを「わかんねえ」と表現することを知らなかった為、大変困った。

（高柳俊郎）

桑原武夫《くわばらたけお》

明治三七年（一九〇四）五月一〇日〜
昭和六三年（一九八八）四月一〇日

昭和一二年（一九三七）、「『遠野物語』から」（『文学界』第四巻第七号）を発表し、『遠野物語』を「一個の優れた文学書である」と積極的に評価し、同書の読み方に新たな視角を提示したのは桑原武夫であった。周知のごとく、彼はフランス文学・文化研究の泰斗である。さらに京大人文科学研究所における共同研究の指導者として、「日本におけるインタディシプリナー研究の最初の試み」（「内発的文化の知的創造性について」『桑原武夫集10』）に取り組み、大きな成果をあげた二〇世紀日本の知的リーダーの一人であった。

一見すると、フランス文学・文化研究者桑原と岩手の片隅の話を題材にした『遠野物語』は無縁のように思えるが、大正末期には、彼と『遠野物語』との出会いがあった。その『遠野物語』は彼と同期の学友今西錦司《いまにしきんじ》が所有するものであり、その「原本の初版」を読んで、その印象を「簡明なだけに余情のふかいすぐれた文章」に感動したと述懐している（伊藤幹治・米山俊直編集『柳田国男の世界』日本放送出版協会）。その『遠野物語』との出会いからほぼ一〇年後の昭和一一年（一九三六）一一月、堀辰雄が編集していた雑誌『四季』第二二号に、「『遠野物語』を読んで」を、『文学界』掲載の「『遠野物語』から」より半年以上早く発表していた。

桑原が遠野を訪れた経緯は、「『遠野物語』を読んで」に詳しい。これまで彼の遠野訪問は、『遠野物語小事典』や『遠野市史』年表などにより、昭和一〇年（一九三五）とされていた。だが、「『遠野物語』を読んで」には、「旧知に接する如く再読の喜び（増補版による再読のこと＝筆者）にひたるうちに私は（中略）この地方を一見したくなった。そしてこの夏（文脈上一九三六年の夏＝筆者）遠野郷の奥に聳《そび》ゆる早池峰の登山をかねてこの地を訪れた」とある。また前掲『柳田国男の世界』における米山との対談でも、遠野郷訪問は昭和一一年の夏休みだと明言しているから、桑原の遠野訪問昭和一〇年説は否定されることになる。

桑原は昭和一一年夏の遠野訪問後、「『遠野物語』を読んで」を『四季』に発表し、予定されていたフランス留学を前に、『遠野物語』の献辞「此書を外国にある人々に呈す」に触発されたのであろうか、時をおかず翌昭和一二年に『遠野物語』評価史上一つの画期となる「『遠野物語』から」を発表したことになる。なお、同書に登場する「大きな宿屋」（高善旅館）は、現在観光施設「とおの昔話村」に移築されたが、昭和九年（一九三四）の大凶作対策として設立された「上閉伊郡経済ブロック中央工場」は今はない。

（大橋進）

本田安次《ほんだやすじ》

明治三九年（一九〇六）三月一八日〜
平成一三年（二〇〇一）二月一九日

民俗芸能の研究者である本田安次は、宮城県の石巻中学校に勤めていた。昭和七年（一九三二）三月末に遠野の民俗芸能の調査に訪れた。仙台で佐々木喜善から、遠野に行ったら訪ねるべき人々をあらかじめ紹介されていたようだ。昭和七年の『旅と伝説』第五年第六号によせた「遠野紀行」によれば、行く先々で歓迎され、親切な解説を受け、神楽を演じてくれたり、資料を提供してもらったりしている。

その足取りをみると、三月二七日、喜善の義兄弟の松田亀太郎を訪ねる。午後、案内されて綾織の砂子沢《いさござわ》で神遊びがあるらしいというので出かける。そこで砂子沢の鈴木勝助別当から、神様を満州の戦場にお送りする神事「神送り」の話を聞く。そして砂子沢の神楽の由来や、遠野での神道《しんと》神楽と山伏神楽の区別を教わる。夜は多賀神社の宵宮を見る。

二八日、附馬牛《つきもうし》の大出《おおいで》に向かい、下祢宜の始角佐太郎《しかくさたろう》家に投宿、胴取の老人佐々木安成から大出神楽の所伝を聞き、晩に七番の神楽の実演を見ている。二九日には附馬牛村上柳《じょうやなぎ》に戻り、和野意楽院の法印が伝えたという神楽の話を古老の新田万之助から聞き、古台本の写しを写している。

三〇日は遠野の松田家に砂子沢の鈴木勝助がやってきて、民俗芸能や神楽の話を聞き、愛宕《あたご》神社の祭りを見る。三一日は青笹に行き、飯豊《いいで》神楽の衣装と面を見せてもらい、詳しく所伝を聞き、写本を借りて写す。飯豊神楽を演じてもらう。

四月一日は土淵村本宿へ行く。助役の北川真澄を訪ね、火《ひ》石《いし》の北川家に迎えられる。修験道のこと、湯立神事のこと、オシラサマに叱られた話を聞く。夜、北川家で野崎神楽を演じてもらう。二日の朝は、古老二人から田植え踊りの話を聞く。神楽の台本を写し、もう一泊する。三日、遠野からバスで達曾部《たつそべ》へ向かい、湯屋で大償神楽の支流を調べて、さらに大迫の旭の又へと民俗芸能調査研究の旅は続いた。

本田安次は、戦後、早稲田大学に移ったが、一生を地方民俗芸能の研究に捧げて、高い評価を得ている。若い頃、佐々木喜善に紹介されて実現した遠野紀行にも、熱情のあふれる片鱗が感じられる。

評価　「遠野紀行」（昭和七年）の「大出神楽」

此の晩おそく、折角といふので、始閣家の御子息等が奔走してくれ、社務所にて、七番の神楽の実演があつた。舞姿は流石《さすが》に美しい。やはり以前は霜月以降、附近一帯をめぐつて火伏せの祈祷に演じたもので、此頃はやめてゐるといふ。（一体、霜月のこの祈祷は、昔は祇園祭りと何らか連絡があつたのではないだらうか。）

（氏家浩）

板橋源《いたばしげん》

明治四一年（一九〇八）八月二五日～平成二年（一九九〇）一一月二二日

考古学者・歴史学者。盛岡市出身で、昭和一〇年（一九三五）東京文理科大学国史学科卒業後、他県で旧制中学校、師範学校教諭を歴任、昭和一四年（一九三九）郷里に帰り、岩手県女子師範学校に奉職、昭和二二年（一九四七）岩手師範学校教授、昭和二八年（一九五三）岩手大学教授となり、昭和四九年（一九七四）に同大学を停年退官している。

その間、岩手県文化財専門委員や日本考古学協会会員として中尊寺と藤原三代にかかる平泉研究、紫波郡矢巾町の徳丹城発掘調査等、古代から中世の重要史跡・遺跡の発掘調査に関わり、文献史学と考古学両面から東北・岩手の歴史学研究に大きな足跡を残した。

板橋は柳田学の専門家ではないが、遠野郷とのは関わりは深い。遠野郷に関する著述は次の通りである。（一）昭和三三年（一九五八）調査の『遠野市附馬牛《つきもうし》東禅寺跡発掘調査報告』、（二）昭和三四年（一九五九）調査の『近世遠野城下町桝形調査報告』、（三）昭和四六年（一九七一）調査の『遠野市鍋倉城二の丸発掘調査報告』、（四）昭和五二年（一九七七）の調査の『南部伊達領藩藩境塚北上川以東第六次調査報告』の四つである。

調査報告中、（二）は『遠野物語』初版序文「遠野の城下は煙花の街」と謳《うた》われた城下町の構成を具体的にイメージできる下組町枡形を調べ、（三）は遠野盆地を見下ろした城の建造物の実態を明らかにしたもので、城のいちばん高い処に住んでいた中館家の話を理解する一助となる（拾遺一七三話）。（四）はこの藩境付近に多かった小友《おとも》地域の金山の所在との関連で重要である。このように、板橋の業績は『遠野物語』及び遠野郷の歴史の背景を考えるうえで無視できないものである。

特に、（一）は中世の遠野と拾遺二二話、拾遺四〇話、拾遺六七話との関連が密接である。拾遺二二話は東禅寺創建者である無尽《むじん》和尚《おしょう》の時、二百余人の雲水の粥を煮た大釜の話、四〇話は伽藍建立との関わりで、来迎石の話、また六七話は無尽和尚と高野山の関係である。発掘調査報告は、これらの話の成立背景を知るうえで有益である。板橋の業績はその実証性から、『遠野物語』及び「遠野物語拾遺」の歴史的背景を理解するために貴重なものと言える。

評価　『遠野市附馬牛東禅寺跡発掘調査報告』（昭和三四年）

伝無尽墓は法堂跡の正に西方七十五間のところの小高い山麓にあり、ここに立てば東禅寺伽藍遺跡を一望におさめうる形勝の地である。サワラの巨木とともに、いかにも開山祖師の墓域たるにふさわしいところである。

（大橋進）

鈴木棠三《すずきとうぞう》

明治四四年（一九一一）一二月一三日〜
平成四年（一九九二）七月一三日

本名は鈴木脩一。昭和一〇年（一九三五）に『遠野物語　増補版』が郷土研究社から発刊される際、「遠野物語拾遺」のリライトを行った。柳田国男は「再版覚書」で、「此中には自分が筆を執つて書き改めたものが約半分、残りは鈴木君が同じ方針の下に、刪定《きんてい》整理の労を取つてくれられた」と述べ、折口信夫は「後記」で、「此《これ》は専ら、若役に属するものと言ふ事から、一等骨惜しみをしない鈴木脩一さんに、編輯為事を引きうけて貰つた次第である」と書いている。鈴木は國學院大學で折口の教えを受けたので、折口の差配で、柳田が途中で放り出していた佐々木喜善の原稿のリライトを担当したものと思われる。

鈴木は、昭和四九年（一九七四）、「遠野物語拾遺のこと」（『日本民俗誌大系月報』第一号）を著している。それによれば、柳田の還暦の祝いが話題に上り、昭和一〇年の二月か三月頃に、柳田から「これは佐々木の原稿だが、整理してくれ」と命ぜられた。しかし、佐々木の原稿は数回に分けて送られ、前の方は柳田が整理していたが、後半はめちゃくちゃくな状態で、「佐々木さんの原稿を通読した感じでは、とても名著『遠野物語』の続篇などには仕立てられそうもない気がした」という。そして、鈴木は柳田のリライトの方法にも触れるが、提出したリライト原稿に柳田はまったく手を加えずに郷土研究社に渡してしまった。この回想には、柳田の『遠野物語』に対する冷淡さがよく表れている。

数年後、鈴木は遠野の地を踏み、菊池明八町長の世話で、喜善の息子の光広が案内役になって、佐々木家を訪れている。家には母のイチが一人で住み、明治四二年（一九〇九）三月に水野葉舟が来た時のことを思い出して語った。さらに、亡くなった曾祖母が亡霊が現れた話（二二話）について尋ねるが、母は「そんな記憶は全然ない」と答えたので、すっかり拍子抜けしてしまったそうである。『遠野物語　増補版』の誕生に最も深く関わった人の遠野体験として、注意される。

鈴木は、昭和一一年（一九三六）には柳田の『山の神とヲコゼ』の出版を手伝い、自分でも佐渡や川越の昔話集をまとめ、口承文芸の採集に大きな功績を残す。そうした関心の原体験に、佐々木喜善の原稿のリライトがあったにちがいない。昭和三〇年（一九五五）からは著述生活に専念し、ことば遊びや俗信、職人などの辞典を編纂する一方で、江戸時代の文献の翻刻・注釈を精力的に行っている。そのぶん民俗学から離れてしまった感じがなくもないが、胎動期の民俗学を大きく伸ばした人として高く評価されねばならない。

（石井正己）

『遠野物語』と京都学派

京都学派という定義は幅が広い。一般には西田幾多郎《にしだきたろう》、田辺元《ななべはじめ》を中心に形成された京大哲学科を中心とする学派さす。また戦前からの京大東洋学、戦後の京大人文科学研究所も同名の学派名で呼ばれるが、その辺のことを包括的に考えてみたい。

まず今西錦司《いまにしきんじ》（一九〇二〜一九九二）をあげねばならない。ある意味で、今西こそが京都学派と『遠野物語』の先鞭をつけた人物と言える。今西は西陣の帯問屋の子息であるが、実家の本棚には『遠野物語』の初版本が並んでいたという。京都学派の中で、最も早く『遠野物語』を読んだ人物にちがいない。今西の回想によれば、青年時代読んだ本のうち最も影響を受けたのは『遠野物語』であり、それを暗記するまで読んだと述懐している（鶴見太郎『柳田国男入門』）。京大人文研の総師でもあった桑原武夫（一九〇四〜一九八八）が初めて『遠野物語』に目を通したのも、今西所蔵のものだった（伊藤幹治・米山俊直『柳田国男の世界』）。

今西は西田哲学の影響を受けつつ彼独自の棲み分け理論を確立し、生態学に大きな影響を与えた（桑原武夫編「今西錦司『生物の世界』」『日本の名著』）。彼は「動物記」（全集第二巻）の日本狼研究に関連して、四一話の狼の話を参考にし、四五話の猿《さる》の経立《ふったち》を魚のアマゴの生態研究に応用する（「アマゴとマスのあいだ」全集第九巻）など、柳田学、『遠野物語』と極めて深い関係にあった。また今西は山岳会のリーダーとして、「山に登るならせめて柳田国男の『山の人生』ぐらいは読んでおくべきだ」と述べ、併読の書として『遠野物語』をあげている（「役に立った本」全集第九巻）。山岳家諸氏、この言葉を銘記すべし。

この今西、桑原との関係で忘れてならぬのは加藤秀俊（一九三〇〜）であろう。加藤は東京商科大学（現一橋大）卒の社会学者であり、昭和二八年（一九五三）から昭和四四年（一九六九）まで京大人文研助手として在籍、桑原から『遠野物語』を勧められている。人文研で親しかった米山俊直と、昭和三八年（一九六三）に『北上の文化――新・遠野物語』を共著として出版した。この書は戦後最初の、変革期の遠野をどうみるかという書であり、「現在の事実」を記録する重要性をあらためて認識させてくれる書でもあった。

京都と『遠野物語』の関係は長く切れていたが、平成二一年（二〇〇九）秋、「遠野物語と古典」と題して、京大こころの未来センター主催、遠野物語研究所共催のシンポジウムが開催されている。『遠野物語』を開いてゆく、大きな一歩であった。

（大橋進）

佐々木徳夫《ささきとくお》

昭和四年（一九二九）三月一九日～
平成二二年（二〇一〇）一月二五日

昭和四年（一九二九）宮城県生まれの佐々木徳夫は、昔話採集家を自称した。

初めて遠野に入ったのは昭和三五年（一九六〇）で、以来、昭和五九年（一九八四）までの二五年間、遠野各地を訪れて話を聞き歩いた。

その間の語り手は延べ一〇〇人を越え、民話（昔話、世間話、伝説）の数は八〇〇話を超す。艶話などを除く「遠野の民話」は、次の三冊にまとめられている。

①『遠野に生きつづけた昔』一一七話（昭和五一年（一九七六））
②『遠野の昔話』四七〇話（昭和六〇年（一九八五））
③『遠野の昔話・笹焼蕪四郎』二二〇話（平成二年（一九九〇））

これだけの話を収集するのは並大抵ではない。「新しい語り手に巡り会えたときは天にも上るような気持ち」だったが、「知り尽くした話を、新しい話を聞くように感慨をこめて聞くのは、大変な忍耐力が必要だった」という彼の話は、辷石《はねいし》谷江《たにえ》嫗に通った佐々木喜善そのものであると同感した。

佐々木徳夫は宮城県の高等学校の教師であったが、民話が好きで、学校の休みごとに出かけては、こつこつと話を拾い集めて来たのだという。「昔話不毛の地と言われる宮城の昔話を、今のうちに集めなくては」と思っていた彼の肩を、恩師がボンと押してくれたのだという。

一関、平泉を経て、遠野に入った佐々木は、「宮城の昔語りと比べ遠野の語りはソフトで、遠野の人たちは昔語りの楽しみを知っている」と語っている。彼の幸運は、最初に辷石谷江に連なる瀬川マサから「片目の爺」を聞き取ったことに始まる。

北川ミユキ、阿部万石衛門、村上政治、鈴木サツ、菊池嘉《きくちか》七《しち》、奥寺キセ、菊池豊治、白幡ミヨシなど明治生まれの人々の話がずらりと並ぶこの三冊の昔話集は、遠野の宝玉として大事にされてよい。

評価　『遠野の昔話』（昭和六〇年）

『遠野物語』の第八話に昔話ではないが、松崎の「寒戸《さむと》の婆」が収められている。松崎には寒戸という地名はなく、この話と結びつかないので、採訪のかたわら光興寺部落で古老たちに意識的に当たって見た。矢張り登戸《のぼと》の誤りで、話題の末裔も現存していると、ある古老は場所を示しながら声をおとして話すあたり、怪奇に満ちたこの不思議な話を、事実あった話として伝承しているようだ。

（佐藤誠輔）

米山俊直《よねやまとしなお》

昭和五年（一九三〇）九月二九日～
平成一八年（二〇〇六）三月九日

京都の社会人類学者、米山俊直の遠野とのかかわりとしては、まず加藤秀俊（一九三〇～、社会学者）と共著・昭和三八年（一九六三）の『北上の文化――新・遠野物語』があり、そして昭和六四年（一九八九）の『小盆地宇宙と日本文化』をあげることができる。

米山・加藤は、昭和三三年（一九五八）、宮城県栗駒山麓の農村調査に来ていた。その合間に『遠野物語』の原点である遠野を一度みておこうと、軽い気持ちで訪れたのが初回となる。真冬の遠野の駅に下り、一日市《ひといち》町の旅館福山荘《ふくざんそう》に予約なしに宿をとった。通された座敷の調度や什器が立派なことで、遠野の文化の高さを知ったという。一泊の予定で来たが、遠野が好きになって三泊した。まだ、遠野が観光地化されていない頃である。

二回目はその年の五月、本格的な調査を考えてテープレコーダーを担ぎ、初回には行けなかった早池峰《はやちね》神社のある大出《おおいで》まで、附馬牛《つきもうし》の上柳《じょうやなぎ》から営林署の森林軌道に乗って出かけている。馬産地遠野はようやく乳牛を導入し始めて、農村も変わりつつあった。それから三、四回遠野を探訪し、フィールドワークを重ねることになる。そのように遠野に引き寄せた原動力は、もちろん『遠野物語』の魅力であり、折口信夫と桑原武夫の遠野印象記であったという。

遠野訪問を重ねる一方で、京大にあった『南部叢書』から遠野関係のもの、たとえば『遠野古事記』（宇夫方広隆《うぶかたひろたか》）、『阿曽沼興廃記』（同）をはじめ、『遠野史叢』（伊能嘉矩《いのうかのり》）などを熟読して、「第一章　歴史のなかから」となった。その知識を念頭において附馬牛、土淵、遠野町とフィールドワークを重ね、「第二章　環境と生活」がまとめられる。それから当時としては新しいライフ・ヒストリーの手法をつかって、「第三章　人生」を綴っていく。高度経済成長期に取り残されようとしている遠野を、「現在の事実」として見事に浮き彫りにしている。

それからほぼ二〇年間、アフリカのザイールを中心とした現地調査の期間などを経て、その後に「小盆地宇宙論」が発表された。日本の各地に散在している小盆地は、それぞれ独自の歴史的な背景をもった文化圏を形成してきたという。アフリカを経て形成されたこの理論は、日本文化とその多様性の解明にせまるユニークな発想である。その小盆地の典型として遠野盆地をあげているのも、嬉しいことである。米山の脳裏には『北上の文化』で提起した遠野の文化が底流にあったものと思う。

（高柳俊郎）

加守田《かもだ》章二《しょうじ》

昭和八年（一九三三）四月一六日～
昭和五八年（一九八三）二月二六日

陶芸家。大阪府岸和田市に生まれる。昭和三一年（一九五六）、京都市立美術大学工芸科陶磁器専攻を卒業。昭和三六年（一九六一）、第八回日本伝統工芸展に初入選。同年栃木県益子町に住居と窯《かま》が完成。昭和四二年（一九六七）、第一〇回高村光太郎賞を受賞。

　昭和四四年（一九六九）、遠野市松崎町八幡の沼田製瓦工場で遠野の土に出会い、遠野での制作を決意する。遠野の土は粗い土で、陶芸には向かないと言われたが、加守田はこの粗い土を好んだという。瓦工場から一キロメートルほど離れた、同じ八幡山の麓の青笹町糠前踊鹿《ぬかまえおどろか》に陶房を築き、瓦工場主の沼田三次郎から陶土の提供を受けて、遠野での制作を始める。

　今は周囲の開発が進んだが、当時は全く騒音喧噪から離れて制作に集中できる環境であった。現在も残されている工房の前の煉瓦積みの門柱は、一基は沼田が、片方は加守田章二が競って建てたものだという。

　作風にも遠野の風土の影響があったと言われる。『遠野物語』発祥の地である土淵の足洗川に残る早池峰古道の鳥居から、あるいは古寺常堅寺の仁王像から、加守田独特の流線紋といわれる紋様の着想を得たと言われている。制作した作品を東京で発表する生活をつづけるが、発表するごとに作風を発展変貌させ、独創性に溢れる作品群を生み出していった。遠野での制作は、昭和五四年（一九七九）までの一〇年間であった。

　鬼才とも言われる加守田章二が陶芸作品の完成を見せたのも、遠野の風土に出会ったからと言っていいだろう。昭和五四年、遠野の窯を引きあげ、東久留米市の陶房で制作を始めるが、昭和五八年（一九八三）に若くして死去した。

（松田幸吉）

加守田章二のアトリエ跡（遠野）

コラム

メディアと『遠野物語』

◇NHK新日本紀行「花巻、遠野―賢治の町と民話のふるさと―」

遠野がマスメディアに採りあげられるようになったのは、たぶん、昭和三七年（一九六二）一月のNHKの「新日本紀行」で放映されたのが最初であろう。まだ観光地化されていない頃で、寒々とした雪の冬景色の中の茅葺き屋根の農家などが紹介された。

◇映画「遠野物語」

昭和五七年（一九八二）、岩手放送開局三〇周年記念事業として、映画「遠野物語」が作られた。監督村野鐵太郎、配役に仲代達矢、江波杏子、藤村志保などを配し、「遠野物語拾遺」を伏線にして、旧家の娘と作男の恋物語を幻想的に描いた。ロケ地の早池峰神社や曲り家の千葉家がクローズアップされた。この映画が、同年イタリアのサレルノ国際映画祭でグランプリを受賞し、これが縁となって、遠野市はサレルノ市と姉妹都市となる。

◇二回目のNHK新日本紀行「現代遠野物語～岩手県遠野」

NHKは平成八年（一九九六）に再び遠野を放映する。民話のふるさと・民俗学の宝庫として、遠野らしい独得な風景として駒形神社・五百羅漢・オシラサマなどを紹介した。生活面では、りんご栽培や牛の飼育、林業などの一次産業で生計を立てている様子が伝えられた。

◇アニメ映画「河童のクゥと夏休み」

遠野を題材としたアニメ映画の佳作は、「河童のクゥと夏休み」であろう。平成一九年（二〇〇七）放映、監督は原恵一であった。東京の東久留米市で、化石のようになって現れた河童のクゥが、現代の河童を探して遠野に来る。ザシキワラシに長いこと河童に会っていないと告げられて都会に戻るが、マスコミに追いかけられて、自分の出自の幻想の中に戻ってゆく、という筋書きである。アニメ映画であるが、遠野の風景をふんだんに取り入れている。

◇NHKの朝の連続テレビ小説「どんど晴れ」

同じ平成一九年の上半期には、NHKの朝の連続テレビ小説「どんど晴れ」が放映された。舞台は盛岡の老舗《しにせ》旅館という設定であるが、題名は遠野の昔話で語られる「むがすあったずもな～どんどはれ」の、結びの言葉をとっている。主人公がザシキワラシの幻想で登場するのも、「富貴自在なり」と言われる家の神のモチーフがある。映像のイントロに遠野盆地の全景が映され、遠野の観光地の紹介をからませながら、ロケ地となった「遠野ふるさと村」などの風景が多く紹介された。

（高柳俊郎）

後藤総一郎《ごとうそういちろう》

昭和八年（一九三三）一二月五日〜平成一五年（二〇〇三）一月一二日

彼は今の長野県飯田市の出身で、小さいころ赤痢にかかり、九死に一生を得たが、母を亡くした体験を持つ。人生体験に裏打ちされた情熱的な行動力で、「生活者の学問」を掲げ、常民大学を全国十カ所に組織した。

遠野との関係をひもとくと、『岩手日報』平成一五年（二〇〇三）一二月二五日に、「遠野市に常民大学を開き、九五年開所の遠野物語研究所長として民俗学を探求、柳田国男の影響を受け常民研究に没頭する中で常民大学を立ち上げた。『注釈遠野物語』を監修し市民レベルの柳田研究を長年指導した」とある。常民大学は昭和六二年（一九八七）に開講された。

平成三年（一九九一）に、『遠野物語』の毛筆の草稿とペン書き清書、初校等を、柳田の門人で、長野県松本市在住の池上隆祐のもとから遠野市に橋渡しする役目を果たしたのも、後藤総一郎であった。

他にも、『遠野物語』を市民のものとし、市民の心の拠り所とすべく活躍した事績を列記すると、平成四年（一九九二）『〔口語訳〕遠野物語』を監修、平成六年（一九九四）遠野物語ゼミナール開講、以後毎年、中央の著名な研究者の講義が継続されて現在に至る。平成九年（一九九七）には『注釈遠野物語』を監修した。平成一一年（一九九九）には民話のふるさと遠野大使を委嘱され、平成一二年（二〇〇〇）にはノーベル賞作家の大江健三郎の来遠を仲立ちし、平成一三年（二〇〇一）には遠野市民文化賞を受賞している。

受賞は亡くなる二年前のことだったが、懇親会では遠野の市民権を得たかのごとく、心のそこから受賞を喜ばれていた笑顔が印象深い。遠野ためにもまだまだ活躍していただきたい大切な人を失ったと言える。

評価　「「遠野物語」再考」（平成六年）

その『遠野物語』再考とは一言でいえばなにか。それは、近代化によって喪失し、そのうえ確固たる未来形の指標を宿した精神をもつことのない現代人における、日本人の「自然」の精神世界を問い直そうとする、新たな試みということになろうか。（中略）

それから戦後デモクラシーの時代を経て、今日、遠野の人びともそして心ある多くの人びとも今再び『遠野物語』を考えようとするのは、解放によって解体してしまった、日本人の原初の精神に出会うことを通して、確かな自己を発見しようとする心の傾きであるようにわたしには映るのだが。

（菊池健）

野村《のむら》純一《じゅんいち》

昭和一〇年（一九三五）三月一〇日～
平成一八年（二〇〇六）六月二〇日

平成一八年（二〇〇六）に亡くなった野村純一は、遠野物語研究所の顧問であった。

野村が、初めて遠野を訪れたのは昭和三七年（一九六二）八月で、案内したのは、野村が勤務していた國學院大學の学生昆弘盛である。昆は求めに応じて何カ所か案内したが、当時、遠野小学校の校庭で二十歳の若者たちが主催していた「盆踊り」を、殊更喜んでくれたのが印象に残っているという。

野村の簡単なプロフィールは次のようになっている（『日本の世間話』から）。昭和一〇年（一九三五）東京に生まれる。昭和三二年（一九五七）國學院大學卒業、岩倉高等学校教諭。昭和四一年（一九六六）國學院大學専任講師、助教授を経て、昭和五六年（一九八一）教授。文学博士、専攻は口承文芸。著書に『昔話伝承の研究』（第七回角川源義賞）、共編に『日本伝説大系』（毎日出版文化賞特別賞）などがある。

昭和五九年（一九八四）、第一回のとおの昔ばなし祭りに参加して、「試みとしては大胆かつ新鮮な企画」と誉め、また、「近所の婆ちゃんが、もじもじしながら披露しあう『むがしこ』。会場も粗末なものだったが、遠野ならではの気分が横《おう》溢《いつ》して少なくとも柳田の『遠野物語』を突き抜けた熱気がそこにはあった」と評価している。

二年後の昭和六一年（一九八六）、市街地の中心にとおの昔話村の三施設（柳翁宿、物語蔵、宴の蔵）が開かれる。野村は遠野市から、物語蔵の監修を依頼され、元酒蔵の活用に腐心する。

平成四年（一九九二）、世界民話博・ｉｎ遠野では学術委員会委員を勤め、代表して報告書巻頭に「緒言」を提示している。野村は、郷土伝承である民間説話の保存、継承の重要さを説き、「民話こそは人類共通の無形の文化遺産である」と結んでいる。

平成九年（一九九七）には、遠野昔話資料館内部展示構想に参画する。さきの物語蔵と言い、昔話資料館と言い、奥行きの深い知識に裏付けられた展示で、『遠野物語』と民話について興味を持って学習することができる。

また、著書や雑誌に掲載された論文も、地域の語り手の昔話を活用するなど新鮮であり、理解しやすいものになっている。私たちはこれからも残された論稿から多くのことを学ぶことができる。

（佐藤誠輔）

内藤正敏《ないとうまさとし》

昭和一三年（一九三八）四月一八日〜

『遠野物語』序文には「願はくは之《これ》を語りて平地人を戦慄《せんりつ》せしめよ」とある。そこにこだわり、触発された内藤正敏は修験道と金属民俗学の視点から、遠野滞在を重ねて奥地に分け入り、記録・撮影をした。その成果が、昭和五三年（一九七八）に『聞き書き遠野物語』、昭和五八年（一九八三）に写真集『遠野物語』として上梓される。

平野部や都会に住む人々にとって、『遠野物語』の舞台は遠野市街から土淵の山口に至る部分として捉えられきたように思える。しかし、内藤の作品によって、遠野でも最奥部にあたる土淵の恩徳《おんどく》と分水嶺を挟んだ大槌《おおつち》町の金沢《かねざわ》、また、小《お》友《とも》町の長野・鷹取屋《たかとりや》・鮎貝《あゆかい》などにスポットライトがあてられた。里の定住民からは異常人のようにみなされた人たちの痕跡を掘り起こし、遠野の相貌の影と見えた部分が、実は本来主役であったことを気付かせてくれた。

内藤が遠野に入った昭和四六年（一九七一）は、岩手国体の翌年にあたる。そのころの遠野は、自家用車保有率もまだ低く、道路未整備区間も多かった。山間地に住む住民にとっては、「遠野に用足しに行けば、一日がワッパガ（割りあての仕事量）おわり」の時代だった。当時の鮎貝の蒟沢《こごみざわ》は道路の行き止まり、鷹鳥屋の平笹《ひらざさ》も行き止まりで、今のように土室《つちむろ》・遠野方面や長野の堂場《どうば》に通じる林道ができておらず、いちいち小友の町を経由しなければ行けなかった。それだけに内藤の苦労が偲ばれる。

さらに『聞き書き遠野物語』を大幅に進めて、平成六年（一九九四）に『遠野物語の原風景』が出版された。「柳田国男は『遠野物語』で受けた衝撃から、その解明のために、民俗学という新しい学問を作り出し、その思想を体系化していった」という箇所もある。それまで柳田国男の陰に隠れたような存在だった佐々木喜善を評価した功績も大きい。

評価　『聞き書き遠野物語』（昭和五三年）

しかし、山から山へ渡り歩く金掘りや山師などは、里に定住した農民の歴史からは忘れられ消される運命にあった。わずかに残される伝説や民俗の痕跡をつなぎあわせてゆくと、はじめて浮かび上がってくるものである。『遠野物語』の中でも、もっとも山神山人の戦慄すべき怪異譚の多い白見山周辺に、多くの金属技術者集団の存在を証明する鉄滓《てっさい》群が発見されたのもその一例であろう。

（菊池健）

コラム

遠野物語ゼミナール

遠野物語ゼミナールは、平成六年（一九九四）に始まり、今年（二〇一〇）で第一七回となる。『遠野物語』を中心に置いて、遠野や北国の文化を公開学習する広場である。

その前史に、明治大学の後藤総一郎（一九三三～二〇〇三）の主宰する遠野常民大学があった。全国に展開していた常民の学びの場の一つで、昭和六二年（一九八七）に設立され、市民の有志を集めた。初めはいわゆる柳田学中心の講義であったが、やがて、谷川雁、吉本隆明、鶴見和子の諸氏をお迎えする機会ができた。また三浦佑之、赤坂憲雄、石井正己の諸氏からも講義を受けるようになって、たいへん充実した学習の場となってきていた。

そのような貴重な講義を少数のメンバーだけが受けるのではなく、たくさんの学習者に開放して、遠野を学びの場としたらどうかという発想があった。

初回は遠野物語ゼミナールｉｎ遠野として、遠野常民大学の主催で開いた。講師に宮田登を迎え、後藤総一郎、三浦佑之、赤坂憲雄、石井正己の各氏の豪華な講義があり、『遠野物語』序文に書かれ附馬牛《つきもうし》紀行に当たる道を歩いた。初めての試みに全国の常民大学の会員や多くの学生の参加があり、高い評価を受けた。その成果から、遠野市民の文化交流の場として遠野物語研究所が設立され、遠野物語ゼミナールを引き継いで、現在にいたる。

毎回、新しいテーマを設定し、斯界の第一人者を招聘《しょうへい》し、遠野のフィールドを生かしたゼミナールを目指してきた。講義記録集も吟味して、途中から新書版に改め、各年度の成果を収録して、学習者の便宜を図ってきた。常連の参加者は熱心に受講を続けたが、学習は積み重ねなので、初心者には難解でレベルの高い講座だと思われるようになり、次第に受講生数が減る傾向にあった。

そこで、平成一九年（二〇〇七）からは六月に東京会場を設け、八月の遠野会場と連携開催をすることとした。東京会場は、遠野市と友好関係にある武蔵野市の協力を得ることができた。この三年間の記念講演は、松谷みよ子、中沢新一、小松和彦、立松和平、山折哲雄、高岡良樹の諸氏にお願いした。両会場は満席になる盛況で、特に若者の参加が目立ったのはたいへん嬉しいことである。

平成二二年（二〇一〇）からは、東京会場を『遠野物語』の聞き書きが行われた新宿区に移して実施することになっている。活力のある学びと交流の広場として、さらに継続発展させたいと考えている。

（高柳俊郎）

小特集

ガイドブック　遠野物語

岩本由輝著『もう一つの遠野物語』

佐藤健二

この書物のタイトルが、『遠野物語』に付けた形容詞の「もう一つの」には、たぶん二つの意味がある。

一つ目の「もう一つ」は、同時代の他者によって記録された奇談の存在である。佐々木喜善が上手ではないが誠実に話し、水野葉舟が聞いて怪談としてまとめたものなど、柳田国男が「感じたるまま」を独自に刻みこんだ作品と異なる、さまざまなもう一つの記録がある。岩本はそれを丹念にたどって比較することを通じて、柳田の文体の固有の位相を浮かびあがらせている。その際に『定本柳田国男集』が収録しなかった『文章世界』や『無名通信』の文章論や写実論を補助線に使っている。そして同時代の私小説が主張した文学の「自然主義」とは明確に対立しつつ、しかし「写生」という観察の方法を重視する、確かな自然主義の存在をえぐり出していく。

二つ目の「もう一つ」は、柳田自身の『遠野物語』の資料性の中に埋もれた可能性である。山人の異質性を背景に追いやり、常民を中心に体系化された民俗学から、原点として評価される作品とは異なる解読の余地といってもよい。岩本はこの書物のなかで、苛立たしさをあらわにしつつ「『遠野物語』をいたずらに聖典視する」というフレーズを繰り返している。それは、簡潔な写生文の文語体の見事な調子に惑わされて、村の現実をどれだけ写生しえているかを問わない、民俗学者や柳田研究者の読みへの批判である。『遠野物語』には「天皇制の体系の外にある人々のこと」を考えようとした越境の実践が潜んでおり、「常民の学としてまとまってしまう民俗学よりも、はるかに大きな学問的可能性を秘めている」と想像する岩本の直観が、そこにある。

　一九二〇年代初頭における、国際聯盟常設委任統治委員会委員としての活動を物語る資料が「付録」とされているのを、意外に思うかもしれない。しかし、この外務省外交史料館所蔵の資料の紹介は柳田研究において先駆的であると同時に、「常民」の過大視という岩本が批判したい民俗学の成立を考えるうえでも、無視できない重要性をもつ。「もう一つ」を、そのように資料を通じて追求する作業は、同じ著者の『論争する柳田国男』（御茶の水書房、一九八五年）に続いていく。

　この紹介のために学生時代に読んだこの本を再読して、一九八〇年代初頭の「共同体」再評価論争を思い出した。地域主義やコミューン論や環境をめぐって、改めて共同体が注目され、論じられていた。共同体の解体と個人の自立とを直接につなげてしまった戦後近代主義の理解はあまりに一面的であったが、情緒的でノスタルジックな共同体への憧憬は空想のおとぎ話でしかないことも明らかであった。この本の底にある「資本主義のもとで存在を容認された疑似共同体」の認識は、当時も今も大切な視点であろう。しばしば「封建遺制」として論じられた凄惨な共同体規制は、共同体本来の性質ではなかった。解体期・衰退期における共同体において、初めてそして頻繁に現れるようになった創発特性である。そうとらえた中村吉治の理論的視座を、岩本の批判は正しく継承している。

　『遠野物語』は『時代ト農政』と同じ年に刊行されている。「もう一つの遠野物語」の一冊が、丹念で粘り強い文庫作業を続けた農政学者岩本由輝によって書かれたのは、偶然とは思えない。

（刀水書房、一九八三年五月。追補版、一九九四年二月）

菊池照雄著『遠野物語をゆく』

保坂達雄

　本書は「遠野への序章」「遠野の空と山」「遠野に生きる」「村の昔話・世間話」「物語の源流をたずねて」「笛や太鼓の響く里」「遠野の四季と祭り」「遠野の人」「終章」の九章からなる。これらの章題からわかるように、遠野に生まれ育った人でなければ書けない思いが籠められている。

　初めの「遠野への序章」で明治四二年の柳田国男の足跡を辿りつつ、ともに遠野にわけ入ってゆく。続く「遠野の空と山」の章では北上山地に位置する遠野の地形と自然の特徴をまず押さえる。その上で遠野は「経済と文化、物と心の交差する十字路」だとする。この地には信仰・芸能・伝説・昔話、また職人たちの新しい技術が運び込まれ、「北上山中という特殊な秘境」のなかで融合発酵されたのち、再び送り出されたという。

次の「遠野に生きる」の章では、遠野地方の厳しい自然は飢餓と背中合わせだったとし、凶作による子殺しや老人を捨てたデンデラ野について記録や聞書が紹介される。一方また北上山地最大の宿場町にして商売繁盛の地であったため、遠野には六斎市が開かれた。その市に物資を運搬する駄賃づけの人々の生活の一例として、最後の女馬子、瀬川マサエの人生が語られる。遠野はまた江戸時代以来馬の産地でもあり、『遠野物語』が出版された明治四三年はその最盛期だったと指摘する。さらに山の怪異の幻想を語る猟師たちから集めたサンズ縄の信仰や、北上山地の金山に魅せられた金山師の生活と小松長者伝説が取り上げられる。

「村の昔話・世間話」の章では、曲り屋の炉端の炎と煙のゆらめくなかで、昔話・伝説、世間話が生き生きと語り継がれてきたという。日常と非日常、内と外の接点にあたる炉ばたこそは、幻想を描くのに最もふさわしい場所であったとも指摘する。ここからは体験した者にしかわからない世界の息づかいが伝わってくる。昔話の伝承者やひょうはくきり（とっておきの話し手）の具体的な名前を挙げたあと、山男・山女に出会った話、狐に化かされた話、また猿ヶ石川の河童伝説などが紹介される。「物語の源流をたずねて」では、早池峰山の開基を故郷の伊豆権現を保持して東上したとする金山師藤蔵の伝説に結びつけて推理する。また遠野には近世を通じて二八院の寺と五一坊の山伏があり、山伏の加持祈祷や取り子などが庶民生活の心の支えとなったとする。「笛や太鼓の響く里」「遠野の四季と祭り」の二章では、神楽・鹿子《しし》踊り・田植え踊りなどの民俗芸能や小正月のオシラ遊び、またザシキワラシの伝承が紹介される。

このように見てくると、本書は『遠野物語』の各説話の伝承地を尋ねて解説したものというより、『遠野物語』の世界を超えて子どもの頃からの思い出と郷土史家としての取材を織り交ぜながら、遠野の奥深さと多様性を描き出したものといえる。詩情あふれる文章は遠野に生まれ遠野に生きた著者なればこそのものであろう。

（伝統と現代社、一九八三年六月。梟社より再刊、一九九一年七月）

松谷みよ子著
『あの世からのことづて
——私の遠野物語——』

小泉　凡

現代民話研究の第一人者による、現代の『遠野物語』である。著者は一九七〇年代以降、死や異界に対する関心を深め、とくに一九八五年以降、文字化されることなく散逸しかけていた明治期から昭和の戦争中、さらにごく最近に至るまでの庶民が紡いだ民話や怪談を蒐集してきた経緯があるが、本書もその成果の一部である。

本書は、一九八四年四月九日から五〇回にわたる『西日本新聞』紙上の連載をもとに、さらに一二話を加え、上梓されたものである。あの世とこの世の境を旅した人の話や人の死を知らせるさまざまな形の不思議、神隠しなど、まさに本書のタイトルをモチーフとする日本各地に伝承される現代の民話が語られている。

第二六話「蛍とりと火の玉」の前段では、『遠野物語』からこんな類話も引用される。火の玉が土間に入ってきたので箒で掃き、盥の下に伏せると、まもなく叔父危篤の知らせが入る。生き返った叔父が「今こいつに箒で追われ盥に伏せられ苦しかった」と語る話だ。第三六話「火の玉に救われる」は、遠野のいろり端で菊池幹さんから採集された。戦時中の満州ノモンハンで、母が息子の無事を祈り氏神に祈願して灯したローソクの火が、はぐれた息子を本隊まで案内したという話。第四〇話「天狗の神隠し」は、武州御嶽の郷土史家からの採話で、岩手の山中で天狗の神隠しにあった少女が、次の朝、東京は青梅郊外の山中で発見されたという話だ。だから本書ではじっさいの『遠野物語』や「遠野」が時々顔を出す。

著者は、ほとんどの話者が「あったること、として、自らが出逢った事実を述べ」たものと受け止め、それは『遠野物語』で柳田がいう「要するに此書は現在の事実なり」という理解に通底すると、自ら序文に述べている。

私事であるが、父から体験談としてこんな話を聞かされたことがある。戦争中、父の船は一〇万メートルの海、マリアナ海溝で撃沈された。あきらめかけた時、「さぎ」という文字が目に入り、もしやと期待をつないだ。「鷺」は、父にとって祖父ラフカディオ・ハーンとそのアイルランドにおける先祖が使用してきた家紋であり、当時の小泉家の家紋でもあったからだ。はたして、「さぎ」という名の水雷艇に父は助けられ、八四歳まで生きた。これが体験談、「あったること」であるのを一度も疑ったことはない。

さて、ここに収められた六二話は、松谷氏が「人間がそこにあるかぎり、ふつふつと民話は生まれている」と告白した、その言葉の存在証明ともいえるだろう。

民俗学者・谷川健一が指摘したように、一個の遠野を語ることから多くの遠野を語ることを呼びかけた柳田の普遍精神が、時代を経て、松谷氏によって受け継がれ、その成果が本書に結実したと見ることができる。それは二一世紀という時代からみた『遠野物語』が今も普遍であることの証であり、本書のサブタイトル「私の遠野物語」の意味するところもそこにあるのではないか。

一九八八年一〇月には同じ筑摩書房から文庫版も出版されている。

（筑摩書房、一九八四年一二月）

日本民話の会編『遠野の手帖』

野村敬子

時の流れとは不思議なものである。二五年前に編まれた本誌を読みながら、遠野に流れた時間を思わずに居られない。二〇世紀『遠野物語』の遠野を紹介する本誌では、文字や写真で紹介されている神や仏、河童、ざしきわらし、雪女、固有の山や川、風さえも伝承のキャラクターとなり、作品の聖地というだけで二一世紀も変わらずに魅力的である。

今は亡き鈴木サツ氏の観光語りは、米屋陽一氏による生活史を踏まえた聴き取りに支えられる形で、本誌ならではの世界がある。かつて私は柳翁宿でサツ氏の話りを聞いたことがあった。サツ氏の昔話は観光客に向けられるサービスで語彙説明ばかりが目立ち、もどかしさを如何ともし難かったが、時間が経過してみると『遠野物語』の柳田語彙を遠野言葉に翻案し、遠野の民族精神を回生させる試みであったと、漸く納得するところとなった。

教育関係者福田八郎氏の遠野案内、昔話と世間話も『遠野物語』の遠野を踏まえながら、書かれた・文学を超えて生きる当代の話・語りを体験的に口承の言葉で伝えるところが眼目である。それは案内を受ける水谷章三氏ら（われわれ）の外側の目と耳あっての言説である。遠野観光の有名人を幾度も案内されたという福田氏の世界と知られる。

ところで本誌にはそれら採訪体験にも増して、見えないドラマが息づいていることに気が付く。所収論文の山川澄子氏「父を思う」、森本元実氏「『遠野物語』その成立をめぐって」は興味深い。山川氏の父親は水野葉舟すなわち柳田国男に佐々木喜善を紹介した人物である。葉舟の娘として佐々木喜善に「父があれほどの熱烈な興味を持ちながら何故自分でやらなかったのか、惜しんでも惜しみきれない気持ちでいっぱい」と書く。その水野葉舟について森本氏は柳田の義姉にあたる矢田部順夫人を通して柳田が知り合うことになる経緯を再確認している。矢田部順夫人は柳田の孝夫人の長姉としての甚大な力を知るところとなる。既に婿入りが決定して柳田家に出入りしていたという国男青年は、一方で矢田部順夫人と同じ歌人松浦萩坪の門下生としても交流があった。

近年、室井康成氏など若い研究者によって、『遠野物語』が民俗学や昔話研究の源泉という所謂「柳田神話」再考を試みる論考に出会う。その気運に勇気づけられて、国男の人生譜を読む。兄井上通泰を通し、柳田家当主の母菊子と親しい歌の師・松波遊山から国男の結婚話が出ている。国男には順夫人との縁で紹介された水野葉舟から、更に佐々木喜善へと、柳田家の縁から生まれた『遠野物語』は家族関係の稔りとしての面影を持つことに思い至る。婿入りしたばかりの柳田国男が、一見風采あがらぬ見知らぬ東北訛の青年を自宅に招いて、聞き取りを成し得たこと自体が興味深い。

「女性民俗学研究会」に所属された柳田国男三女の三千氏からの伝聞でも、お国ぶりを残す国男の全てを認めた孝夫人、婿入り当初に国男の話を一家で聴きに来たという矢田部順夫人の支援など、家庭に残される話題があった。生家の嫁姑葛藤で心を痛めた体験、少年期を転々とした「日本一小さい家」育ちの国男にとって、辿り着いた婚家の平安と期待された日々の気負いも、『遠野物語』成立の背景にはあったかも知れない。等々……二論文には二一世紀の読者を誘う、ドラマチックな世界が内在されていた。柳田国男より早く遠野に出掛け、『遠野物語』に先んじて喜善をめぐる作品を持つ水野葉舟の軌跡からは、むしろ柳田の「外なる遠野」を詩人として見すえる、矯《た》めこんだ鋭い文学的境地を垣間見ることになる。

（国土社、一九八五年九月）

追記「日本民話の会」は二〇〇九年新しい出発をした。ここに扱った書籍も同じ運命にある。

三浦佑之著
『村落伝承論　『遠野物語』から』

小田富英

本書は、この後、『口語訳　古事記』の刊行で、一躍、時の人となった三浦佑之の、処女論文集である。古代文学、説話文学の研究者であった三浦が、なぜ『遠野物語』に眼を向けたのか、本書で何を言いたかったのか、まずは「あとがき」から読み進めたい。三浦は、『古事記』や『風土記』を考える時、常に、これらは、「どこまで古代の言語表現の総体でありうるのか」とか、「古代村落の言語表現はどの程度見通せるのか」という「じれったさ」があったと言う。その疑問に応えてくれるだろう研究対象に『遠野物語』があったと言うのである。よって、本書は、民俗学や社会学の村落論ではなく、あくまでも、「説話学」からの村落論・村人論を目指しているとし、「文学の研究の側から村落とその伝承への斬り結びを試みる書物が一冊ぐらいあってもよいのではないか、という思いからこの書物は出発している」とその志を述べている。吉本隆明の『共同幻想論』の流れを意識していたのかは定かではないが、確かに三浦の言う通り、「一冊ぐらい」で、本書が刊行されて二〇年以上経つというのに、後に続く研究書もまだ出ていないと言っていい。

本書は、「村落共同体の伝承」と「事実譚の表現構造」の二部から構成されていて、話の内容からも、「始源神話と伝承」と「『遠野物語』の事実譚と村落共同体の心性」の分析に力が注がれている。そして、その力の向かうべき方向は、三浦の次のような明快な文章によって、照射されているのである。

「始源に保証されてこそ、今は、未来に続く〈今〉となり、大地は人々の生活する空間としての確かさをもつことができる。そして、そうした村落の幻想を支える伝承群が、ここにあげてきた始源の出来事なのである。」

「ある出来ごとがことばによって語られてゆくとき、語られる出来ごとは、説話表現の様式性をとることで、はじめて〈事実〉として語られてゆくのだと考えるべきなのである。」

こうした三浦の確かな道筋に導かれて、読者は、『遠野物語』の面白さだけでなく、『風土記』や『日本霊異記』などの説話世界に引き込まれていくのである。

具体例を述べなくてはならないが、私と三浦の出会いに触れなくてはならないのを許していただきたい。私は、松本在住の柳田の弟子、池上隆祐氏（故人）のもとに所蔵されていた『遠野物語』の毛筆稿本とペン書き稿本、校正刷りの三部の全体を写真撮影し、刊本との比較を一九七八年に発表した。それからしばらくして、遠野市立博物館で第二話の「遠野三山の鎮座由来譚」を見た三浦から長い手紙をいただいたのである。稿本と刊本の違いには、「霊華」と「よき夢」という大きな差があるにもかかわらず、そのことに触れなかったのはなぜかというご批判であったと記憶している。三浦の関心から言えば、ずっと抱いていた疑問の霧が晴れたような発見であったのであろう。本書の第一章・第二章を読むと、その発見が、どんなに広がりをもつものであったのかがよく分かり、私自身の微力を恥じるのみである。

それにしても、本書は、読みやすい文章で貫かれていて、三浦の志が浸み込むように伝わってくる書である。本書に挟み込まれている推薦の「栞」の藤井貞和の文は、最後を次のように結んでいる。

「何といっても三浦佑之の育ちのいい文体に会うたびにほっとする。文体はそのまま人柄なのであろう。」

（五柳書院、一九八七年五月）

三好京三著
『遠野夢詩人
──佐々木喜善と柳田國男──』

小泉　凡

一八八六年に西閉伊郡栃内村（現在の遠野市土淵町）に生まれた作家・民俗学者である佐々木喜善の、上京後の苦悩に満ちた生涯を描いたすぐれた評伝小説である。

本書のタイトルに含まれる「夢詩人」という言葉は、喜善の小説「長靴」が上田敏に激賞され文壇に名を知られるようになるが、そのころ前田夕暮と三木露風が小石川竹早町七一番地の喜善の下宿を訪ねた際に、いつも夢見心地で生きているような喜善を「夢詩人」と呼んだ、その前田の台詞の中にある言葉からとられた。まさに喜善の生き方を象徴する麗しい言葉だ。

喜善は、一時同じ下宿にいた水野葉舟の紹介で柳田国男と出会うが、柳田の意向で猥雑さを抜いた遠野の昔話を語ることに地元の語り部として疑問をもつとともに、創作者であるはずの自分が柳田の前では語り部にしかなれぬ虚しさを思い知る。その後、作家としてのアイデンティティを確立するため柳田に距離をおこうとするが、柳田の影響は極めて大きく、次第に昔話研究や民間伝承への関心を深め、『奥州のザシキワラシの話』の出版やラジオの「東北土俗講座」の企画、『聴耳草紙』の上梓などを手掛けて、むしろ民俗学の著作で知られるようになってゆく。つねに作家であることを夢見つつも民俗学で生計をたてなければならぬディレンマが卓抜した筆力で生き生きと描かれていく。著者が同じ岩手県の出身であることが、対話における方言を耳に自然な表現とし、同郷人としての喜善への理解の深さが読者を文中に引き込む。

本書の魅力は、著者が素材とした貴重な一次資料に負うところが大きい。佐々木喜善日記、佐々木喜善著作目録、佐々木喜善書簡、ノート等々。とくに喜善が死の一日前の昭和八年九月二八日までつけていた原稿用紙にして二七六二枚に及ぶ長大な日記を、令息広吉氏から「どのようにお書きになっても結構ですから」という言葉まで添えて提供されたことには大きな意味があった。それがなければ、柳田との交友のみならず、喜善の複雑で時に奔放とも思える女性関係、妻マツノ（タマ）や最愛の娘若子との遣り取りを見事な臨場感をもって眼前に再現させることは不可能だったのではないか。

評伝の著者と評伝の主人公の子孫との関係には微妙な問題もある。私事ではあるが、一九〇四年の小泉八雲の没後、多くの評伝が内外で世に出たが、私の祖父一雄は評伝の作者や内容に対して時に嫌悪感を示し、概して評伝作家へ積極的な協力をするようなことはなかったと記憶している。本書の作成に際しての両者の見事な協力関係には胸が熱くなる。

現代社会から『遠野物語』を再考する時、その原話者である「人間佐々木喜善」の機微や文化背景に触れることには大きな意味があると言えるだろう。

一九九一年一二月にPHP文庫から、文庫版としても出版されており、手軽に読むことができる。

（実業之日本社、一九八七年一一月）

米山俊直著
『小盆地宇宙と日本文化』

佐藤健二

遠野の地を「小盆地宇宙のモデルであり、その原型」ととらえる立場から書かれた地方文化論である。

米山のいう〈小盆地宇宙〉とは、自然の地形を容れものとしながら成立した生活様式と精神世界の一つの類型であり、「専制的帝国」を生み出してきた〈平野宇宙〉と鋭く対立する。しかも「盆地」という具体的な空間形態のイメージを枠組みとしながら、多重に作用しあう文化の歴史性を整理してとらえるための、ユニークな理念型である。米山は「盆地」の底での交流を中心に、その周囲の「平野」や、外郭の「丘陵」地帯での生産や、背後の「山地」の利用が作用しあう空間を、文化が根付き成長するための一つの単位として切り出す。つまり小盆地宇宙とは、「盆地底にひと、もの、情報の集散する拠点としての城や城下町、市場をもち、その周囲に平坦な農村地帯をもち、その外郭の丘陵部には棚田に加えて畑地や樹園地をもち、その背後に山林と分水嶺につながる山地をもった世界」であり、そこに生きる住民が構築してきた精神世界である。もちろん、これは地形からだけ導き出された概念ではない。狩猟採集文化から畑作や稲作、さらには商業の発達にいたる多様な要素を共存させ、「縄文と弥生の世界を統合した」文化として、その歴史的なダイナミズムを捉え直そうという目論見を内蔵したものである。

モデルの内側に複数性や多様性を抱え込

んでいるととらえるだけでは、この概念の理解としては不十分だろう。小盆地宇宙のモデルは、単一民族単一言語の日本文化という近代国民国家が創出した神話を批判する根拠地としても役に立つ。それは「相対的にひとつの閉鎖的空間を作っていて、そのために独自の歴史をもち、独自の文化伝統をもちやすい」。だからこそ、中央集権や広域支配を産み出した「平野宇宙」の画一化に対抗する、地域主義の抵抗力を宿す。

この書物は、一冊全体が遠野を論じているわけではない。遠野盆地は、小盆地宇宙の発想を論ずる序論に登場するだけで、以下は奈良盆地や亀岡盆地などの事例が論じられ、六〇余りの日本の小盆地を見通しながら、モデルが組み立てられていく。しかし米山が、この〈小盆地宇宙〉という視点を、歴史的な事例を集約するモデルとしてだけでなく、未来の日本文化を論ずる枠組みとして鍛えあげようとしている点を見過ごしてはなるまい。すなわちジェンダーや年齢の変数を加える工夫を考え、また士農の伝統だけでなく、職人や商人の文化や被差別民や公家貴族の役割にいたるサブカルチュアに注目させる豊かさを補充し、さらには東北型と西南型の日本文化論として論じられてきたような地域の固有性を受け止める力を与え、「多極分散型社会」への転轍機として活用しようとしている。

京大人文研での今西錦司主宰の共同研究における、梅棹忠夫の「生態史観」や中尾佐助「照葉樹林文化」などとの刺激に満ちた知識の交流と、『北上の文化』における加藤秀俊との遠野の共同フィールドワークで気づいた課題とが、米山俊直が「生活学」に深く関わった一九七〇年代末からの一〇年間において、このような文明論の射程をもつ地方論に結晶化した。それは、ある幸福な成熟ではなかったか。そして遠野の地と、『遠野物語』という作品が、そのインスピレーションと成熟の源泉であったことの意義を、もういちど振り返って考えてみてよいように思う。

（岩波書店、一九八九年一月）

菊池照雄著
『山深き遠野の里の物語せよ』

保坂達雄

著者によれば、『遠野物語』に残された世間話やうわさ話は、「昭和初年頃までは、それがどこの家のだれのことというのは公認の情報であった」という。こうした「地元の目」という視点から「原話の発掘と復元」を試みたのが本書である。全体は「山に消えた女たち」「山男の影」「河童と淵神」「漂泊する物語」「伝承の里、家と人と」という章題をもった五つの章からなっている。

最初の「山に消えた女たち」の章で、著者はまず第八話の寒戸の婆を取り上げる。この主人公は松崎村下登戸、佐々木茂助の娘サダだとして家系を追ってゆく。「寒戸」は「登戸」の聞き違いか誤植か。神隠しにあったのは明治初年頃のことで、覚悟の家出だがその時の年齢、理由などは不明という。また第三話の猟師に撃たれた山女は、『遠野物語』の話者佐々木喜善の祖父佐々木萬蔵の妹、トヨのことだという。精神異常のために離縁され、実家に帰って死んだが、土葬後息を吹き返して山女になった。著者は死亡日の異なる二種類の戸籍を調べ、「猟人に射殺されるといった悲しい女の一生がこのようにあいまいな記録になったのだろうか」としながら、トヨの死亡日を明治一一年一一月から明治一二年一〇月の間と推理する。

山女にはまた山の主に嫁入りしたという伝説もある。神に召されるこうした話から、「山は不幸な女たちにとって駆けこみ寺の役目をはたしていた」と述べる。また一度死んで生き返り、山中で山男と生活していて数年たって猟師に会うという類型の伝承については、猟師には「死霊として山にはいった女たちのあの世での生活を遺族に知らせる」という口寄せのような役割があったと指摘する。

山女の伝承では、山女の名前や彼女らの生家、その血筋の者たちが今も残っている。これに対して、山男を出した家はどこの誰それの家というような話は聞かないという。その理由を求めて、「山男の影」と題された章で金山師の足跡や木地屋の伝承に注目し、『遠野物語』に語られた山男はこうした山中で暮らす男たちが元になって創り出された幻想だったと結論づける。

「河童と淵神」の章では、河童の子を生む話を取り上げ、蛇聟入りなど異類婚姻譚との類似から水神信仰から発生したものとする。また『遠野物語』にいくつか載せられた人柱伝説は事実ではなく幻想だとし、水の神に捧げられた祭文がもとだったと指摘する。この章ではザシキワラシについても論じている。ザシキワラシは河童が家に上がり込んだものとする佐々木喜善説と河童と河猿は未分化だとする柳田国男説を踏まえ、猿の経立《ふった》ちが淵猿となり、淵猿が河童となってザシキワラシとなったとする見解を示している。また河童の子を生んだという風評が立ったのは昭和三〇年代まで、ザシキワラシの話が最後に語られたのは昭和三四年だとし、『遠野物語』は文献上の出来事ではなく、現地では最近まで語り伝えられてきた、生きた語りの世界だったと述べている。

「漂泊する物語」では、早池峰山を初めとする遠野の三山伝説は、三匹の蛇の水神伝説などの伝承をもとに、伊豆の産金技術をもって遠野の来内に乗り込んできた金山師の藤三が創り直したものだろうとし、伊豆権現の信仰を保持した歩き巫女がこの伝説を語り広めたと指摘した。ほかこの章では、室根山の姉妹神伝説、亀ヶ森の姉妹神伝説、花巻、八重畑、江刺大迫の三山伝説など北上山中の三山伝説を追いながら、この地方が熊野信仰の北限であることから熊野の歩き巫女が語り伝えたとも論じている。

（梟社、一九八九年六月）

野村純一ほか編著
『遠野物語小事典』

伊藤龍平

『遠野物語小事典』の編集委員は、野村純一、菊池輝雄、渋谷勲、米屋陽一の四人。個性的な顔ぶれの編集委員のもと、五四人の執筆陣が本書に関わっている。

　本書が刊行された一九九二年は、遠野市にとって一つの節目となる年であった。この年の夏、「世界民話博ｉｎ遠野」が開催され、内外に「民話の里＝遠野」がアピールされた。マスコットには河童が選ばれ、「民話」を素材にしたオブジェが作られ、『遠野物語』ゆかりの地が新たな名所に指定された。つまり遠野は今日の「遠野」になった。それ以前から少しずつ醸成されてきた「遠野」イメージの帰結とみていいだろう。現在ではさらにイメージは広がり、「民話の故郷」から「日本人の心の故郷」になりつつある。柳田國男の『遠野物語』がわずか三五〇部の私家版であったのを思えば、奇跡のような事態である。

　その一方で、現実の岩手県遠野市と人々のイメージの中の「遠野」の間に生じた溝は埋めがたいものがある。柳田の筆から想起される「遠野」は閉じられた共同体だが、実際の遠野は江戸時代から宿場町として栄え、馬市で賑わった開かれた空間であった。両者の間にある溝は、高度経済成長期以降の都市化により、いっそう広く深くなっていったように思われる。今後も『遠野物語』は遠野を侵食しつづけるだろう。

　この小事典に課せられた役割は、「遠野」を開くことではなかったろうか。編者の野村純一も「はじめに」において、『遠野物語』の読者が「おのがじしの『遠野物語』いうなれば、ひとりひとりの故郷あるいはその原点というものを確認したり、さらには発展してきた」ことを指摘したうえで、「柳田國男の『遠野物語』は、物理的にも空間的にもすでに大きく、そして深く遠野の地を越えて存在している」と述べている。

　野村の言葉通り、本書で立項されている三四六の項目には、遠野特有のものは少ない。個々の項目の解説も、事象を遠野から引き離し、普遍化しようという傾向がある。執筆陣の筆使いも平明かつ丁寧で、「小事典」という分量的な制約があるなか、「読む事典」を作ろうという意図が窺える。

一方で、巻末に付せられた「付録」には、「『遠野物語』参考文献目録」「遠野の民俗学研究」「遠野の年中行事一覧」「遠野の伝承文化施設案内」などがあり、遠野ローカルな視点も忘れられていない。加えて、一二ページにも及ぶ野村の「解題」もある。

全体として見た場合、遠野の特殊性と普遍性の両面に目配りがされているのがわかる。ただ、執筆陣が口承文芸研究者に偏っているのには、若干の問題もあるかもしれない。『遠野物語』が口承の場から立ち上がっていったとはいえ、人選についてはもう少し工夫の余地があっただろう。見方を変えれば、この人選に二〇世紀後半に生成した「民話の里・遠野」のエッセンスを見てとれるかもしれない。その後も、多くの口承文芸関係者が遠野を訪れ、さまざまなアプローチの仕方で『遠野物語』に関わっていった。

本書刊行から、すでに一八年という年月が過ぎ去った。はたして今後、遠野は「遠野」たりうるのか。今後の『遠野物語』研究、口承文芸研究を占う問いがこの本の中にある。

（ぎょうせい、一九九二年三月）

村井紀著『南島イデオロギーの発生』

伊藤龍平

村井紀のいう「南島イデオロギー」とは、狭義には、南島（沖縄本島を中心とした南西諸島）に「日本人の源郷」「原日本」を見いだす柳田民俗学の発想を指す。この着想の結実したところに、柳田國男晩年の代表作『海上の道』がある。広義には、沖縄に「癒し」を求めるマスメディアの南島表象を指す。岩波文庫版に新たに付せられた「あとがき」（二〇〇四年筆）では、最近の具体例として、NHKドラマ「ちゅらさん」に描かれた南島イメージを挙げている。

本書では、世間に溢れる「南島イデオロギー」が発生した理由を、柳田國男が関与したとされる近代日本の植民地主義と結びつけて実証しようとしている。

本書が刊行された一九九二年は、柳田没後三〇年の節目にあたり、学史の再編が盛んになされた時期である。柳田の紡ぎだした大きな物語も、若い研究者によって超克されようとしていた。就中、聞き取り調査の対象にされた話者たちが生きた「近代」という時代を問い直す作業が進んでいた。そのような時期にあって、民俗学と近代日本の関連を説く本書は、とりわけ大きな反響を呼んだ。

『遠野物語』については、第一部第三章「『遠野物語』の発生」で触れられている。ここでは、『遠野物語』が刊行された一九一〇年が日韓併合の年であったこと、農政官僚であった柳田が植民地統治の当事者であったことを軸に、論が展開されている。そして「山人」については、台湾の先住民族と漢民族の関係の投影であるとする。

本文から抜粋すると——「『遠野物語』は植民地台湾を国内に見いだしたもの」であり、「『山人』は『台湾山人』の国内版であり、総じて植民地問題を国内に見いだしたものが日本民俗学」、そして「『遠野物語』は柳田の日韓併合への関与を隠蔽するディレッタンティズム」ということになる。さらには、当初は山人（柳田の解釈によると、平地を追われ、山中で生活するのを余儀なくされた日本の先住民族）と日本人の関係を明らかにしようとしていた柳田が、次第に南島に視線を移していく過程を、その時々の柳田の立場や人脈などから解き明かしている。

全体の印象としては、やや極論が目立ち、牽強付会と思われる個所も少なくない。柳田個人の思惑は措くとして、例えば、後年の民俗学者たちが柳田の植民地政策への関与を隠蔽していたというのは、物語の創出というべきだろう。十五年戦争に加担した常民の暴力が扱われてこなかったのも、意図的な回避というよりは、民俗学では反復性のない事象を民俗として捉えていなかったためで、そこに過剰な意味を求めるのは無理がある。ただし、近代日本や戦時下の民俗を扱った研究は、その後、民俗学の新たなテーマとして発見されており、先見の明があったといえる。

等々、著者が民俗学者ではないゆえの謬見も少なくない。しかし、本書が提起した「南島イデオロギー」を見いだせたのも、民俗学プロパーではなかったからであろう。民俗学が抱えている内なる植民地主義は、今日的な問題でもある。瑕瑾を補ってあまりある発想の豊かさを提示してくれる一冊である。

（福武書店、一九九二年四月）

高柳俊郎著『柳田国男の遠野紀行』

野村敬子

現代遠野から『遠野物語』を外すことは難しい。JR遠野駅前の河童ポストから始まって、人も町並みも博物館までも、観光客に次々と親切に『遠野物語』の遠野を提示してくれる。

そんな旅の中で高柳氏の著作に出会って、往年の遠野に想いが及ぶ。すなわち本書著者の視線が、『遠野物語』以前の柳田が旅心を誘われた、「遠野フォークロア誕生の頃」に焦点が絞りきられているということに他ならない。

読み進むうちに、著者と共に歩き出して

いる自分の足が、人力車に乗ろう、柳田のように馬に乗ろうと言う。そこには現代の旅人が持ち得ない柳田の旅のリズムと視界が存在するからであった。人力車の轍の音。人力車上と馬上の視界。田中の細い道を歩ませ名も知らぬ鳥を見る。峠に立ち、馬上から夕闇迫る遠野盆地を眺めている。馬の息づかいや馬身の鼓動を感じながら、吹く風の中に居る。眼前には悠々たる霊山。猿ヶ石の渓谷。附馬牛の谷。明治の旅がそこに在った。高柳氏の綿密な調査で、柳田が花巻から人力車で遠野入りしたことが明らかになった。村と村の距離の遠い漠とした陸路で、遠野が「煙花の街」である実感をも深めたことになろう。

　本書の最大の特徴は補注の見事なことである。加えて補注の客観資料より導きだした「考察」が心強い。当地に生きてきた明治から大正にかけての「常民」の姿。郷土学の系譜。それぞれの時代の一断面をスケッチすることで、これからの郷土理解、遠野研究の扉を開く手助けにと、内面から膨れ上がる知の生産が盛り込まれている。そこで柳田国男最初の旅を検証した著者は、遠野の碩学伊能嘉矩訪問における、実は不審と名してもよい程の驚愕を炙りだす。遠野の風景よりも尚、柳田の心をとらえた研鑽一筋の遠野人との出会いが描かれる。遠野郷土学の稔りである。

　本書は「第一章　『遠野物語』検証の旅」「第二章　「豆手帖から」（『雪国の春』）の三陸海岸の旅」「第三章　伊能嘉矩追悼講演の旅」から成る。一九九二年に「遠野常民大学運営委員会」出版の個人研究を大幅に改訂した著作と知られる。特に第二章には『東京朝日新聞』連載の「豆手帖から」の旅を前面に出す。前書の地図の旅にかぶせて現代読者のために図表化している。本章は石井正己氏の「柳田国男の「豆手帖から」の旅の検証」の資料が有力な手掛かりになっている。そこでは外部の研究と遠野内部の研究が、相乗的に機能しあい融合する形がみえる。それらの記録が集積された時、さながら一九二〇年当時の東北遠野常民文化史をひもとく楽しみに出会う。

　第三章には柳田の伊能に寄せた講演記録を収めているが、この日本民俗学前夜の柳田の言葉、語彙、その易しいもの言いに託された厳しい学問形成への意志を読み取ることになる。所収講演原稿はドキリとする厳しい学問への初心が提示される。

　『遠野物語』の遠野は単なる観光や癒しを提供する場などではない。日本の二〇世紀最大の思想家が遠野風土と、当地に在った人々との交流、懸橋から構築した思案に想いを馳せる場に違いない。本書を開くたびに、私は学問という虹の橋詰にただずむ心躍りを禁じ得ない。今、改めて、遠野人・高柳俊郎氏郷土学の結実が本書を成立させたことを考えてみる。しかし実に誠に残念なことに全く、そこに女性の姿や存在は無い。二一世紀の新たな課題に違いない。(遠野常民大学運営委員会、一九九二年七月。三弥井書店、二〇〇三年九月増補改訂)

佐藤誠輔著『〔口語訳〕遠野物語』

伊藤龍平

著者・佐藤誠輔は遠野の人。永らく小学校の教員を勤めていた。現在の肩書は、遠野物語研究所研究員。口承文芸に関する発言も多い。『遠野物語』を「口語訳」するという試みが、地元の人間の、国語教育に携わる者の手によってなされたというのが興味深い。後藤総一郎が寄せた序文によると、遠野常民大学の事業であった『遠野物語』注釈の勉強会で、佐藤が提出したレポートが基になったという。出版に際しては、小田富英(柳田國男研究会)による詳細な注がつけられた。

後藤の序文によると、出版の直接の動機は、文語体で書かれた『遠野物語』の文章が今日の一般読者にとって敷居の高いものになっていたからだという。啓蒙書として刊行された書物であった。しかし、この一世紀にわたって『遠野物語』という奇書の辿った道程を思うとき、文語体から口語体へ「翻訳」する試みは、編者の意図を越えたであろう思索のヒントをわれわれに与えてくれているのに気づかされる。

かつて三島由紀夫は『遠野物語』を評して「ここに小説があった」と述べたという。三島の発言に象徴されるように、早くから『遠野物語』には民俗学草創期の記念碑的作品としての位置づけのほかに、文学作品としての評価もあった。『遠野物語』という作品が、柳田國男と佐々木喜善という二人の文学者に紡ぎだされたことを思えば、べつだん不思議なことではない。そして『遠野物語』の「文学性」を支えているのが、簡にして要を得た達意の文体であった。今日にいたるまで『遠野物語』が人々を魅了しつづけているのも、あの文体にあるとみなして過つまい。あの文体なればこそ活写できた世界があった。しかしその一方で、文体によって見えなくなる世界もある。あらためて考えると、文体こそが『遠野物語』の可能性であり、限界でもあったことがわかる。

喜善が柳田に遠野の話をしたのは、東京という空間であった。文学者同士の会話。察するに、そのとき喜善が用いていたのは生粋の遠野方言ではなく、遠野訛りの強い標準語であったろう。ここですでに「翻訳」は行なわれていたわけである。喜善の話を書き留めた柳田はそれを文語体で著し、八〇年後、佐藤はそれを口語体に改めた。

もとより口語体も文体の一種であり、話し言葉ではない。『遠野物語』とは、どこまでも文体実験と縁の深い書物であった。

本書の平明な文章は好感がもてるが、問題点もある。二点ほど指摘しておきたい。問題点の一は、佐藤がとった「再構成」という手法である。確かに、翻訳に際しては逐語訳よりも「再構成」したほうが文意をとりやすいことはあるが、言葉数の少ない『遠野物語』にとって、これは決定的な差異になりかねない。

問題点の二は、端々に見られる「意訳」のことである。例えば、『遠野物語』の序文の有名な一節「平地人を戦慄せしめよ」の「平地人」が「都会人」とされているが、適訳とはいえまい。翻訳の不可能なところは無理に意訳せずに、注釈などで処理したほうがよかったのではないか。

「口語訳」と銘打たれてはいるが、本書は、原書とは別の作品に仕上げられているとして過言ではない。『遠野物語』から八〇年後に世に出た一種の異本と位置づけられよう。

（河出書房新社、一九九二年七月）

立松和平さんと『遠野物語』

石井正己

二月八日、作家の立松和平さんが亡くなられた。ニュース番組で知ったが、にわかに信じがたい気持ちであった。雑誌『岳人』に連載されていた「百霊峰巡礼」も順調に進んでいたので、体調を崩されているとは夢にも思わなかった。毎月、日本の山々を登られていたが、悪天候でも実施しなければならないことに無理があったのだろうか。だが、自然の懐に抱かれながら作品を書くことは、ご自身にとって重要な選択だったにちがいない。

思えば、柳田国男や『遠野物語』について、率直な疑問を何度か投げかけてきた。そんな時、「柳田国男は大切な宝物ですよ」とおしゃっていた。「『遠野物語』は古びることなんてなくて、常に新しい」とも話されていた。私は、こうした言葉に導かれて、柳田国男や『遠野物語』を現代の課題を考えるための拠点にしてもいい、と自信をもって考えることができるようになった。

二〇〇五年に『知床に生きる』（新潮新書）が出た時には、「久しぶりに柳田国男に触れました。楽しい時間でした。私の新刊です」という手紙を添えて贈ってくださった。この本は、ちょうど世界自然遺産に認定され、大勢の観光客が訪れるようになった知床の現実について、四季の変化を追いながら書いている。オホーツクの海を知りつくした大瀬初三郎という船頭の生き方は、実に魅力的だった。私もいつかこんな作品を書いてみたいと思った。

そんなこともあって、二〇〇八年夏に実施する遠野物語ゼミナール・遠野会場の記念講演をお願いした。「「百霊峰巡礼」で、まだ早池峰山に登っていないから」と、スケジュールを調整してくださった。前日は福島県三春の取材があったが、一度東京に戻って、登山の支度を調えてから見えた。恵比寿のお宅は奥様のご実家なので、「ぼくはマスオさんだから」と照れていらっしゃった。

この時のご講演「『遠野物語』の誘惑」は、私が提案した演題だった。一九八七年の『境界の誘惑』（岩波書店）で遠野・南島・都市を取り上げられていたので、その先のお話を聞きたいと思った。お願いの手紙にも、そのようなことを書いたのではないかと思う。作品を書く時間を優先されているのを知っていたので、心苦しくもあったが、作家としては楽屋裏を明かすような講演を快く受けてくださった。

立松さんは、『遠野物語』の本質は自然と人間との衝突にある、と見ていらっしゃった。好んで取り上げられたのは、早池峰の開山に関わる伝説だった（二八話）。初めて早池峰に山路をつけた猟師が大きな坊主に焼いた餅を食わせて殺すというのは、人間が自然を克服することだ、と読み解いていた。作家の眼力というのはたいへんなもので、一挙に『遠野物語』の本質に肉薄してゆく。確かにその通りで、『遠野物語』には、そうした観点で説明できる話が実に多い。

新花巻駅でお会いした時、「今、死者と出会う短編小説を書いてるんだ」とおっしゃったので、ご講演の後、夕闇の中、青笹町の喜清院にお連れした。この寺には、菊池松之丞の臨死体験を語った話が伝わる（九七話）。その時のことは後に「キセイ院」という小説になって、『三田文学』に掲載されている。この作品に見える「教授」とは私のことだが、喜清院にたどり着くまでの様子はそのままであった。小説のモデルになるというのはこういうことか、と実感した。

ご講演の翌日は大雨だったが、土淵町の『遠野物語』ゆかりの場所を参加者と一緒に歩いてくださった。テレビや雑誌の取材で何度も遠野を訪れていたはずであるが、一人の参加者として真摯に歩かれていた。柏崎の安部重幸さんのお宅で、オクナイサマを拝見したことは、とりわけ心に残られたようであった。このオクナイサマには、田植えを手伝ったという言い伝えがある（一五話）。立松さんはオクナイサマを抱えて楽しそうにしていらっしゃった。

その秋、恵比寿の事務所に伺って、「現代社会と『遠野物語』」という対談をした。この時は、『境界の誘惑』の冒頭に引かれた「亀有のアパート　中年男女の死」という新聞に見える餓死の話から、『遠野物語』には土を食って生きていた婆様の話があることに展開した（拾遺六話）。そうした機会を得て改めて考えたのは、『遠野物語』の世界は現代社会に通底している、ということだった。『遠野物語』は現代社会に必要な作品だ、ということが確信できた対談であった。

安部重幸家のオクナイサマを抱く立松和平さん（2008年８月24日）

今になって考えてみると、立松さんのテーマは、遠野ばかりでなく、知床にしても、植林を続けた足尾にしても、やはり「自然と人間の衝突」にあったのではないか。銅山で破壊された山に根気よく植林を続ける運動が実って、足尾の自然が回復してきていることは、テレビでも報道されている。一九九七年の『毒　風聞・田中正造』（東京書籍）を書くことは始まりにすぎなかった。その後も、山に登るように一歩一歩歩みを重ねてきたのである。

本書に寄せてくださった「遠野は私たちの普遍的な故郷だ」というエッセイは、没後に発刊される遺稿の一編になるだろう。校正も丁寧に見てくださったが、できあがった本をお目にかけることができなかったことを悔やむばかりである。一緒に遠野のデンデラ野を訪ねたのに、立松さんは老いの時間を過ごさずに逝ってしまった。まだ途方に暮れるばかりだが、志を受け継ぐような「行動派の学者」として歩んでゆくことができれば、せめてものご恩返しになるのではないか、と感じている。

立松さんの記念講演と対談を含む記録集は、遠野物語研究所で発行している。

（二月二六日）

著者紹介（掲載順）

立松和平（たてまつ　わへい）　一九四七年、栃木県生まれ。作家。代表作に『遠雷』『卵洗い』『毒　風聞・田中正造』『道元禅師』などがあり、多くの賞を受けた。行動派の作家として知られたが、本年二月八日に死去。六二歳。二〇〇八年の遠野物語ゼミナールの記念講演と、その後の対談が記録集に残る。

西舘好子（にしだて　よしこ）　一九四〇年生まれ。演劇プロデューサーとして劇団こまつ座、みなと座を主宰。多くの芝居を手がける。受賞暦多数。二〇〇〇年日本子守唄協会を設立、現在理事長。二〇〇八年日本民族音楽協会副理事長に就任。ここ数年は子供や女性の問題をテーマに取りくみ、虐待や親学を子守唄の中に取り入れ活躍中。

新野直吉（にいの　なおよし）　一九二五年生まれ。秋田大学名誉教授、秋田県立博物館名誉館長。文学博士。主要著書『日本古代地方制度の研究』（吉川弘文館）、『古代東北史の基本的研究』（角川書店）。

山折哲雄（やまおり　てつお）　一九三一年生まれ。岩手県出身。宗教学者。国際日本文化研究センター教授、同所長などを歴任。主著に『愛欲の精神史』『近代日本人の宗教意識』『悲しみの精神史』『美空ひばりと日本人』『デクノボーになりたい』『親鸞をよむ』『いま、こころを育むとは』など多数。

菊池勇夫（きくち　いさお）　一九五〇年生。宮城学院女子大学学芸学部教授。主要著書『飢饉から読む近世社会』（校倉書房）、編著『蝦夷島と北方世界』日本の時代史一九（吉川弘文館）。

川島秀一（かわしま　しゅういち）　一九五二年生まれ。リアス・アーク美術館学芸係長。主要著書『ザシキワラシの見えるとき』『憑霊の民俗』（三弥井書店）、『漁撈伝承』『カツオ漁』『追込漁』（法政大学出版局）。

大野眞男（おおの　まきお）　一九五四年生まれ。岩手大学教授。主要著書『シリーズ方言学3　方言の機能』（共編著、岩波書店）、『北奥方言基礎語彙の総合的研究』（分担執筆、桜楓社）。

松本博明（まつもと　ひろあき）　一九五六年生まれ。岩手県立大学盛岡短期大学部教授。主要論文「『海やまのあひだ』の変相」（『國學院雜誌』二〇〇四年一一月号）、「折口信夫「古代生活の研究」本文成立をめぐって」（『國學院雜誌』二〇〇九年一月号）。

内藤正敏（ないとう　まさとし）　一九三八年生まれ。東北芸術工科大学大学院芸術工学研究科教授。主要著書・論文／『遠野物語の原風景』（筑摩書房）、『東北の聖と賤』（法政大学出版局）。

大橋進（おおはし　すすむ）　一九四三年、釜石市生まれ。遠野物語研究所副所長。岩手県立高校の社会科教師となる。遠野常民大学に入会した。「遠野の飢饉史『宝暦および天明の飢饉』の諸相について」（『東北日本の食』所収）などの論文がある。

氏家浩（うじいえ　こう）　一九三八年、遠野市生まれ。遠野物語研究所員。主に市内中学校の英語科教師を勤める。退職後、遠野物語研究所員となり、「遠野物語拾遺」の注釈研究に取り組んでいる。

菊池健（きくち　けん）　一九五三年、遠野市生まれ。遠野物語研究所研究員。私立岩手高校の社会科教師となり、その傍ら遠野常民大学で学ぶ。現在は自営業。「伊能嘉矩の『遠野馬史稿』を読む」（『遠野物語』と北の文化』所収）などの論文がある。

昆弘盛（こん　ひろもり）　一九四二年、遠野市生まれ。遠野物語研究所副所長。岩手県立高校の国語教師として勤務した。父盛男が郷土研究家で、『遠野市史』の編纂委員だったので、その成果の継承に努めている。

佐藤誠輔（さとう　せいゆう）　一九二八年、遠野市生まれ。遠野物語研究所研究員。小学校教諭として国語教育に取り組み、作文教育の著書がある。『〔口語訳〕遠野物語』（河出書房新社）の訳者であり、遠野の昔話に関する多数の著書がある。

高柳俊郎（たかやなぎ　としろう）　一九三一年生まれ。遠野物語研究所所長。主に市内の中学校社会科教師。退職後、遠野常民大学で後藤総一郎の薫陶を受ける。『柳田国男の遠野紀行』（三弥井書店）の著書があり、『注釈遠野物語』（筑摩書房）の編集代表。

松田幸吉（まつだ　こうきち）　一九四〇年、遠野市生まれ。遠野物語研究所研究員。花巻桜郵便局を最後に退職。遠野物語研究所では、「遠野物語拾遺」の小友に関する事柄の注釈研究を担当している。

佐藤健二（さとう　けんじ）　一九五七年生まれ。東京大学大学院教授。主要著書『流言蜚語』（有信堂高文社）、『歴史社会学の作法』（岩波書店）。

保坂達雄（ほさか　たつお）　一九四八年生まれ。東京都市大学教授。博士（文学）。主要著書『神と巫女の古代伝承論』（岩田書院）。

小泉凡（こいずみ　ぼん）　一九六一年、東京生まれ。島根県立大学短期大学部教授、小泉八雲記念館顧問。主要著書『民俗学者・小泉八雲』（恒文社）、『八雲の五十四年〜松江からみた人と文学〜』（共著、松江今井書店）他。

野村敬子（のむら　けいこ）　民話研究者。國學院大學栃木短期大學講師。主要著者『山形のおかあさんオリーブさんのフィリピン民話』、『語りの廻廊』、『東京・江戸語り』他。

小田富英（おだ　とみひで）　一九四九年生まれ。『柳田国男全集』編集委員。主要著書『柳田国男伝』（共著、三一書房）。

伊藤龍平（いとう　りゅうへい）　一九七二年、北海道生まれ。台湾・南台科技大学助理教授。主要著書『江戸の俳諧説話』（二〇〇七　翰林書房）、『ツチノコの民俗学』（二〇〇八　青弓社）。

編著者紹介

石井正己（いしい　まさみ）
1958年、東京都生まれ。東京学芸大学教授、旅の文化研究所運営評議委員、遠野物語研究所研究主幹。日本文学・口承文芸学を専攻。著書に『絵と語りから物語を読む』（大修館書店）、『図説遠野物語の世界』『図説日本の昔話』『図説源氏物語』『図説百人一首』『図説古事記』（以上、河出書房新社）、『遠野の民話と語り部』『柳田国男と遠野物語』『物語の世界へ』『民俗学と現代』（以上、三弥井書店）、『『遠野物語』を読み解く』（平凡社）、『遠野物語の誕生』（筑摩書房）、『桃太郎はニートだった！』（講談社）、編著に『子どもに昔話を！』『昔話を語る女性たち』『昔話と絵本』（以上、三弥井書店）、『遠野奇談』（河出書房新社）など。

遠野物語研究所（とおのものがたりけんきゅうじょ）
1995年、遠野市の支援を受けて設立、2002年、NPO 法人に認可され、『遠野物語』や昔話をはじめとする遠野文化の研究と継承を重ねてきた。遠野物語と遠野昔話のゼミナールの開催、昔話教室・遠野物語教室・遠野学会の運営、遠野物語ゼミナール記録集・『遠野物語研究』『遠野物語通信』『遠野文化誌』の発行等を行っている。主な刊行物に『遠野の祭り』『『遠野物語』と神々の世界』『『遠野物語』と北の文化』『東北日本の食』『『遠野物語』の誕生』『遠野の民話』『遠野昔ばなし』『復刻版老媼夜譚』『上閉伊今昔物語』など。共編著に『近代日本への挑戦』（三弥井書店）がある。所長は高柳俊郎、副所長は大橋進・昆弘盛。E-mail tmkenkyu@tonotv.com

遠野物語と21世紀　東北日本の古層へ

平成22年4月28日　初版発行

定価はカバーに表示してあります。

ⓒ編　者　石井正己
遠野物語研究所

発行者　吉田栄治

発行所　株式会社　三弥井書店
〒108－0073東京都港区三田3－2－39
電話03－3452－8069
振替00190－8－21125

ISBN978-4-8382-3195-9 C0039
製版・印刷　藤原印刷